21世纪阿拉伯语系列教材　　大连外国语学院教改项目

الجديد في المحادثة العربية التطبيقية

新编阿拉伯语实用会话

主编：吴宝国
编者：张蕾蕾
　　　张　璐
　　　丁　杨
　　　宋　怡
　　　董　琦

北京大学出版社
PEKING UNIVERSITY PRESS

图书在版编目(CIP)数据

新编阿拉伯语实用会话/ 吴宝国主编. —北京：北京大学出版社，2012.8
（21世纪阿拉伯语系列教材）
ISBN 978-7-301-16785-4

Ⅰ. 新… Ⅱ. 吴… Ⅲ. 阿拉伯语-口语-高等学校-教材　Ⅳ. H379.9

中国版本图书馆 CIP 数据核字（2012）第 205582 号

书　　　名：	新编阿拉伯语实用会话
著作责任者：	吴宝国　主编
责 任 编 辑：	李　哲
标 准 书 号：	ISBN 978-7-301-16785-4/H·3126
出 版 发 行：	北京大学出版社
地　　　址：	北京市海淀区成府路 205 号　100871
网　　　址：	http://www.pup.cn
电　　　话：	邮购部 010-62752015　发行部 010-62750672
	编辑部 010-62759634　出版部 010-62754962
电 子 邮 箱：	zbing@pup.pku.edu.cn
印　　刷　者：	北京虎彩文化传播有限公司
经　　销　者：	新华书店
	787 毫米×1092 毫米　16 开本　18.5 印张　440 千字
	2012 年 8 月第 1 版　2021 年 6 月第 4 次印刷
定　　　价：	55.00 元

未经许可，不得以任何方式复制或抄袭本书之部分或全部内容。
版权所有，侵权必究　举报电话：010-62752024
电子邮箱：fd@pup.pku.edu.cn

编者的话

《新编阿拉伯语实用会话》适合高等院校、普通阿拉伯语学校、阿文自学者或阿文工作者使用。全书分两大部分，第一部分为"功能意念"表达，第二部分为"情景会话"。一个"意念"、一种"功能"、多种表达，分类整理，一目了然，提纲挈领。掌握了基本功能意念的表达方法，就可举一反三，应对不同场合，进行得体交流。

本书第一部分涵盖了"问候、致意"、"祝贺"、"致谢"、"遗憾、道歉"、"告辞"、"请求"、"命令"、"鼓励"、"告诫"、"承诺"、"起誓"、"赞赏"、"责备"、"同意不同意"、"满意不满意"等46个常用基本功能意念的各种表达方式；第二部分则设计了140个不同具体场景会话，涵盖了日常生活和涉外工作的方方面面。

为了准确理解会话内容，本书采用了汉阿对照方式编写；为了举一反三，扩大会话范围，每段会话后列出了相关的术语和补充词汇。

本书最大的特色是语言表达准确、得体，内容新颖、涵盖面广、实用。"意念"和"情景"分开编写，既突出了"意念"的基本功能表达，又省略了每段会话开始的"问候"和结尾时"感谢"、"再见"之类的重复，每段会话直接进入主题。

在本书编写的过程中，外教亚希尔·纳哈德·纳扎姆和艾哈迈德·阿提亚修改、审阅了部分阿拉伯语会话内容，在此对两位伊拉克外教表示衷心感谢。

由于参加本书编写的人员较多，加之时间紧迫，水平有限，书中难免存在错误，敬请广大读者惠赐批评指正。

编者
2011年5月

目 录

第一部分 功能意念表达……1
1. 问候、致意……1
2. 结识、会面……3
3. 告辞、送别……4
4. 祝贺、祝福……7
5. 敬酒……8
6. 感谢、感激……8
7. 遗憾、道歉……10
8. 邀请……11
9. 要求、希望……12
10. 安慰、吊唁……15
11. 鼓励……17
12. 命令……18
13. 提醒……19
14. 警告……20
15. 禁戒……21
16. 起誓……21
17. 承诺……22
18. 相信与不相信……23
19. 愿意与不愿意……24
20. 决心、决意……27
21. 希望与失望……27
22. 能与不能……29
23. 可以与不可以……30
24. 满意与不满意……31
25. 应该与不应该……33

1

26. 重视与忽视⋯⋯⋯⋯⋯⋯⋯⋯⋯⋯⋯⋯⋯⋯⋯⋯⋯⋯⋯⋯⋯⋯⋯⋯⋯35
27. 需要与不需要⋯⋯⋯⋯⋯⋯⋯⋯⋯⋯⋯⋯⋯⋯⋯⋯⋯⋯⋯⋯⋯⋯37
28. 可能与不可能⋯⋯⋯⋯⋯⋯⋯⋯⋯⋯⋯⋯⋯⋯⋯⋯⋯⋯⋯⋯⋯⋯38
29. 猜测、预料⋯⋯⋯⋯⋯⋯⋯⋯⋯⋯⋯⋯⋯⋯⋯⋯⋯⋯⋯⋯⋯⋯⋯40
30. 肯定与不肯定⋯⋯⋯⋯⋯⋯⋯⋯⋯⋯⋯⋯⋯⋯⋯⋯⋯⋯⋯⋯⋯⋯41
31. 高兴与喜悦⋯⋯⋯⋯⋯⋯⋯⋯⋯⋯⋯⋯⋯⋯⋯⋯⋯⋯⋯⋯⋯⋯⋯42
32. 喜爱与兴趣⋯⋯⋯⋯⋯⋯⋯⋯⋯⋯⋯⋯⋯⋯⋯⋯⋯⋯⋯⋯⋯⋯⋯43
33. 偏爱、爱好⋯⋯⋯⋯⋯⋯⋯⋯⋯⋯⋯⋯⋯⋯⋯⋯⋯⋯⋯⋯⋯⋯⋯44
34. 赞赏、尊敬⋯⋯⋯⋯⋯⋯⋯⋯⋯⋯⋯⋯⋯⋯⋯⋯⋯⋯⋯⋯⋯⋯⋯45
35. 惊叹、惊奇⋯⋯⋯⋯⋯⋯⋯⋯⋯⋯⋯⋯⋯⋯⋯⋯⋯⋯⋯⋯⋯⋯⋯46
36. 生气、气愤⋯⋯⋯⋯⋯⋯⋯⋯⋯⋯⋯⋯⋯⋯⋯⋯⋯⋯⋯⋯⋯⋯⋯47
37. 担心、害怕⋯⋯⋯⋯⋯⋯⋯⋯⋯⋯⋯⋯⋯⋯⋯⋯⋯⋯⋯⋯⋯⋯⋯48
38. 犹豫、为难⋯⋯⋯⋯⋯⋯⋯⋯⋯⋯⋯⋯⋯⋯⋯⋯⋯⋯⋯⋯⋯⋯⋯49
39. 忧伤、悲伤⋯⋯⋯⋯⋯⋯⋯⋯⋯⋯⋯⋯⋯⋯⋯⋯⋯⋯⋯⋯⋯⋯⋯50
40. 厌烦、厌恶⋯⋯⋯⋯⋯⋯⋯⋯⋯⋯⋯⋯⋯⋯⋯⋯⋯⋯⋯⋯⋯⋯⋯50
41. 责怪、责备⋯⋯⋯⋯⋯⋯⋯⋯⋯⋯⋯⋯⋯⋯⋯⋯⋯⋯⋯⋯⋯⋯⋯51
42. 转折、让步⋯⋯⋯⋯⋯⋯⋯⋯⋯⋯⋯⋯⋯⋯⋯⋯⋯⋯⋯⋯⋯⋯⋯52
43. 赞成与不赞成⋯⋯⋯⋯⋯⋯⋯⋯⋯⋯⋯⋯⋯⋯⋯⋯⋯⋯⋯⋯⋯⋯53
44. 征求看法⋯⋯⋯⋯⋯⋯⋯⋯⋯⋯⋯⋯⋯⋯⋯⋯⋯⋯⋯⋯⋯⋯⋯⋯54
45. 直接发表意见⋯⋯⋯⋯⋯⋯⋯⋯⋯⋯⋯⋯⋯⋯⋯⋯⋯⋯⋯⋯⋯⋯55
46. 对直接发表意见的托辞⋯⋯⋯⋯⋯⋯⋯⋯⋯⋯⋯⋯⋯⋯⋯⋯⋯⋯56

第二部分 情景实用会话⋯⋯⋯⋯⋯⋯⋯⋯⋯⋯⋯⋯⋯⋯⋯⋯⋯⋯⋯⋯58
第一章 日常生活⋯⋯⋯⋯⋯⋯⋯⋯⋯⋯⋯⋯⋯⋯⋯⋯⋯⋯⋯⋯⋯⋯⋯58
一、自我介绍⋯⋯⋯⋯⋯⋯⋯⋯⋯⋯⋯⋯⋯⋯⋯⋯⋯⋯⋯⋯58
二、介绍家庭情况⋯⋯⋯⋯⋯⋯⋯⋯⋯⋯⋯⋯⋯⋯⋯⋯⋯⋯63
三、课堂学习⋯⋯⋯⋯⋯⋯⋯⋯⋯⋯⋯⋯⋯⋯⋯⋯⋯⋯⋯⋯68
四、预习、复习功课⋯⋯⋯⋯⋯⋯⋯⋯⋯⋯⋯⋯⋯⋯⋯⋯⋯72
五、演讲比赛⋯⋯⋯⋯⋯⋯⋯⋯⋯⋯⋯⋯⋯⋯⋯⋯⋯⋯⋯⋯76
六、如何度假⋯⋯⋯⋯⋯⋯⋯⋯⋯⋯⋯⋯⋯⋯⋯⋯⋯⋯⋯⋯79
七、在图书馆⋯⋯⋯⋯⋯⋯⋯⋯⋯⋯⋯⋯⋯⋯⋯⋯⋯⋯⋯⋯81
八、听广播、读报⋯⋯⋯⋯⋯⋯⋯⋯⋯⋯⋯⋯⋯⋯⋯⋯⋯⋯86
九、阿拉伯世界和阿拉伯语⋯⋯⋯⋯⋯⋯⋯⋯⋯⋯⋯⋯⋯⋯91

十、新生军训 ……………………………………………… 93
　　十一、大学毕业、求职 …………………………………… 98

第二章　送往迎来 ……………………………………………… 101
　　一、发邀请函 ……………………………………………… 101
　　二、在机场 ………………………………………………… 103
　　三、在宾馆 ………………………………………………… 106
　　四、日程安排 ……………………………………………… 109
　　五、宴请 …………………………………………………… 111
　　六、告别 …………………………………………………… 115

第三章　参观旅游 ……………………………………………… 118
　　一、约定时间地点 ………………………………………… 118
　　二、问路 …………………………………………………… 120
　　三、天气和气候 …………………………………………… 121
　　四、城市面貌 ……………………………………………… 123
　　五、参观公园 ……………………………………………… 127
　　六、游览古迹 ……………………………………………… 129
　　七、参观博物馆 …………………………………………… 131
　　八、上海世博会 …………………………………………… 134

第四章　交通运输 ……………………………………………… 136
　　一、乘坐公交车 …………………………………………… 136
　　二、乘坐的士 ……………………………………………… 140
　　三、乘地铁 ………………………………………………… 144
　　四、乘火车 ………………………………………………… 147
　　五、乘飞机 ………………………………………………… 150
　　六、乘船 …………………………………………………… 154
　　七、货运 …………………………………………………… 157
　　八、交通指示 ……………………………………………… 159

第五章　邮电通讯 ……………………………………………… 164
　　一、打电话 ………………………………………………… 164

  二、手机 ·· 166
  三、电子邮件和网上聊天 ·· 168
  四、传真 ·· 170

第六章 文化娱乐 ·· 172
  一、看电影 ·· 172
  二、看电视节目 ··· 175
  三、文艺晚会（歌舞、京剧、相声和杂技）··············· 178
  四、上网 ·· 181

第七章 体育运动 ·· 185
  一、体育运动的重要性 ·· 185
  二、足球比赛 ·· 187
  三、2008 年北京奥运会 ·· 188

第八章 社会生活 ·· 193
  一、在市场和超市 ·· 193
  二、在理发馆 ·· 205
  三、在书店 ·· 210
  四、在饭店 ·· 212
  五、拜访做客 ·· 217
  六、修理 ·· 222
  七、在银行 ·· 225

第九章 医疗卫生 ·· 232
  一、看病就诊 ·· 232
  二、在药房 ·· 235
  三、手术与住院 ··· 238
  四、探望病人 ·· 240
  五、中医疗法 ·· 243
  六、体检免疫 ·· 245
  七、预防疾病 ·· 248

第十章 传统节日 251
  一、春节 251
  二、元宵节 254
  三、端午节 255
  四、中秋节 257
  五、开斋节 259
  六、宰牲节 261
  七、伊斯兰教 262

第十一章 贸易谈判 267
  一、商贸洽谈 267
  二、签订合同 270
  三、订货发货 272

第十二章 中阿关系 275
  一、民间交往（在出租车上） 275
  二、政府间的政治交往 278
  三、经贸往来 281

第一部分　功能意念表达
الباب الأوّل　　أساليب التّعبير الوظيفيّ

1- التحية والسلام　问候、致意

أ: السلام عليكم!   你好！

ب: وعليكم السلام! / وعليكم السلام ورحمة الله وبركاته!   你好！

أ: صباح الخير!   早上好！

ب: صباح النور! / صباح الخير! / أسعد الله صباحك!   早上好！

صباح الأنوار! / صباح مبارك!
صباح الخير يا وطني العالي!

أ: نهارك سعيد!   日安！

ب: نهارك سعيد! / نهارك أسعد!   日安！

أ: مساء الخير!   下午好！

ب: مساء الخير! / أسعد الله مساءك! / مساء النور!   下午好！

أ: ليلة سعيدة!   晚安！

ب: ليلة سعيدة!

晚安！

أ: أهلا وسهلا!

你好！

ب: أهلا بك! / أهلا ومرحبا بك! / أهلا وسهلا بك! / أهلا وسهلا ومرحبا بك!

你好！

أ: مرحبا بك!

欢迎！

ب: أهلا وسهلا!

你好！

أ: كيف الحال؟ / كيف حالك؟ / كيف أنت؟ / كيف أخبارك؟

你好吗？

ب: الحمد لله أنا بخير! / جيّد جدا.

我很好！

كل شيء على ما يرام!

一切都很好。一切顺心如意。

كالعادة. / كالمعتاد. / كما كنت عليه./ كما كانت عليه.

一切如常。

بين بين.

一般，还可以。

ليس (ليست) تماما. / ليس جيدا. (ليست جيدة.)

不好。

ليس على ما أرغب. ليس كما ينبغي.

不怎么样。

أ: كيف الصحّة؟ / كيف صحّتك؟

你身体好吗？（你好吗？）

ب: انّي بصحّة جيدة. / صحّتي جيّدة.

我很好。

لست بصحّة جيدة. / صحّتي ليست جيّدة.

不好。

أ: كيف حال أبيك؟

你父亲好吗？

ب: بخير ويسلّم عليك.

很好，他向你问好。

2- المقابلة والتعارف   结识、会面

أ: انّي مسرور(فرح / مبسوط / سعيد) بلقائك (برؤيتك / بمعرفتك)!

我很高兴见到（认识）你！

يسرّني أن أعرفك! / يسعدني أن أعرفك!
يسرني أن أتعرف عليك! / يسعدني أن أتعرف عليك!

认识你我很高兴！

أتشرّف بمعرفتك! / يشرّفني أن أعرفك!

认识你我很荣幸。

ب: وأنا كذلك!

我也是。

أ: شرّفتمونا!

您的光临让我们感到很荣幸！

ب: الله يشرّفكم!

愿真主赐你荣耀！

أ: نوّرتمونا!

您给我们带来了光明！（您赏光了！）

ب: الله ينوّركم!

愿真主赐给你光明！

أ: الحمد لله على سلامتك!

赞美真主，使你平安到达！

ب: الله يسلّمك!

真主赐你平安！

أ: فرصة سعيدة!

幸会！

ب: فرصة سعيدة!

幸会！

اسمح لي أن أقدّم لك نفسي./ لو سمحت، أعرّفك بنفسي.

请允许我向你做一下自我介绍。

اسمحوا لي أن أرحّب بكم باسم جميع زملائي ترحيبا حارا!

请允许我代表全体同学热烈欢迎你们！

أ: يسرّني (يسعدني) أن أقدم لحضرتكم أصدقائي./ أودّ أن أعرّفكم بأصدقائي.

我很乐意为您介绍我的朋友们。

ب: أنا مسرور جدا بمعرفتكم!

认识你们我很高兴！

لو سمحت، ما اسمك الكريم؟ / ما اسم حضرتكم؟

请问您贵姓？

ما اسمك؟

你叫什么？

حضرتك من أي بلد؟/ من أي بلد جئتم؟

您是哪国人？

ما جنسيتك، لو سمحت؟ / هل ممكن أن تتفضَّل عليَّ وتعرّفني بجنسيتك؟

请问您是哪国人？

هل يمكنني أن أعرف مهنتك (حرفتك)(اختصاصك)؟

我能问一下您的职业（专业）吗？

أ: هل الأستاذ موجود؟

老师在家吗？

ب: موجود، تفضل بالدخول! تفضل، اجلس، اشرب الشاي.

在家，请进，请坐，请喝茶。

أ: أخشى أن أكون قد أزعجتك.

我恐怕打扰你了。

ب: بالعكس، حصل لنا الّشرف.

不会，我们感到非常荣幸。

لا كلفة بيننا.

我们之间不用客气。

3- الاستئذان والتوديع　告辞、送别

أ: الى اللّقاء!

再见！

ب: الى اللّقاء!

再见！

أ: مع السّلامة! / مع ألف سلامة!

再见！

ب: مع السّلامة!

再见！

أ: السّلام عليكم!

真主赐你平安！(再见)

ب: وعليكم السّلام ورحمة الله وبركاته!

真主赐你平安！(再见)

أ: في سلامة الله وحفظه! / في أمان الله!

真主赐你平安！(再见)

ب: الله يسلّمك!

真主赐你平安！(再见)

أ: أستأذنكم! / اسمح لي بالانصراف! / أنا ذاهب الآن.

我要告辞了！

ب: لا تستعجل، الوقت ما زال مبكرا.

别急着走，时间还早。

مرحبا بكم دائما.

欢迎你常来。

دعني أمش معك قليلا.

让我送送你。

لماذا العجلة؟/ لماذا بهذه العجلة؟ / لماذا هذه العجلة؟ / لماذا تستعجل؟

急什么！

أشكرك على الزيارة ومتى أراك؟

谢谢你来看我，什么时候再见呢？

أ: عن اذنكم لحظة!

失陪，一会儿就来。

ب: سأنتظرك حتّى تعود.

我等你回来。

أ: الى الغد!

明天见！

ب: الى الغد!

明天见！

أ: تصبح على خير!

晚安！

ب: تصبح على خير! / وأنتم بخير! / وأنتم من أهله! / وأنت كذلك.

晚安！

أ: أرجو لك أحلاما سعيدة!	愿你睡个好觉！愿你做个好梦！
ب: وأنت كذلك!	你也是！
أ: طابت ليلتك! / طاب مساؤك!	晚安！
ب: طابت ليلتك! / طاب مساؤك!	晚安！
أ: سلّم عنّي على والديك! / بلّغ تحيّاتي وتمنّياتي الى والديك! أوصل سلامي إلى والديك! / متمنيا لهما السعادة والتوفيق!	代我向你父母问好！
ب: بكلّ سرور!	愿意代劳（好吧）。
أ: سفرا سعيدا! / سفرا ممتعا وحلوا! / سفرا ميمونا!	旅途愉快！
ب: لعلّنا نلتقي في فرصة أخرى.	后会有期。
أ: أتمنّى لك سفرا سعيدا! / أتمنّى لك وقتا ممتعا في رحلتك!	祝你旅途愉快！
ب: متشكّر!	谢谢！
أ: تروح وترجع بالسلامة، ان شاء الله!	旅途平安！
ب: ان شاء الله!	但愿！
أ: سفرا سعيدا وعودا حميدا!	祝你旅途愉快，平安归来！
ب: الله يحفظك!	真主保佑你！
أ: يعزّ علينا فراقكم.	我们真舍不得让你们走。
ب: ونحن كذلك.	我们也是。

4- التهنئة والمباركة   祝贺、祝福

أهنّئك!

祝贺你！

أهنّئك من صميم قلبي!

我忠心祝贺你！

أهنّئك بنجاحك في الامتحان!

祝你考试成功！

أهنّئك بمناسبة عيد رأس السنة الجديدة!

祝你元旦快乐！

أخلص التهاني وأطيب التمنّيات لكم!

向你们致以最诚挚的祝福！

أ: مبروك! / ألف مبروك! / مبروك عليك!

恭喜！

ب: الله يبارك فيك! / بارك الله فيك!

真主赐福！

أ: كلّ عام وأنتم بخير! / كلّ سنة وأنتم طيّبون (طيّبين)! / كلّ عام وأنتم بصحة وعافية!

新年好！

ب: وأنتم بخير! / وأنتم طيبون!/ كل سنة وانتم بخير!

新年好！

أ: عيد سعيد ومبروك!/ كلّ عيد وأنتم بألف خير!

节日快乐！

ب: وأنتم بخير! / وأنتم طيّبون! / وأنت طيّب!

节日好！

أ: عيد ميلادك سعيد!

生日快乐！

ب: ألف شكر!

万分感谢！

أ: نعيما!

祝你愉快！（理发、洗澡后用）

ب: أنعم الله عليك! / الله ينعم عليك!

真主赐你愉快！

أ: هنيئا!/ هنيئا مريئا!

祝你健康！（饭后用）

ب: بالهناء والشفاء!/ هنّاك الله!/ الله يهنّيك!

真主赐你健康。

تسلم يداك!

您辛苦了！您的手艺真好！（饭菜做得好！）

أتمنّى لك النجاح والتوفيق!

祝你成功、顺利！

أتمنّى لك دوام الصحة والعافية!

祝你健康！

أتمنّى أن يسير كلّ شيء على ما يرام!

祝你万事如意！

الله يوفّقك!/ الله معك ويوفّقك!/ الله يحفظك!

真主保佑你！

5- شرب النخب 敬酒

لنشرب النخب في صحّة أستاذنا!

为老师的健康干杯！

لنشرب النخب للصداقة فيما بيننا!

为我们的友谊干杯！

من أجل تقوية أواصر الصداقة وصحّة الضيوف الكرام أدعوكم الى شرب النخب.

为了来宾的健康和友谊，我们干杯！

6- الشكر والامتنان 感谢、感激

أ: شكرا!

谢谢！

شكرا جزيلا! / كثّر الله خيرك! / جزاك الله خيرا! / جزاك الله كلّ الخير!

非常感谢！

ألف شكر! / مع ألف شكر!

万分感谢！

شكرا لك! / أشكرك!	谢谢你！
متشكّر! / متشكّرون!	谢谢！
شكرا مقدّما! / شكرا مسبقا.	先谢了！
تعبت كثيرا!	你辛苦了。
ب: عفوا!	不客气！
لا شكر!	不用谢！
لا شكر على واجب. / العفو، هذا واجبي!	不用谢，该做的！
أ: أشكرك من صميم قلبي! / أشكرك من كلّ قلبي! / أشكرك من أعماق قلبي!	衷心感谢！
ب: لا تقل هذا!	别这么说！
أ: أشكرك على مساعدتك (نصيحتك، عنايتك)!	感谢你的帮助（忠告、照顾）！
ب: هذا شيء بسيط.	没什么。
أ: لست أدري كيف أشكرك.	我真不知道该怎么谢你。
ب: لم أفعل غير الواجب.	我只是尽了应尽的义务。
أ: أنا عاجز عن الشكر على ما قدّمتموه لنا من المساعدات.	对于你们给我们提供的帮助，我真不知道如何感激是好。
ب: هذا شيء بسيط لا يستحقّ الشكر. / هذا شيء لا يذكر.	小事一桩，不值言谢。
أ: أكرّر شكري لدعوتكم الكريمة وحفاوتكم البالغة.	再次感谢你们的盛情款待。

ب: لا كلفة بيننا. / لا تكليف بيننا.

我们之间不用客气。

أ: أشكرك على كلّ حال.

不管怎样，我谢谢你。

انّني ممنون(أو منون) لك! / انّني ممتنّ لك جدا! / انّى حقا لشاكر لك جدا!

我真的很感谢你！

ب: العفو!

不客气！

أشكرك على ثنائك!

谢谢你的夸奖！

أشكرك على تشجيعك وحسن ظنّك بي.

谢谢你的鼓励和信任。

سأكون متشكّرا اذا قدّمت لنا المساعدات. / سأكون عاجزا عن الشّكر اذا قدّمت لنا المساعدات.

如果你给我们提供帮助，我将不胜感激。

7- الأسف والاعتذار 遗憾、道歉

أ: أنا آسف! / آسف جدا! / انّى متأسّف!

我很遗憾！

مع الأسف! / مع الأسف الشديد!/ يا للأسف!

真遗憾！

يؤسفني أن أسمع هذا الخبر المشؤوم!

听到这个坏消息我很遗憾。

يؤسفني أنّك لم تحضر.

你没来我很遗憾。

ب: عفوا! / العفو!

没关系！

أبدا!

没事！

لا يهمّ! / لا يهمّك! / لا شيء ولا يهمّك! / لا شيء ولا تشغل بالك!

没什么！你别在意！

أ: معذرة! / أرجو المعذرة! / إعذرني!

请原谅我！

أعتذر اليك!عذرا على ما اقترفت من خطأ في حقك!

向你道歉！

لا مؤاخذة! / لا تؤاخذني.

对不起。

سامحني!

原谅我吧！

الذنب ذنبي!

都怪我！都是我的错！

ب: لا بأس! / لا يهمّ!

没什么！

معذور.

可以谅解。

على راحتك! / على كيفك! / كما تشاء!

没关系，随便！

لا داعي للاعتذار.

不用道歉。

لا تشغل بالك.

没关系，别担心。

8- الدعوة　邀请

أ: أدعوكم الى حضور حفلة الزفاف.

我邀请你们参加婚礼。

ب: تشرّفت! / هذا شرف لي!

太荣幸了！（这是我的荣幸！）

أ: يطيب لي أن أدعوكم الى حضور الحفلة.

我想邀请你们参加晚会。

ب: سنحضر، ان شاء الله! / ان شاء الله!

如真主所愿！我们将出席！

أ: أتشرّف بدعوتكم الى حضور الندوة.

我很荣幸地邀请你们参加座谈会（研讨会）。

ب: بكلّ سرور!

非常乐意！

أ: هل من الممكن أن أدعوكم لتناول العشاء معي؟ / أ يمكن أن أدعوكم لتناول العشاء معي؟

我可以邀请您和我一起共进晚餐吗？

ب: يسعدني ويشرّفني ذلك.

我真是太高兴太荣幸了。

أ: أ تحبّ أن تسافر معنا؟

你愿意和我们一起旅行么？

ب: كم أودّ ذلك!

我太乐意了！

أ: ما رأيك في زيارة جامعتنا اليوم؟ / ما رأيك في أن تزور جامعتنا اليوم؟

今天参观我们大学，您觉得怎么样？

ب: انّه ليسرّني كثيرا!

非常乐意！

أ: ما رأيك لو تجيء وتتعشّى عندنا يوم السبت؟

你星期六来我们这里一起吃晚饭如何？

ب: شكرا جزيلا!

非常感谢！

أ: أريد أن أدعوك الى السينما مساء اليوم، ما رأيك؟

我想邀请你今晚去看电影，怎么样？

ب: أتمنّى لو كنت أستطيع ذلك، ولكنّني مشغول مساء اليوم.

我真希望能去，但我今晚很忙。

أ: هل تحبّ أن تزور معي أستاذنا العراقي مساء الغد؟

你想明天晚上和我一起去拜访我们的伊拉克外教吗？

ب: أتمنّى لو كان ذلك في امكاني، ولكن عندي موعد.

我很想去，但我已经有约了。

أ: أدعوك الى المأدبة مساء يوم الأحد القادم.

我邀请你参加下周日晚的宴席。

ب: مع الأسف الشديد، لا أستطيع، وشكرا على أيّ حال.

非常抱歉，我不能去，不管怎样，我要谢谢您。

9- الطّلب والرّجاء   要求、希望

أ: هل تسمح لي بالدخول؟

可以进来吗？

ب: تفضّل بالدخول!

请进！

أ: أ تسمح لي أن أكتب بقلمك؟/ لو سمحت بقلمك. / هل ممكن أن أستعير قلمك لأكتب به؟

可以用一下你的笔吗？

ب: تفضّل!

用吧！

أ: هل يمكنك أن تساعدني؟

你可以帮帮我吗？

ب: بكلّ سرور!

我很乐意！

أ: هل بامكاني أن أقوم بالرحلة معكم؟

我可以和你们一起出游吗？

ب: ممكن!

可以！

أ: هل من الممكن ألاّ أحضر درسك اليوم يا أستاذ لأنّني مزكوم!

老师，我今天感冒了，可以不去上您的课吗？

ب: يمكن، استرح!

可以，好好休息！

أ: من فضلك / لو سمحت، أحضر لي كتابي!

劳驾，请把我的书拿过来！

ب: حاضر!

好的！

أ: من فضلك هل تستطيع أن تساعدني على ارسال هذه الصور عن طريق البريد؟

替我把这些照片寄出去，好吗？

ب: أنا تحت أمرك!

好的，遵命！

أ: هل تتفضّل بأن تحجز لي غرفة في الفندق؟

你可以为我在宾馆预订个房间吗？

ب: في خدمتك!

乐于为您效劳！

أ: هل لي أن أحصل على هذا الدليل؟

我能拿这个指南吗？

ب: طيّب!
好的！

أ: هل تتكرّم بأن تعيرني كتابك؟
能把你的书借我吗？

ب: كلّ شيء عندي تحت تصرّفك!
我的东西你可以随便使用！

أ: تكرّمْ، أعطِني شيئا من الماء المثلّج!
请给我点儿冰水！

ب: أنا مستعدّ دائما لخدمتكم!
随时为您效劳。

أ: تلطّفْ بتبليغ تحيّاتي الى والديك!
请向你的父母转达我的问候！

ب: بسرور ولك الشكر. / لك مني الشكر./ لك شكري.
好的，谢谢。

أ: أرجو منك أن تنظر الى اقتراحي بعين الاعتبار!
我希望你能认真考虑一下我的建议！

ب: كن مطمئنا!
放心吧！

أ: أرجو ألاّ تتأخّر مرة أخرى!/ لا تتأخّر ثانية أرجوك! / أرجو ألاّ تكرر تأخيرك!
我希望你下次别再迟到！

ب: أمرك!
好的！

أ: دعْني أساعدْك!
让我来帮你！

ب: شكرا!
谢谢！

أ: هل تعمل لي معروفا وتعيرني درّاجتك؟
你能行个方便，借我用一下你的自行车吗？

ب: هذا بسيط.
这好办。

تفضّلْ اشربْ!
请喝茶！

تفضّل بقبول فائق احترامنا!

顺致敬意！

أرجوك!

求求你了！拜托你了！

رجاء منكم تقديم تسهيلات لازمة لنا.

恳请你们给我们提供必要的便利。

يُرْجيَ من جميع المتفرجين الالتزام بنظام المعرض.

希望所有参观者遵守展览会秩序。

الرجاء عدم لمس المعروضات.

请不要触摸展品。

طلبت منه أن يحضر الدرس غدا.

我要求他明天来上课。

ليساعد بعضنا بعضا!

让我们互相帮助吧！

لحظة! / دقيقة!

等一下！

هيّا بنا! / يا الله!

走吧！

انتبه!

注意！

خذ بالك من نفسك! / انتبه لحالك! / اهتم بنفسك جيدا!

照顾好自己！

10- المواساة والرثاء 安慰、吊唁

أتمني لك الشفاء! / راجيا من الله تعالي أن يشفيك!

祝你痊愈！

شفاك الله! / الله يشفيك!

真主赐你痊愈！

بالشفاء العاجل، ان شاء الله!

但愿你能迅速康复！

أتمنّى لك الصحة والعافية!

祝你健康！

الله يعطيك العافية!

真主赐你健康！

بعد الشرّ عنك! / زال الشرّ عنك!/ أتمنّي لك حُسْنَ الحظّ!

祝你好运

لا تيأس!

别灰心！

لا تقلق، كن مطمئنًا!

别担心！

سيمضي كل شيء!

一切都会过去的！

كل ما فات مات.

过去的事就让它过去吧。

الطرق الى السعادة محفوفة بالمتاعب!

好事多磨！

أنا معك!

有我呢！我支持你！

ينبغي أن تكون متفائلا!

你要乐观点。

لا تكن مهموما.

别发愁。

لا تكن حزينا.

别难过。

خفف عن نفسك!

想开点儿！

أحسن ظنك!

往好处想想吧！

لا تكن ظنانا!

别多心！

كن هادئ البال.

你静下心来。

هوِّنْ عليك!

放松点，别紧张！

نرجو لعائلة الفقيد الصبر والسلوان، الله يرحمه.

我们希望死者家属忍耐和淡忘，真主宽恕死者。

أكرم الله مثواه.

（愿真主优待他）安息吧！（替死者祈祷）

هكذا حال الدنيا.

世间就是如此。

انّا لله وانّا اليه راجعون.

我们属于安拉，并将回到他那里去。（死者归真，替死者祈祷用语。）

11- التشجيع   鼓励

كن شجاعا!

勇敢一点！

حاول!

试一下！

شدّ حيلك!/ قوي عزيمتك!

加油！

تشجّعْ ولا تخف!

勇敢一点，不要怕！

لا تخف من الصعوبات!

不要害怕困难！

صبرا على الشدائد!

在困难面前要沉着！

من جدّ وجد!

有志者事竟成！

أنا واثق أنك تقدر على ذلك!

我相信你行！

أشعل حماستك (همتك)!/ كن عالي الهمّة!

打起精神来！

لا مستحيل على أهل العزيمة!

世上无难事，只怕有心人！

12- الأمر 命令

افتحوا الكتب!

打开书！

اقرأ معي! / اتبعوني في قراءتي! / اتبعوني في طريقة قراءتي!

跟我读!

أسكت!

安静！

أنظر!

看！

ارفع صوتك!/ بصوت عالٍ!

大声一点！

اخفض صوتك!/ بصوت خفيف!

小声点！

تعال!

过来！

هاتِ كتابك!

把你的书给我！

بسرعة! / أسرع!

快点！

على مهلك!

慢点！

قيام!/ قياما!

起立！

جلوس! / جلوسا!

坐下！

خلّه! (خَلِّيه 读)

放下！

اليك عنّي! / ابتعد عنّي!

你走开！你让开！躲开我！

حدّثْ عن رأيك!

说说你的想法！

مكانك يا مخالف نظام المرور!

违反交通规则的人，站住！

اصبر عليه!

忍着点！

سكوت!

闭嘴！

كن مطيعا!

听话！

يا الله يا جماعة!

大家快点！/ 走吧！

كُلْ !

吃吧！

خُذْ!

拿着！

استمع الى كلامي!

听我说！

13- التنبيه　提醒

ها هو ذا! ها هي ذي!

就是他 / 她！

ها وصلنا!

我们到了！

خذ بالك!

小心！

بانتباه! / انتبه!

注意！

لا تنس شيئا!

别落东西！

14- التحذير　警告

حَذَار من القطار!

小心火车！

أحذّرك من مخالفة النظام!/ احذر من مخالفة القانون!

不要违反交通规则！

اِحْذَرْ أن يصيبك مكروهٌ.

要警惕招灾惹祸。

احترسْ!

提防点儿！

حرام عليك!/ محرم عليك!

不能这样！

الفيلمَ والنورَ!

小心胶卷，不要曝光！

اليدَ والسكينَ!

小心刀子，别伤着手！

حذار من التدخين والخمر والمَيْسِر(القمار)!

要戒烟，戒酒，戒赌！

إيّاك أن تدخّن السجائر، إيّاك أن تشرب الخمر، إيّاك أن تلعب الميسر.

الكِذْبَ الكِذْبَ!/ إيّاك والكذب!

别说假话，别撒谎！

إِيَّاكَ والشرَّ!/ إيّاك ان تعمل الشر!

你不要干坏事！

ايّاك من الغرور!

你不要骄傲！

ايّاك أن يضرب لسانُك عُنُقَك!

小心祸从口出！

ايّاك أن يغشّك ذكاؤُك!

不要聪明反被聪明误！

هذا آخر انذار لك!

这是对你最后的警告！

15- النهى 禁戒

ممنوع التدخين!

禁止吸烟！

ممنوع وقوف السيارات!

禁止泊车！

ممنوع الدخول!

禁止入内！

ممنوع المرور!

禁止通行！

لا تُتْعِبْ نفسك هكذا.

别这样劳累自己。

لا تبصقْ على الأرض!

不要随地吐痰！

لا تقطفْ الأزهار!

不要乱采花朵！

لا تَطْمَعْ في غيرِ حقِّك.

他人之物你莫贪。

لا تُهْمِلوا واجبكم!

切勿失职！

لا تَأْسَفْ على ما فات.

莫为往事遗憾。

لا تُدَخِّنْ، فإنّ التدخينَ يضرّ بالصحة!

请勿吸烟，吸烟有害健康！

لا تَتَدَخَّلْ في شؤون غيرك!

不要干涉他人的事务！

16- القسم 起誓

أُقْسِمُ بالله، لَقَدْ قلت الحقّ.

凭主起誓，我说的是实话。

وَاللهِ، لن أتركك!

凭主起誓，我决不会丢下你。

بشَرَفي، إنّه صحيح هذه المرة.

以我的荣誉起誓，他这次是对的。

أحْلِفُ بالله، لن أفشل مرة ثانية!

凭主起誓，我决不会再次失败！

لَعَمْرُك، لا أكذب عليك.

以你的宗教起誓，我不会对你撒谎。

وَرَبِّك، لن أقف مكتوف اليدين.

以你的主起誓，我绝不会袖手旁观。

وَحَيَاتِك، لا مستحيل على أهل العزيمة.

以你的生命起誓，世上无难事，只怕有心人。

تَاللهِ، لا تذهب دماء الشهداء بلا ثمن.

以主发誓，烈士的鲜血不会白流。

بِالوطنِ، إنّه طيّب جدًا.

以祖国的名义起誓，他确实是个非常好的人。

لِلّهِ، إنّه مستحيل!

凭主起誓，这是不可能的！

17- الوفاء بالوعد　承诺

وعدتك بأن أحبك على طول عمري.

我向你承诺我会爱你终生。

سأفي بما وعدت.

我会兑现我的诺言。

على عيني ورأسي.

我说话算数。

سأعمل بنصيحتك.

我会照你的建议去做。

أعني ما أقول.

我说到做到。

لن أخلف وعدي.

我绝不食言。

18- الثقة وعدمها 相信与不相信

1- أعتقد أنّ ... / أظنّ أنّ ... / أرى أنّ...

我认为……

أعتقد أنّك على صواب.

我认为你是对的。

أظنّ أنّ ما قلته غير صحيح.

我认为你说的不对。

أرى أنّ هذه الصورة جميلة جدا.

我认为这幅画非常漂亮。

2- أثق ب ... / انّي واثق بأنّ... / انّنا على ثقة تامّة بأنّ...

我相信……

أثق بكلامك.

我相信你的话。

أثق بأنّ قلبك طيب. / انّي واثق بأنّ قلبك طيب.

我相信你心肠很好。

انّنا على ثقة تامّة بأنّنا سنتخرّج من الجامعة بالنتائج الممتازة.

我们坚信我们将以优秀的成绩从大学毕业。

تَحْدُونِي الثقةُ بأن ...

我深信……

3- انّني على يقين من أنّ ...

我相信……

انّني على يقين من أنّك ستحقّق أهدافك آجلا أو عاجلا.

我相信你迟早会实现你的目标。

انّنا على يقين من أنّ وطننا سيصبح دولة قوية.

我们相信我们的祖国将会变得强大起来。

4- أنا مؤمن بأنّ...

我相信……

أنا مؤمن بأنك ستنجح في عملك في يوم ما.

我相信你总有一天会事业有成。

5- أصدّقك!

我相信你！

صدّقيني يا أمّي!

妈妈，请相信我！

هو يصدّق كلام ابنه.

他相信儿子的话。

6- في رأيي أنّ...

在我看来……

في رأيي أنّ هذا الاقتراح غير معقول.

在我看来这个提议不合理。

7- لا أعتقد أنّ ... / لا أظنّ أنّ...

我不认为……

لا أعتقد ذلك.

我不那样认为。

لا أظنّ أنك صحيح.

我不认为你是对的。

8- لا أثق ب ...

我不相信……

لا أثق بك.

我不相信你。

9- لا أصدّق.

我不相信。

لا أصدّق كلامك.

我不相信你的话。

هذا لا يُصَدَّقُ.

这个不可信。

19- الرغبة وعدمها 愿意与不愿意

1- أريد الشيء / أريد أن ...

我想……

أريد القهوة وشكرا.

我想要一杯咖啡，谢谢！

أريد أن أسافر الى مصر لأكمل دراستي.

我想去埃及完成学业。

2- أوّد أن...

我希望、我愿意……

أودّ أن أراك في أسرع وقت ممكن.

我希望尽快见到你。

كم أودّ أن أسافر معك الى بكين!

我多想和你一起去北京啊！

3-أرغب في ... / عندي رغبة في...

我喜欢、我想……

أرغب في أن أشترك في هذا النشاط.

我想参加这个活动。

عندي رغبة شديدة في حضور هذه الحفلة.

我很想参加这个晚会。

4- أنوي أن ... / في نيّتي أن...

我想……

أنوي أن أكون مترجما بعد أربع سنوات.

我想四年之后成为一名翻译。

في نيّتي أن أتحدّث عن هذا الموضوع.

我想谈谈这个话题。

5- أتمنّى لك ... / أتمنّى أن...

我希望……

أتمنّى لك النجاح والتوفيق.

我希望你成功、顺利。

أتمنّى أن يكون كلّ شيء على ما يرام.

我希望一切顺利。

6- من الأحسن أن... / من الأفضل أن...

最好……

من الأحسن أن تعمل بنصيحة الأستاذ.

你最好听从教授的劝告。

من الأفضل أن تسمع آراء الآخرين.

你最好听听别人的意见。

7- أعتزم الأمر

我想、我打算……

أعتزم أن أعود الى بلدتي بعد تخرجي من الجامعة.

我打算大学毕业后回家乡。

8- لا أريد الشيء / لا أريد أن ...

我不想……

لا أريد مقابلته.

我不想见他。

لا أريد أن أتشاجر معك.

我不想和你吵架。

9- لست أودّ أن...

我不愿意……

لست أودّ أن أؤذيك.

我不想伤害你。

10- لا أرغب في ... / ليست عندي رغبة في ...

我不喜欢、不愿意……

لا أرغب في أن أكون بعيدا عن أهلي.

我不愿意远离家人。

ليست عندي رغبة في الدراسة.

我不喜欢学习。

11- لا أنوي أن ... / ليس في نيّتي أن...

我不想……

لا أنوي أن أستريح الآن.

我现在不想休息。

ليس في نيّتي أن أختارك.

我不会选择你。

12- لا أتمنّى أن ...

我不希望……

لا أتمنّى ذلك.

我不希望如此。

لا أتمنّى أن يحدث أي شيء غير جيد عليك.

我不希望任何不好的事情发生在你身上。

20- العزم والحزم   决心、决意

1- عزمت على ... / أنا عازم على ... / عقدت العزم على ...

我决心……

عزمت على الاقلاع عن التدخين.

我下定决心戒烟。

أنا عازم على أن أتعلّم اللغة العربية بجد واجتهاد

我决心认真学习阿拉伯语。

عقدت العزم على تحقيق أهدافي في سنتين.

我决定在两年内实现自己的目标。

2- بحزم وعزم

坚决地、坚定地

نؤيّدكم بحزم وعزم.

我们坚定不移地支持你们。

3- أصمّم على ... / أنا مصمّم على...

我决心……

أصمّم على تحطيم (أو تسجيل) رقم قياسيّ عالميّ.

我决心打破世界纪录。

أنا مصمّم على مساعدة الفقراء بأقصى جهودي.

我决心尽自己最大的努力去帮助穷人。

21- الأمل واليأس   希望与失望

1- آمل أن ...

我希望……

آمل أن أجيد خمس لغات أجنبية.

我希望学会五种外语。

2- يعلّق الأمل على/ وضع الأمل في ...

把希望寄托在……

يعلّق أبي أمله عليّ.

我父亲把希望寄托在我身上。

لا تضع الأمل في ذلك.

不要对此抱有希望。

3- لعلّ

但愿（可以实现）

لعلّه ينجح في الامتحان غدا.

但愿他能顺利通过明天的考试。

4- ليت

但愿（很难实现）

ليت الشبابَ يعود.

但愿青春再来。

5- يخيّب أمل فلان

使某人失望

لا تخيّب أمل والديك فيك.

别让你的父母对你失望。

6- لا أملَ في ...

在……方面没有希望。

لا أمل في النجاح.

没有成功的希望了。

7- أشعر بخيبة أمل في... / أصبت بخيبة أمل في...

我对……感到失望。

أشعر بخيبة أمل.

我感到失望。

أصبت بخيبة أمل في نفسي.

我对自己感到失望。

8- أنا يائس من ...

我对……失望、绝望。

أنا يائس من شفائه.

我对他的痊愈不抱有希望。

9- لا تيأس.

不要失望。

10- لا حول ولا قوّة الاّ بالله.

无能为力，只靠真主。

22- القدرة وعدمها   能与不能

1- أستطيع أن... / في استطاعتي أن ... / باستطاعتي أن......

我能够……

أستطيع أن أفهم هذه المقالة.

我能理解这篇文章。

في استطاعتي أن أعتمد على نفسي.

我能够自力更生。

2- بكلّ ما أستطيع

尽我所能

سأساعده بكلّ ما أستطيع.

我将尽我所能地帮助他。

3- على قدر استطاعتي

依我所能

سأعمل على قدر استطاعتي.

我将尽我所能。

4- أقدر على ... / أنا قادر علي .../أقدر أن...

我能够……

أقدر على هذا العمل.

我能胜任这个工作。

أنا قادر على تعليم اللغة العربية.

我可以教阿拉伯语。

أقدر أن أنجز هذه المهمة في موعدها.

我可以在规定的时间内完成这项任务。

أقوى على...

我能够……

أقوى على تحمّل هذه الضغوط.

我能够承受这些压力。

أتمكّن من ...

我能够，我会……

أتمكّن من حلّ هذه المشكلة بنفسي.

我能自己解决这个问题。

	بوسعي أن ...
我能够，我可以……	
	بوسعي أن أجيب عن سؤالك.
我可以回答你的问题。	
	لا أستطيع أن... / ليس في استطاعتي أن...
我不能……	
	لا أستطيع ذلك.
我不能那样。	
	لا يستطيع أن يتكلّم اللغة العربية بطلاقة.
他不能流利地说阿拉伯语。	
	ليس في استطاعته أن يعيش بنفسه.
他没有能力单独生活。	
	لا أقدر على... / لست قادرا على... / لا أقوى على...
我不能……	
	لا أقدر على حفظ هذه الكلمات.
我记不住这些单词。	
	لست قادرا على ترجمة هذه الجملة.
我不会翻这句话。	
	لا أقوى على تحمّل هذه المسؤولية.
我承担不起这个责任。	
	لا يسعني أن... / ليس في وسعي أن... / لم يكن في وسعي أن...
我不能……	
	لا يسعني (ليس في وسعي) أن أساعدك في هذا الأمر.
在这件事情上我帮不了你。	
	لم يكن في وسعي أن أدفع هذا المبلغ الكبير.
我无力支付这么大一笔钱。	

23- الامكان وعدمه   可以与不可以

1- يمكنني أن...

我可以……

يمكنني أن أزورك في مساء يوم السبت القادم.

我可以下周六晚上去看你。

يمكن للموظفين أن يستريحوا قليلا عند الظهر.

职工们中午可以休息会。

2- ممكن أن ... / من الممكن أن...

是可以的……

ممكن أن أستعير منك هذا الكتاب؟

我可以向你借这本书吗？

من الممكن أن أنتظرك هنا.

我可以在这里等你。

أريد أن ترافقني الى المستشفى، ممكن؟

我想让你陪我去医院，可以吗？

3- يجوز أن...

是可以的……

يجوز أن تلعب كرة القدم بعد أن تنتهي من واجباتك المنزليّة.

你做完家庭作业后可以去踢足球。

4- لا يمكن لفلان أن...

不可以……

لا يمكنك أن تستعير الكتب من المكتبة بدون بطاقة المكتبة .

没有图书证你不可以借书。

لا يمكن للطلاّب أن يدخلوا مدينة الطالبات في البلدان العربية.

在阿拉伯国家男生不可以进女城。

5- لا يجوز أن...

不可以……

لا يجوز أن تأكل قبيل النوم.

你睡觉前不可以吃东西。

24- الرضى وعدمه 满意与不满意

1- أنا راض عن... / أرضى عن...

我对……满意。

أنا راض عن نتيجتك في الامتحان.

我对你的考试成绩很满意。

أرضى عن كل ما فعلت.

我对你做的所有事情都很满意。

2- أقتنع ب... / أنا مقتنع ب...

我对……满意。

أقتنع بجوابك.

你的回答让我很满意。

هي مقتنعة بنتائج الطلبة في الامتحان.

她对学生的考试成绩感到满意。

3- يعجبني الشيء / أنا معجب...

我对……感到钦佩、赞赏。

تعجبني كثيرا!

我很钦佩你！

أنا معجب بقوّة عزيمته.

我赞赏他坚强的意志。

4- لا يرضيني أن... / لست راضيا عن.../ أنا غير مرضيّ في ...

我对……不满意。

لا يرضيني أن تكذب عليّ دائما.

我很不满你经常对我撒谎。

لست راضيا عن تصرّفك.

你的行为让我不满。

أنا غير مرضيّ فيما حققنا من انجازات في أعمالنا.

我对我们工作中已取得的成绩并不满意。

النتيجة غير مرضيّة.

成绩不尽人意。

5- لا أقتنع ب... / لست مقتنعا ب...

我对……不满意。

لا أقتنع بموقفك.

我对你的态度不满意。

لست مقتنعا بأدائه.

我对他的表现不满。

6- لا يعجبني ...

让我不满意、不赞赏……

لا يعجبني أن تأكل أثناء الدرس.

我不赞成你在上课时吃东西。

لا يعجبني هذا الترتيب.

我不满意这种安排。

25- الوجوب وعدمه   应该与不应该

1- يجب (على فلان) أن ...

某人应该做……

يجب أن تنتهي من هذا العمل بعد ساعتين.

你应该在两小时后完成这项工作。

يجب على الطّلاّب أن يهتمّوا بالدراسة.

学生应该重视学习。

2- على فلان أن ...

某人应该做……

عليك أن تلتزم بالقوانين.

你应该遵守法律。

3- من الواجب أن... / من واجب فلان...

某人应该做……

من الواجب أن تحب الصغار وتحترم الكبار.

你应该尊老爱幼。

من واجبنا المحافظة على عاداتنا وتقاليدنا.

我们应该保持我们的风俗习惯。

4- ينبغي لفلان أن ...

应该做……

ينبغي أن تذاكر الدروس كلّ يوم.

你应该每天复习功课。

5- من اللازم أن ...

必须……

من اللازم أن تصل قبل الموعد.

你必须在约定时间前到达。

6- من الضروري أن...

必须……

من الضروري أن تحضر بعض الأدوية معك أثناء الرحلة.

旅游期间你必须随身带些药。

7- (من) المفروض أن...

必须……

من المفروض أن تزور الطبيب اليوم.

你必须今天就去看医生。

8- من حقّ فلان أن... / يحقّ لفلان أن... / لفلان الحقّ في ...

某人有权做、应该做……

من حقّك أن تسأل لماذا.

你有权（应该）问为什么。

يحقّ لكل مواطن أن يشترك في الانتخابات.

每一个公民都有权参加选举。

لك الحقّ في الحصول على ما تستحقّ.

你应该得到你应得的。

9- لا بدّ (من) أن...

一定要做……

لا بدّ (لا مفرّ) أن أراك غدا.

我明天一定要见到你。

10- يصحّ أن...

……是对的，是应该的。

يصحّ أن تقف بجانبه في هذا الأمر.

你在这件事情上支持他是对的。

11- يجب ألاّ...

不应该……

يجب عليك ألاّ تنسى مسؤوليتك.

你不应该忘记你的责任。

12- ينبغي ألاّ...

不应该……

ينبغي ألاّ تتشاجر مع أبيك.

你不应该和你父亲争吵。

ليس من اللازم أن...

……是不必要的。

ليس من اللازم أن ترافقني في هذه الأيام.

你没必要在这些天都陪着我。

13- ليس من الضروريّ أن ... / من الضروريّ ألاّ ...

……是不必要的。

ليس من الضروري أن تزورني بهذه الهدايا.

你没有必要还带礼物来看我。

من الضروريّ ألاّ تخاف منه.

你不应该害怕他。

14- لا يصحّ أن...

……是不对的，是不应该的。

لا يصحّ أن تزعجه مرة ثانية.

你不应该再去打扰他了。

15- لا يحقّ لك أن...

你无权做，不该做……

لا يحقّ لك أن تضرب ابنك بدون سبب.

你不该无缘无故地打你的儿子。

16- حرام عليك.

你不能这样。

26- الاهتمام وعدمه 重视与忽视

1- يهتمّ ب...

重视……

تهتمّ بلادنا بالتربية والتعليم كلّ الاهتمام.

我们国家重视教育。

2- يعتني ب... / يُعْنَى ب...

重视、关心……

أعتني بصحّة أمّي.

我关心我母亲的健康。

تُعْنَى الحكومة بمستوى معيشة الشعب.

政府重视人民的生活水平（民生）。

3- الجدير بالذكر أنّ... / ممّا يجدر بالذكر أنّ ...

值得一提的是……

الجدير بالذكر أنّ الصين شهدت تطوّرا كبيرا في هذه السنوات الأخيرة.

值得一提的是中国在最近几年获得了巨大的发展。

مما يجدر بالذكر أنّ داليان هي مدينة سياحية مشهورة في الصين.

值得一提的是大连是中国著名的旅游城市。

4- يضع الأمر نصب عينيه

重视、留心、放在心上

يضع الوالد تربية ابنته وتعليمها نصب عينيه.

父亲很重视对女儿的教育。

5- يضع أمرا في اعتباره

重视、留心、放在心上……

نضع في اعتبارنا نشأة الطلبة عقليّا وخلقيّا وجسميّا.

我们重视学生们的德智体发展。

6- يحرص على ...

珍惜、重视……

أحرص على صداقتنا كثيرا.

我很珍惜我们之间的友谊。

7- يكترث للأمر / أولى اهتمامه ب...

注意、留心、关心……

يكترث الأستاذ لدراسة الطلبة في فصله.

老师关心他班上学生的学习。

يولي الأستاذ اهتمامه بحياة الطلبة.

老师关心学生们的生活。

8- لا يهتمّ ب... / ليس مهتمّا ب ......

不重视……

لا أهتمّ بهذه الأشياء البسيطة.

我不看重这些小事情。

لست مهتمّا بنتيجتي.

我不看重成绩。

9- لا يعتني ب... / ليس معتنيا ب...

不关心、不重视……

لا يعتني بصحتّه.

他不关心自己的健康。

ليس معتنيا بدراسته.

他不重视学习。

10- لا يهمّني هذا. / لا يعنيني هذا.

我不在乎。

11- يكون مهملا في...

马虎、忽视、不重视……

كنت مهملا في عملي.

在工作中我马虎过。

12- لم يكترث ل... / هو غير مكترث ل...

不在意、忽视……

لم أكترث لهذا الأمر.

我没在意这件事情。

هو غير مكترث لهذا الامتحان.

他没把这次考试放在心上。

27- الاحتياج وعدمه　　需要与不需要

1- يحتاج الى .../ هو محتاج الى... / هو في حاجة الى ...

需要……

أحتاج الى مساعدتك.

我需要你的帮助。

هو محتاج الى أخذ الحقنة فورا.

他需要立刻打针。

انّي في أمسّ حاجة الى سماع رأيك.

我急需听你的意见。

2- لا يُستغنَى عنه / لا غنى عنه

不可缺少的，必需的……

انّ الماء ضروريّ لا يستغنى عنه في حياتنا.

水在我们生活中是必不可少的。

3- يفتقر الى...

需要……

أفتقر الى قدرة الخيال.

我需要想象力。

4- يقضي حاجة فلان / يسدّ حاجة فلان

满足……需求

المنتجات لا تسدّ حاجات المستهلكين / لا تقضي حاجات المستهلكين.

产品不能满足消费者的需求。

5- لا يحتاج الى... / ليس في حاجة الى...

不需要……

لا أحتاج الى عنايتك.

我不需要你的关心。

ليست في حاجة الى الوقت للاستعداد.

她不需要准备时间。

6- لا حاجة لذلك. / لا داعي لذلك.

不需要，没必要。

7- يكفي فلانا الشيء.

这对……足够了。

يكفيني يومان في ترجمة هذه المقالة.

我翻译这篇文章两天时间足够了。

8- كفاية! / يكفي! / كفى!

够了！

28- الاحتمال وعدمه   可能与不可能

1- قد يفعل...

可能做……

قد تعرف نتيجة الامتحان صباح الغد.

你可能明天早上会知道成绩。

2- ربّما

可能、也许

ربّما أزورك خلال هذا الأسبوع.

我这周内也许去看你。

3- من المحتمل أن ... / يحتمل أن ...

可能……

من المحتمل أن يفشل في هذه المسابقة.

他有可能在这次比赛中失败。

يحتمل أن أتأخّر عن الموعد.

我可能会晚点赴约。

4- اذا أمكن

如果可以的话，如果可能的话

سأسافر الي الدول العربية اذا أمكن.

如果可能的话，我将前往阿拉伯国家。

5- هل هناك امكانيّة في ... / هل هناك احتمال في ... ؟

……有可能吗？

هل هناك امكانيّة في أن تقدّم لنا التسهيلات؟

你有没有可能给我们提供一些方便？

هل هناك احتمال في التعاون بيننا؟

我们之间有可能合作吗？

6- ان شاء الله.

但愿，如果真主愿意的话。

سأنتظرك هنا غدا، ان شاء الله.

我明天将在这里等你。

7- على الأرجح أنّ... / من المرجّح أنّ ... / يُرَجَّحُ أنّ...

很可能，十有八九……

على الأرجح أنّك لا تحبّها.

你很有可能不爱她。

من المرجّح أنّه نسى هذا الموعد.

他很有可能忘记了这个约会。

8- يغلب أن...

可能，十有八九

يغلب أن يصل أخوه اليوم.

他哥哥很可能今天到。

9- ليس هناك احتمال في... / ليست هناك امكانية في ...

……没有可能性。

ليس هناك احتمال في ذلك.

这不可能。

ليست هناك امكانية في شفاء مرضه.

他的病可能好不了啦。

10- هذا مستحيل.

这不可能。

11- من المستحيل أن ...

……是不可能的。

من المستحيل أن تجيد اللغة العربية بدون بذل الجهود.

不付出努力，你就不可能掌握阿拉伯语。

29- الظنّ والتوقّع 猜测、预料

1- يخمّن

猜测

خمّنْ من فضلك.

你猜猜看。

2- يظنّ أنّ...

猜想……

أظنّ أنّه لا أحد يوافقك على ذلك.

我想是没有人会在这件事上赞同你的。

3- يتوقّع أن... / من المتوقّع أن

预计、预料会发生……

أتوقّع أن نلتقي بعد شهر تقريبا.

我预计我们一个月后会重逢。

من المتوقّع أن تُحَلَّ هذه المشكلة بعد ثلاثة أيام.

估计这个问题三天之后可以解决。

4- من المنتظر أن ...

预计、预料会发生……

من المنتظر أن يتمّ بناء هذه البناية قبل الموعد بنصف شهر.

预计这个楼会提前半个月竣工。

يبدو أنّ...

看起来，看上去……

يبدو أنّك غير سعيد.

你看上去不开心。

30- التأكّد وعدمه 肯定与不肯定

1- نعم!

是的！

2- أجل!

是的！

3- طبعا!/ بالطبع!

当然！

4- تماما!

没问题！

5- فعلا!

确实！

6- حقّا!

真的！

7- بالضبط!

确实！

8- مؤكّد.

确实！

9- من المؤكّد أنّ... / أنا متأكّد أنّه... / بالتأكيد

……是确实、确定的。

من المؤكّد أنّه سيأتي.

他一定会来。

أنا متأكّد من أنّه سيوافق على اقتراحاتنا.

我肯定他会赞同我们的建议。

هو صحيح بالتأكيد.

他肯定是对的。

10- بلا شكّ! / بدون شكّ.

毫无疑问。

11- لا شكّ في... / لا شكّ أنّ...

毫无疑问……

لا شكّ في كلامك.

你的话毫无疑问。

لا شكّ أنّك شخص غير مرغوب فيه.

毫无疑问，你是一个不受欢迎的人。

12- لا ريبَ في...

……是无疑的。

لا ريب في ذلك.

毋庸置疑。

13- لا!

不！

14- كلاّ!

决不！

15- طبعا لا!

当然不！

16- أبدا!

决不！

17- ليس متأكّدا من ... / انّى غير متأكّد من... / ليس بتأكيد / ليس من المؤكّد

……是不确定的。

لست متأكّدا.

我不敢肯定。

انّي غير متأكّد من ذلك.

我对此不能确定。

هذا ليس بتأكيد.

这不确定。

31- الابتهاج والسرور 高兴与喜悦

1- أنا مسرور ب... / أنا سعيد ب.../ أنا مبسوط ب... / أنا فرحان ب...

我很高兴做……

أنا مسرور بلقائك!

我很高兴见到你！

أنا سعيد بمعرفتك!

我很高兴认识你！

2- سررت ب... / فرحت ب...

我为……而高兴。

سررت بنجاحك.

我为你的成功而感到高兴。

فرحت بزيارتك.

你的来访让我很高兴。

3- يسرّني أن... / يفرحني أن... / يسعدني أن ...

我很高兴做……

يسرّني أن أراك.

我很高兴看到你。

يفرحني أن أساعدك.

我很高兴帮助你。

يسعدني أن أسمع صوتك.

我很高兴听到你的声音。

4- أنا في غاية السرور. / أنا في غاية الفرح. / أنا في غبطة وسرور./ أنا في فرح ومرح(سرور/انشراح). / أنا في بهجة وسرور.

我非常高兴。

32- الحبّ والشغف 喜爱与兴趣

1- أحبّ الشيء...

我喜欢……

أحبّ وطني حبّا جمّا.

我非常热爱我的祖国。

أحبّك كثيرا.

我非常爱你!

2- أنا شغوف ب... / لي شغف ب...

我迷恋、我喜欢……

أنا شغوف بمشاهدة الأفلام الرومانسية.

我喜欢看浪漫片。

لي شغف عظيم بالموسيقى الشائعة بين الشباب.

我非常迷恋流行音乐。

3- انّي مولع ب... / أنا مغرم ب...

我迷恋、我喜欢……

انّي مولع بقراءة الكتب.

我喜欢读书。

أنا مغرم بجمع الطوابع.

我爱好集邮。

4- أشتهي ...

我喜欢……

أشتهي أيس كريم.

我喜欢吃冰淇淋。

5- يقبل على ...

他喜欢……

يقبل كثير من الأجانب على مشاهدة الرقص الشرقيّ.

很多外国人喜欢看东方舞。

6- هوايتي... / أهوى...

我喜欢、我爱好……

هوايتي هي لعب كرة الريش.

我的爱好是打羽毛球。

أهوى السياحة.

我喜欢旅游。

33- الميول والهوايات 偏爱、爱好

1- يفضّل الشيء على الشيء

比起……更喜欢……

أفضّل قراءة الكتب على مشاهدة التلفيزيون.

比起看电视，我更喜欢读书。

أفضّل الكرة الطائرة أكثر.

我更喜欢打排球。

إنّ الموسيقى الكلاسيكية هي الموسيقى المفضّلة عندي.

古典音乐是我最喜欢的音乐。

2- أحبّ الى ...

最喜欢的……

أحبّ الألعاب الرياضيّة اليّ هي كرة القدم.

我最喜欢的运动是足球。

3- ... وعلى (ب) الأخصّ... / ... بخاصّة ... / ... ولا سيّما ... / ... وخاصة...

特别是……

أحبّ الألعاب الرياضية وعلى (ب) الأخصّ كرة القدم.

我喜欢体育运动，特别是足球。

أحبّ ألعاب الكرة بخاصّة كرة السلّة.

我喜欢球类运动，特别是篮球。

أريد أن أسافر الى الخارج ولا سيّما الدول العربية.

我想去国外旅游特别是阿拉伯国家。

أحبّ الآداب وخاصة الأدب الصينيّ.

我喜欢文学，特别是中国文学。

4- عندي ميل في ...

我偏爱……

عندي ميل شديد في السباحة.

我特别喜欢游泳。

34- التقدير والاحترام   赞赏、尊敬

1- أقدّر الشيء

我赞赏……

أقدّر تصرّفك كل التقدير.

我非常赞赏你的行为。

2- أنت تستحقّ الثناء والمدح. / أنت جدير باحترام الآخرين.

你应该得到表扬和称赞。/ 你应该受到别人的尊敬。

3- أحترم الشيء

我尊敬……

أحترم من يستحقّ الاحترام.

我尊敬值得尊敬的人。

4- أنا معجَب بـ...

我为……而钦佩。

أنا معجب بصبرك.

我钦佩你的耐心。

35- التعجّب والدهشة 惊叹、惊奇

1- ما أفعلَ الشيء!

多么、真……啊!

ما أجمل ملابسك!

你的衣服真漂亮啊!

ما أجمل أن يصبح الجوّ معتدلا!

天气变温和了真好!

2- يا لك من...

你真是……!

يا لك من طالب مجتهد!

你真是个勤奋的学生!

يا له من أستاذ كبير!

他真是一个大教授!

3- كم...

多么、真……啊!

كم أشتاق اليك!

我真想你啊!

كم كُتُبٍ قرأت!

你读的书真多啊!

4- يا سلام!

天哪!

5- يا للخسارة!

真遗憾!

6- يا ربّ!

主啊!

7- والله!

天哪!

8- سبحان الله!

赞美真主!

9- الحمد لله!

赞美真主!

10- عجبا! / عجيبا! / مدهش! / فظيع!

太惊奇了！

11- يُدهش الشيءُ فلانا / دُهِشْتُ من (ب)

使……惊奇

يدهشني هذا الخبر!

这个消息让我非常惊讶！

دهشت من كلامك!

你的话让我惊讶！

12- يتعجّب من …

因……而惊叹。

أتعجّب من ذكائك!

你的聪明让我惊叹！

أنا متعجّب جدّا.

我非常钦佩。

13- يستغرب من...

为……惊讶。

استغربت من ذلك.

那使我惊讶。

36- الغضب والغيظ 生气、气愤

1- أنا متضايق جدّا.

我很郁闷。

2- أنا غضبان. / أنا غاضب. / أنا ساخط.

我很生气。

3- انّه في شدّة الغضب. / انّه في حنق شديد.

他非常生气。

4- انّه سريع الغضب.

他爱生气。

5- اغتاظت الامرأة. / هي مغتاظة.

女人生气了。

6- انفجر غضبا./ ثار غضبا. / هاج غضبه. / فار فائره وثار ثائره.

他暴跳如雷。

7- انّه ثائر عليّ. / انّه زعلان عليّ.

他生我的气了。

8- صرخ في وجهي.

他冲我嚷。

9- لا تغضب.

别生气了。

37- القلق والخوف 担心、害怕

1- يخشى على / يخاف على / يقلق على ...

担心……

أخشى على أن أفشل في الامتحان.

我怕我考试失败。

أخاف على صحّتك.

我担心你的身体。

أقلق على مستقبلي.

我担心我的前途。

2- أنا خائف على ... / أنا قلق على...

我担心……

أنا خائف على مرض جدّي.

我担心爷爷的病情。

أنا قلق على سلامته.

我担心他的平安。

3- يزعج فلانا / يُقلق فلانا

让……担心

يزعجني هذا الأمر.

这件事让我心烦。

يقلقني كلامه.

他的话让我担忧。

4- أشعر بشيء من الاضطراب (الارتباك).

我感到一丝不安。

5- أخاف (من) الشيء / أنا خائف من ...

我害怕……

أخاف من الثعبان.

我怕蛇。

أنا خائف من أبي، كان أسلوبه شديدا.

我的父亲很严厉，我很怕他。

6- أخذني الخوف (الذهول ، الفزع). / أصابني الخوف (الذهول ، الفزع).

我害怕。

7- أدركني الخوف (الذهول ، الفزع).

我害怕。

8- يخيف الناس ذلك الصوت. / ذلك الصوت مخيف.

那个声音很吓人。

9- لا تقلق عليّ. / لا تخف عليّ.

不要担心我。

10- لا تخف. / لا تخف منه.

别害怕。

11- شيء بسيط لا يدعو الى القلق (الخوف).

小事情，不用担心。

38- التردّد والتحيّر   犹豫、为难

1- يتردّد في ... / فلان متردّد في...

犹豫……

يتردّد في الاشتراك في هذا النشاط.

他犹豫要不要参加这个活动。

هو متردّد جدّا.

他非常犹豫不决。

2- يتحيّر في... / فلان متحيّر في ...

为难……

أتحيّر في هذا الأمر.

这件事情让我很为难。

أنا متحيّر جدّا.

我很为难。

3- وقعت في حيرة.

我进退两难。

39- الحزن والأسى 忧伤、悲伤

1- فلان حزين من الشيء

因……而难过

هو حزين من فشله في الامتحان.

他因为考试失败而难过。

2- فلان يشعر بالحزن (بالاكتئاب) الشديد

感到悲伤……

أشعر بالحزن الشديد لهذا الأمر.

对这件事情我感到很悲痛。

3- يتألّم من... / فلان متألّم من …

为……忧伤

أنا أتألّم من الفراق.

离别让我很悲伤。

هو متألّم من هذه الحادثة.

这次事故让他很悲痛。

40- الضيق والاستياء 厌烦、厌恶

1- فلان يملّ من... / الشيء مملّ / فلان يشعر بالملل

感到无聊

مللت من هذا العمل.

这项工作让我觉得很无聊。

هذا الفيلم مملّ.

这个电影没意思。

أشعر بالملل الشديد.

我觉得非常无聊。

2- فلان يتضجّر من الشيء / فلان متضجّر من الشيء

因……而烦躁

أنا أتضجّر من ذلك.

我因为那件事而烦躁。

هو متضجّر.

他很烦躁。

3- الشيء يضايق فلانا

某事困扰某人。

هذه المشكلة تضايقني كثيرا.

这个问题困扰着我。

4- يكره الشيء

讨厌……

أكره ما فعلت في هذا الأمر.

我讨厌你在这件事情中所做的一切。

يا له من شيء كريه!

真讨厌!

5- لعنة الله على...

真主诅咒……

لعنة الله عليك!

真主诅咒你!

أنت ملعون!

你真该死!

6- دعه وشأنه!

别管他!

41- اللوم والعتاب 责怪、责备

1- انك مخطئ!

你错了!

2- أنت مسؤول عن ذلك.

你应该为此负责。

3- أ جُنِنْت؟ / أ أنت مجنون؟

你疯了吗?

4- لماذا أنت عصبيّ هكذا؟

你为什么这么不理智?

5- كلام فارغ!

废话!

6- كذب في كذب!

谎言！

7- حرام عليك!

你不能这样！

8- عيب!

（这样做）不好！

42- الاستدراك والاضراب 转折、让步

1- ولكن / ولكنّ ...

但是……

اجتهدت في دراسة اللغة العربية ولكن فشلت في الامتحان.

我很认真地学习阿拉伯语，但是却在考试中失败了。

انّ غرفتك هذه صغيرة ولكنّها نظيفة مريحة.

你的房间虽小，但却很整洁舒适。

2- رغم أنّ / بالرغم من أنّ / على الرغم من ...

虽然，尽管……

نجح الفريق الصيني لكرة القدم في المباراة رغم ما عليه من ضغوط كبيرة.

尽管压力很大，中国足球队在比赛中还是取胜了。

3- مع أنّ ...

尽管，虽然……

لا يزال يدرس مع أنه مريض.

他虽然病了，仍然坚持学习。

4- غير أنّ ...

虽然，尽管……

غادرت مصر، غير أنها قد تركت انطباعات لا تمحى في ذهني.

尽管埃及在我脑海中留下了不可磨灭的印象，我还是离开它了。

5- بيد أنّ ...

但，但是，然而，尽管……

سأبذل أقصى جهودي بيد أنّه توجد صعوبات كثيرة أمامي.

我将尽我最大的努力，尽管我面前仍旧困难重重。

6- الاّ أنّ ...

但是，可是，但……

الولد ذكي إلاّ أنه غير مجتهد.

这孩子很聪明，但不用功。

7- بل

但是……

هو ليس غاضبا بل هو قلق.

他不是在生气，而是在担心。

43- الموافقة وعدمها   赞成与不赞成

1- أنا موافق كل الموافقة!

我非常赞成！

2- أوافق على رأيك!

我赞成你的观点！

3- حسنا!

好的！

4- ليس عندي مانع! / لا مانع من ذلك.

我没意见。

5- فكرة جميلة!

好主意！

6- كما تشاء! / كما تريد. / رأيك رأيي.

随便你。

7- أنت على حقّ. / الحقّ معك.

你是对的。

8- أصبت. / صدقت.

你说对了。

9- صحّ ما قلت. / صحيح. / هذا صحيح مائة في المائة.

你说对了。/百分之百正确。

10- أنا معك. / أنا أقف بجانبك. / أنا معك في هذا الأمر.

我支持你。

11- لا خلاف فيما بيننا.

我们之间没有异议。

12- مضبوط. / معقول.

正确。/合理。

13-لست موافقا على ذلك! / لا أوافق على الاطلاق. / انّي غير موافق./لا أوافقك على الرأى.

我不同意。

14-لا أظنّ أنّه جميل.

我不认为这样很好。

15-لا يعجبني.

我不赞成。我不赞赏。

16-رأيك غير سليم.

你的观点不正确。

17-هذه نظرة خاطئة.

这是个错误的观点。

18-لا أرى ما تراه.

我和你的想法不同。

19-لا أستطيع أن أقبل هذا الرأي.

我无法接受这个观点。

20-أختلف معك في هذه المسألة.

在这个问题上我和你想法不同。

21-رأيي يختلف عن رأيك. / رأيي غير رأيك.

我的意见和你不同。

22-أعارض ذلك. / أعترض عن ذلك.

我反对。

23-أحتجّ لذلك.

我抗议。

24-غير معقول.

不合理，不行。

25-غير مقبول.

不可接受。

44- استطلاع الرأي في شيء ما 征求看法

1- ما رأيك في... / ما رأيك في أن... ؟

你觉得……怎么样？

ما رأيك في هذا الكتاب؟

你觉得这本书怎么样？

ما رأيك في أن نقوم بالنزهة في نهاية هذا الأسبوع؟

你觉得我们这周末出去玩怎么样？

2- ما ملاحظاتك في ... / ما مقترحاتك في ... ؟

你对……有什么意见？

ما ملاحظاتك (مقترحاتك) في هذه الخطة؟

你对这个计划有什么意见？

3- ما انطباعاتك عن...

你对……有什么印象？

ما انطباعاتك عن هذه الزيارة؟

你对这次访问有什么印象？

4- أودّ أن أستمع الى رأيك أنت.

我想听你的意见。

5- يهمّني أن أعرف رأيك في هذا الأمر.

我非常想知道你对此事的看法。

6- قل لي رأيك بصراحة.

请坦白地告诉我你的看法。

7- أرجو بلا تحفّظ.

我希望毫无保留。

8- لا لفّ ولا دوران، تكلّم بصراحة.

不要转圈子了，直接讲吧。

45- ابداء الرأي مباشرة 直接发表意见

1- أرى أنّ... / في رأيي أنّ ...

我觉得……

أرى أنك صحيح وفي رأيي أنه غلط.

我觉得你是对的，他是错的。

2- أعتقد أنّ...

我认为……

أعتقد أنّه صعب عليّ أن أسمع كلامك.

我认为我很难听从你的话。

3- أظنّ أنّ ...

我觉得……

أظنّ أنّ ما قلت غير مقبول(غير مطابق للواقع).

我觉得你说的不对。

4- ألاحظ أنّ...

我认为……

ألاحظ أنّ الصين ستصبح دولة قوية بعد سنوات.

我认为几年之后中国将变成强国。

5- أقترح عليكم أن ...

我建议你们……

أقترح عليكم ألاّ تضيّعوا الأوقات.

我建议你们不要浪费时间。

46- الاعتذار عن ابداء الرأي 对直接发表意见的托辞

1- هذا الموضوع كبير.

这个话题太大了。

2- لم أفكّر في هذا الموضوع.

我还没有想过这个话题。

3- الحديث في هذا الموضوع يطول.

这个话题说来话长。

4- دعني أفكّر فيه. / خلّني أفكّر.

让我想一下。

5- ليست عندي فكرة واضحة في هذا الموضوع.

在这个问题上我还没有想清楚。

6- متأسّف، لا أستطيع، أخشى أنّه اذا قلت لك بصراحة، فسأجعلك في حيرة.

抱歉，我不能说，我怕我说出来会让你尴尬。

7- سنتبادل آراءنا في فرصة ثانية.

我们下次交换意见吧。

8- سنتحدث حول هذا الموضوع فيما بعد.

我们以后再谈这个问题吧。

9- ليست لدّي صلاحية مفوّضة.

我没有授权。

10- ليست عندي معرفة عمّا أبديت.

你提及的这个问题我一点也不知道。

11- فلا يمكن الاجابة.

无可奉告。

第二部分　情景实用会话

الباب الثاني المحادثة التطبيقية حسب مختلف المشاهد

第一章　日常生活

الفصل الأول   الحياة اليوميّة

一、自我介绍　التعريف عن نفسه -1

أحمد: السلام عليكم!

艾哈迈德：你好！

خالد: وعليكم السلام

哈立德：你好！

أحمد:هل أنّ رقم هذه الغرفة 409؟

艾哈迈德：请问这是 409 房间吗？

خالد: نعم.

哈立德：是的。

أحمد: الحمد لله، وجدت غرفتي أخيرا. هل أنت تسكن فيها أيضا؟

艾哈迈德：哎呀，我终于找到我的房间了。你也住在这儿吗？

خالد: نعم. من أين جئت يا أخي؟ يبدو أنك لست صينيا.

哈立德：是的。你从哪来啊？看起来你不像中国人啊。

أحمد: أنا مصري جئت من مصر.

艾哈迈德：我是埃及人，从埃及来。

خالد: والله! لم أَتَخَيَّل أن أسكن مع أجنبي ، اسمي العربي خالد ، أنا مسرور بمعرفتك.

哈立德：天哪,没想到我能和外国人住一个寝室,我叫哈立德,很高兴认识你。

أحمد: اسمي أحمد، وأنا سعيد بمعرفتك أيضا.

艾哈迈德：我叫艾哈迈德。我也很高兴认识你。

خالد: كم عمرك؟

哈立德：你多大了？

أحمد : عمري 20 سنة.وأنت؟

艾哈迈德：我20岁了，你呢？

خالد: 19سنة. وأنت أكبر مني.

哈立德：我19岁，你比我大。

أحمد: يبدو أنك أطول وأقوى مني جسميا. كم قامتك ووزنك بالضبط؟

艾哈迈德：看起来你比我高还比我壮。你有多高啊？你的体重是多少？

خالد: طول قامتي مائة وخمسة وثمانون سينتمتر. ووزني تسعون كيلوغراما.

哈立德：我身高185厘米，体重90公斤。

أحمد: قامتك طويلة وجسمك قوي وأنت وسيم بكل معنى الكلمة.

艾哈迈德：你有高高的个子,健壮的体魄,你真帅气！

خالد: شكرا!

哈立德：谢谢。

أحمد: ولون شعرك جميل. كنت أعتقد أن لون شعر الصينيين مائل الى السواد.

艾哈迈德：你头发的颜色真好看，我还以为中国人头发的颜色都是黑色的呢。

خالد: أنت على حق. ان شعري مصبوغ.

哈立德：你说的对，我的头发是染的。

أحمد: عجيب ولكنه يبدو طبيعيا. أين صبغته ؟ أريد أن أصبغ شعري مثل شعرك.

艾哈迈德：真的啊，看起来很自然。在哪染的？我也想染。

خالد: سأصحبك الى صالون الحلاقة.

哈立德：好啊，等我带你去。

أحمد:هل أنت من أهل داليان؟

艾哈迈德：你是大连人吗？

خالد: نعم. ولدت فيها. سأصحبك لزيارة معالم مدينة داليان ومناظرها الجميلة اذا كان ذلك موافق لرغبتك.

哈立德：是啊，我出生在大连,大连的风景很美,如果你愿意我可以带你在大连逛逛。

أحمد: أنا شغوف بذلك، شكرا!

艾哈迈德：那太棒了，谢谢你！

خالد: لا كلفة بيننا. سنكون اخوة فيما بعد.

哈立德：别客气，我们以后就是兄弟了。

أحمد: في أي كلية تدرس؟

艾哈迈德：你在哪个系学习？

خالد: في كلية اللغة العربية. فأنا أدرس لغتكم الأم.

哈立德：我在阿拉伯语系。我学的是你们的母语。

أحمد: إنها لغة جميلة ومفيدة وعريقة. يمكنني أن أساعدك على دراستها.

艾哈迈德：阿拉伯语是一种美丽的古老的实用的语言。我可以帮你学。

خالد: نعم. وأعتقد أنني سأكون طالبا متفوقا في الكلية تحت إشرافك ومساعدتك.

哈立德：是的，我想在你的帮助下我一定能成为系里最优秀的学生。

أحمد: كلامك يذكرني بالمثل الصيني : المقصورة المطلة على البحيرة تنعم بضوء القمر قبل غيرها.

艾哈迈德：你的话让我想起了那句中国谚语："近水楼台先得月"。

خالد: يبدو أنك تتكلم الصينية بسهولة، وكم سنة بقيت في الصين؟

哈立德：看起来你的中文很棒啊，你在中国待了几年了？

أحمد: انتقلت مع أسرتي الى الصين قبل سنتين. وقد تخرجت من معهد اللغة الصينية قبل أسبوع.

艾哈迈德：两年前我和我的家人一起来中国的。一周前我刚毕业于汉语学院。

خالد: لماذا انتقلت أسرتك الى الصين ؟

哈立德：你们家为什么要搬来中国呢？

أحمد: لأن أبي وأمي يودان أن يعملا فيها.

艾哈迈德：因为我的父母想在中国工作。

خالد: سمعت أنّك تدرس في الجامعة، ماذا تدرس في تلك الجامعة؟

哈立德：我听说你要在大学学习，那你在那所大学学什么呢？

أحمد: أدرس الطب الصيني.انه معروف في البلاد العربية.

艾哈迈德：我学中医。中医在阿拉伯国家很著名。

خالد: جيد، فستكون طبيبا بعد التخرج.

哈立德：真不错，你毕业后将成为一名医生。

أحمد: نعم. هذا حلمي. أحب علم الطب منذ صغري. وأنت؟ ماذا تريد أن تعمل بعد التخرج؟

艾哈迈德：是的,这是我的梦想,我从小喜欢医学。你呢？你毕业后想做什么？

خالد: أريد أن أكون مترجما في وزارة الخارجية.

哈立德：我想成为外交部的一名翻译。

أحمد: عظيم.أنت شاب لك طموح كبير. لعل حلمك يتحقق بعد أربع سنوات.

艾哈迈德：厉害厉害，你真是个有理想有抱负的青年，祝你四年后梦想成真。

خالد: شكرا لك يا أحمد، علي أن أحضر بعد قليل تدريبات منتخب كرة القدم للجامعة فأستأذنك.

哈立德：谢谢你！哦，我等会儿要去参加校足球队训练，不能陪你了。

أحمد: هل أنت من هواة كرة القدم؟

艾哈迈德：你是足球爱好者啊？

خالد: نعم، هى أحب الألعاب إليّ. هل أنت تحبها أيضا؟

哈立德：是的，足球是我最喜欢的运动，你也喜欢足球吗？

أحمد: نعم. أظن أنها رياضة ممتعة لكل رجل في أنحاء العالم.

艾哈迈德：当然了，足球是世界上所有男人爱好的运动。

خالد: اذا ، شاركنا في الفريق.

哈立德：那么就加入我们球队吧。

أحمد: ممكن؟ ولكن أخشى أنني غير ماهر مثلكم.

艾哈迈德：可以吗？但是我担心我不如你们踢得好。

خالد: لا تقلق، نحن هواة ولسنا محترفين متخصصين.

哈立德：别担心，我们都是业余的，不是专业的。

أحمد: اذا ، اتفقنا ، سأذهب معك بعد قليل.

艾哈迈德：好的，那我等会儿和你一起去。

سعاد: يا سعد، هل أنت رئيس الفصل الرابع؟

苏阿黛：赛阿德，你是四班的班长吗？

سعد: نعم. أي خدمة؟

赛阿德：是的，请问什么事？

سعاد: أنا الأستاذة سعاد، أدرس لكم مادة المحادثة في هذه المرحلة الدراسية.

苏阿黛：我是苏阿黛，你们这学期的口语老师。

سعد: السلام عليكم يا أستاذة، مرحبا بكم.

赛阿德：教授您好！欢迎您！

سعاد: وعليكم السلام. هل ممكن أن تعرفني عن أحوال فصلكم؟

苏阿黛：你好，你能给我介绍一下你们班级的情况吗？

سعد: بكل سرور. عدد الطلبة في فصلنا 28 ومنهم 17طالبا و11طالبة.

赛阿德：很高兴为您效劳。我们班共有 28 名学生,其中男生 17 名,女生 11 名。

سعاد: من هو عضو لجنة الفصل ومن هو مسئول عن الدراسة في فصلك؟

苏阿黛：谁是你们班的学习委员？

سعد: هي مرجانة.

赛阿德：是麦尔贾娜。

سعاد: هل هي بنت تجلس قرب الجدار في الصف الثاني؟

苏阿黛：是那个第二排靠墙的女孩吗？

سعد: نعم ، هي طويلة القامة وبيضاء البشرة وقصيرة الشعر.

赛阿德：是的，就是那个子挺高，皮肤白皙，留着短发的女孩。

سعاد: هل ممكن أن تحضرها الى المكتب؟ أود أن أتحدث معها حول دراستكم.

苏阿黛：你能带她到办公室来一下吗？我想跟她谈谈班级学习的事。

سعد: بكل سرور.

赛阿德：好的。

日常生活　　الفصل الأول　　الحياة اليومية

سعاد: أي درس من دروس المحادثة وصلتم؟

苏阿黛：你们学到哪一课了？

سعد: وصلنا الى الدرس الخامس عشر.

赛阿德：我们学到第 15 课了。

سعاد: شكرا يا سعد.

苏阿黛：谢谢你，赛阿德。

سعد: لا شكر على واجب. من أين جئت يا أستاذة؟

赛阿德：别客气，我应该做的。您从哪来啊？

سعاد: جئت من العراق.

苏阿黛：我从伊拉克来。

سعد: كم سنة بقيت في الصين؟

赛阿德：您来中国几年了？

سعاد: خمس سنوات ودرست اللغة العربية في جامعة بكين قبل مجيئي الى هنا.

苏阿黛：5 年了，我来这儿之前在北京大学教授阿拉伯语课。

سعد: ما مهنتك قبل الوصول الى الصين؟

赛阿德：您来中国以前是做什么工作的？

سعاد: كنت مدرسة في احدى المدارس الثانوية في بغداد، أدرس التاريخ الإسلامي.

苏阿黛：我曾在巴格达的一所高中教伊斯兰历史。

سعد: هل ممكن أن تعرفينا بالتاريخ الإسلامي في أثناء الدرس؟ إننا نحرص على معرفته.

赛阿德：您能在课堂上给我们介绍一下伊斯兰历史吗？我们对此都很感兴趣。

سعاد: طبعا ، يسرني ذلك.

苏阿黛：当然可以，我很高兴给你们讲。

سعد: أين أسرتك؟ هل هم معك؟

赛阿德：您的家人呢？他们也来了吗？

سعاد: نعم، زوجي أستاذ عندكم أيضا، وسيدرسكم نصوص القراءة.

苏阿黛：是啊，我爱人也是你们的老师，将教你们精读。

سعد: عظيم! هل عندكم أولاد؟

赛阿德：太好了！你们有小孩吗？

سعاد: نعم! عندنا ولد وبنت. هما يدرسان في احدى المدارس الابتدائية مع التلاميذ الصينيين.

苏阿黛：当然啦，我们有一个儿子和一个女儿。他们在一所小学里和中国小学生们一起学习。

سعد: هل تسكنون في الجامعة؟

赛阿德：你们住在学校里吗？

سعاد: نعم، نسكن في مبنى الخبراء في الجامعة.

苏阿黛：是的，我们住在学校专家楼里。

سعد: هل ممكن أن أزوركم في بيتكم؟

赛阿德：我能去您家做客吗？

سعاد: أهلا وسهلا ومرحبا بك في أي وقت وان ولدي ليس لديهما صديق هنا، فأرجو منك أن تكون أول صديق لهما.

苏阿黛：随时欢迎你来。我的孩子在这还没有朋友，我希望你能成为他们的第一个朋友。

سعد: أنا أتشرف بذلك، لا شك أنّهما شابان محبوبان.

赛阿德：我太荣幸啦。他们一定非常可爱。

سعاد: اذا كان لديك وقت في هذا المساء فأهلا بك لزيارتنا.

苏阿黛：如果有空的话，今天晚上就来吧。

سعد: بكل سرور. شكرا يا أستاذة. لو سمحت، ما رقم تلفون بيتك؟ أريد أن أتصل بك قبل زيارتي.

赛阿德：好的,谢谢您的邀请。您能给我您家的电话吗？我会在去之前与您联系。

سعاد: رقم تلفون البيت 86111087، وسننتظرك في البيت.

苏阿黛：我家的电话是 86111087，我们在家等你啊。

补充词汇：		الكلمات الاضافية:	
身材	قامة الشخص	皮肤白皙	البشرة البيضاء
身高	ارتفاعه \ طوله \ قامته	黄皮肤	البشرة الصفراء
高个	طويل القامة	金发碧眼	ذهبي الشعر أزرق العين
矮个	قصير القامة	爱好	هوى \ ميل
体重	وزن الجسم	爱好广泛	الهوايات الواسعة
胖	سمين \ بدين	职业	حرفة \ مهنة
瘦	نحيف \ نحيل \ ضامر	家庭住址	عنوان البيت
短发	قصير الشعر	住宅电话	رقم تلفون البيت
长发	طويل الشعر	手机号码	رقم المحمول (الجوال)
卷发	شعر مجعد	家乡	مسقط الرأس \ بلدة

二、介绍家庭情况   2 - التعريف عن الأسرة

سعاد: أنظر يا خالد، هذه صورة أسرتي.

苏阿黛：哈立德你看，这是我家的照片。

خالد: هذه صورة جميلة، ولكن أين أنت؟

哈立德：真漂亮，你在哪呢？

سعاد: كنت طفلة في الصورة. هل تستطيع أن تعرف أين أنا من هؤلاء الذين في الصورة؟

苏阿黛：照片里的我还是小孩子，你能找到我吗？

خالد: دعيني أبحث عنك في هذه الصورة، هذه أنت، أ ليس كذلك؟

哈立德：让我找找看，这个是你，对吧？

سعاد: بلى. أنت دقيق الملاحظة.

苏阿黛：是的，你眼力不错嘛。

خالد: كنت طفلة سمينة محبوبة والآن أنت رشيقة جميلة. يقول المثل قائلا: ان الفتاة تتغير مع مرور الأيام وكلما كبرت أصبحت أجمل.

哈立德：你小时候挺胖挺可爱的，现在你又苗条又漂亮。真是应了那句俗语：女大十八变，越变越好看。

سعاد: شكرا يا خالد.

苏阿黛：谢谢你。

خالد: من هم من غيرك في هذه الصورة؟

哈立德：其他人都是谁啊？

سعاد: دعني أعرفك من الصف الأول، هما جدي وجدتي، وفي الصف الثاني من اليمين الى الشمال هم أبي وأمي وأخي الكبير.

苏阿黛：让我向你介绍：第一排是我的爷爷奶奶，第二排从右到左分别是我的爸爸、妈妈和哥哥。

خالد: هل كل أفراد أسرتك في الصورة؟

哈立德：你们家所有的成员都在照片上吗？

سعاد: لا، أختي الكبيرة التحقت بجامعة بكين ودرست في كلية الكمبيوتر وبعد ذلك اشتغلت في احدي الشركات في مدينة بكين، وهي مشغولة جدا، وقليلا ما تعود الى بيتنا.

苏阿黛：没有，我姐姐当时在北京大学计算机系读书，毕业后就在北京的一家公司工作了，她很忙，不经常回家。

خالد: انها عظيمة. لا شك أن راتبها كثير.

哈立德：她真厉害。无疑，她的工资一定很高吧。

سعاد: نعم، حوالى سبعة آلاف يوان كل شهر. ولكنها ليست راضية، تريد أن تغير عملها.

苏阿黛：是啊，一个月七千多呢，但她还是不满足，还想换工作。

خالد: ماذا يعمل أبوك؟

哈立德：你爸爸是做什么工作的？

سعاد: هو موظف حكومي.

苏阿黛：他是公务员。

خالد: وماذا تعمل أمك؟

哈立德：你妈妈呢？

سعاد: هي طبيبة تعمل في أحد المستشفيات القريبة من بيتي.

苏阿黛： 她是我家附近一所医院的医生。

خالد: هل جدك وجدتك يعملان الآن؟

哈立德：你爷爷奶奶还工作吗？

سعاد: لا، هما كبيران في السن، فصحتهما ليست جيدة.

苏阿黛：不工作了，他们年纪都大了，他们的身体都不太好。

خالد: هل هما يسكنان معكم؟

哈立德：他们和你们住在一起吗？

سعاد: نعم، وقد استقدمنا مربية لتخدمهما. وهي تسكن معنا.

苏阿黛：是的，我们还为他们请了保姆，保姆也住我们家。

خالد: يبدو أن أسرتك كبيرة وسعيدة.

哈立德：看来你家是个幸福的大家庭。

سعاد: نعم، نذهب ونقوم بالنزهة في الحديقة في نهاية كل أسبوع. انني قد تحدثت كثيرا عن أسرتي وأنت لم تحدثني عن أسرتك.

苏阿黛：是的，我们每个周末都一起去公园玩。我说我们家很多情况，你们家呢？

خالد: أسرتي في الريف، أبي وأمي فلاحان.

哈立德：我家在农村，我爸妈都是农民。

سعاد: في الريف؟ أحب الريف! هواؤها نقي لا يوجد به التلوث و بيئتها هادئة لا يوجد الضوضاء وهناك جبال خضراء وأنهار صافية. أليس كذلك؟

苏阿黛：在农村啊？我喜欢农村，空气新鲜，没有污染，环境安静，没有噪音，还有青山绿水，对不对？

خالد: بلى، وهو كذلك وأنا أحب بلدي أيضا. توجد في الجبال أشجار التفاح ويمكننا أن نصيد الأسماك في الأنهار.

哈立德：是的，就像你说得那样，我也喜欢我的家乡，山上有很多苹果树，我们可以在河里钓鱼。

سعاد: ماذا يعمل أبوك وأمك في الريف؟

苏阿黛：你爸爸妈妈在农村干什么呢？

خالد: هما يقاولان بستانا فيه أشجار التفاح الكثيرة.

哈立德：他们俩承包了一片苹果园。

سعاد: كيف حال جدك وجدتك؟

苏阿黛：你的爷爷奶奶怎么样啊？

خالد: هما في صحة جيدة ويساعدان أمي في الأعمال المنزلية.

哈立德：他们身体都很好，还能帮我妈妈做家务呢。

سعاد: يبدو أن بيئة الريف صالحة لصحة الانسان. هل أهل أسرتك كلهم في الريف؟

苏阿黛：农村的环境就是有利于身体健康。你们一家人都在农村吗？

خالد: لا، لي أخ كبير، وهو لا يريد أن يبقى في الريف، فذهب الى المدينة للبحث عن العمل قبل سنة.

哈立德：不是，我还有个哥哥，他不喜欢在农村，他一年前去城市找工作了。

سعاد: أصبح عاملا مهاجرا من الريف. كيف هو الآن؟

苏阿黛：他已成农民工了。那他现在怎么样？

خالد: هو عامل بناء يعمل في شركة الهندسة المعمارية في المدينة، ولا يعود الى البيت الا في عيد الربيع.

哈立德： 他现在是建筑工人，在城里的一家建筑公司工作，只有过春节才回家。

سعاد: ان عيد الربيع قريب، فستجتمع أسرتك.

苏阿黛：春节马上就要到了，你们家就能团圆了。

خالد: نعم، أنا أتطلع الى عيد الربيع.

哈立德：是啊，我正盼着春节呢。

رحاب: كم فردا في أسرتك؟

里哈布：你们家有几口人啊？

علي: أربعة : أبي وأمي وأختي الكبيرة وأنا.

阿里：四口，我爸妈、我姐姐和我。

رحاب: فأنت الولد الثاني حسب ترتيب الأسرة.

里哈布：那么说你在你家排行老二？

علي: نعم.

阿里：是的。

رحاب: ألا يسكن جدك وجدتك معكم؟

里哈布：你爷爷奶奶不跟你们住一起啊？

علي: لا، هما يسكنان بالقرب من بيتنا.

阿里：不，但他们住得离我们家很近。

رحاب: هل تزوجت أختك؟

里哈布： 你姐姐结婚了吗？

علي: نعم، تزوجت قبل سنة، وبعد ذلك انتقلت خارج البيت.

阿里：结了，她一年前结的婚，结完婚就搬出去住了。

رحاب: هل هي تسكن قريبة منكم أيضا؟

里哈布：她也住的离你家很近吗？

علي: نعم، تستغرق عشر دقائق اذا كان سيرا على الأقدام.

阿里：是的，走路只要十分钟．

رحاب: كيف أقرباؤك الآخرون؟

里哈布：你家其他亲戚呢？

علي: لي عم وأسرته في مدينة أخرى.

阿里：我有个叔叔，他家住在另外一个城市。

رحاب: هل تتبادل الزيارات بينكم دائما؟

里哈布：你们经常走动吗？

علي: لا، ان بيته بعيد جدا عنا، فلا يزورنا الا مرة أو مرتين في كل سنة. كيف أسرتك أنت؟

阿里：不，我们两家离得实在太远了，他一年就来看我们一两次。你家呢？

رحاب: أسرتي كبيرة، فيها جدي وجدتي وأبي وأمي وأخي الكبير وزوجته وولدهما وأنا.

里哈布：我们家人很多。爷爷、奶奶、爸爸、妈妈、哥哥和嫂子、他们的宝宝、还有我。

علي: يبدو أن بيتك كبير جدا.

阿里：看来你家挺大。

رحاب: نعم، في بيتي أربع غرف وصالتان وحمامان وبلكونان.

里哈布：是的，有四个房间、两个厅、两个卫生间和两个阳台。

علي: من ينظف هذا البيت الكبير؟

阿里：这么大的房子谁打扫啊？

رحاب:جدتي وأمي. وزوجة أخي تساعدهما على اعداد الأطعمة بعد العمل.

里哈布：我奶奶和我妈妈，我嫂子下班之后帮忙做饭。

علي: كيف العلاقات بين الأفراد؟

阿里：那你们的关系怎么样啊？

رحاب: جيدة! جميع أفراد الأسرة يعيشون عيشة سعيدة.

里哈布：非常融洽。我们这一大家子生活得很幸福。

علي: كيف تقضي أسرتك الاجازة؟

阿里：你们一家子怎么过假期啊？

رحاب: نقوم بتنظيف البيت معا أحيانا وأحيانا أخرى، نذهب الى الحديقة للنزهة أو الى زيارة المتحف.

里哈布：我们有时候一起搞大扫除，有时候一起去公园游玩，有时候一起去博物馆参观。

علي: جميل.

阿里：真好。

补充词汇：			الكلمات الاضافية:
家庭成员	أفراد الأسرة	侄女	ابنة الأخ
爸爸	أب جـ آباء	舅舅	خال جـ أخوال
妈妈	أم جـ أمهات	舅妈	زوجة الخال
爷爷、外公	جدّ جـ أجداد	姑姑	أخت الأب \ عمة
奶奶、外婆	جدة جـ جدات	姑父	زوج أخت الأب \ عم
哥哥、弟弟	أخ جـ اخوة	岳父	حم \ حَمْوٌ \ حَمُو جـ أحماء
姐姐、妹妹	أخت جـ أخوات	岳母	حماة جـ حموات
丈夫	زوج جـ أزواج	女婿	صهر جـ أصهار \ زوج الابنة
妻子	زوجة جـ زوجات	公公	أبو الزوج
亲戚	قريب جـ أقرباء	婆婆	أم الزوج
叔叔	عم جـ عمومة وأعمام	儿媳	كنة \ زوجة الابن
婶婶	عمة جـ عمات	独生子	ولد وحيد
侄子	ابن الأخ		

三、课堂学习   3- في المحاضرة

غيث: يا شوقي، الى أين تذهب؟

哈斯：绍基，你去哪啊？

شوقي: الى المختبر. سآخذ درس الاختبار وماذا ستأخذ أنت؟

绍基：去实验室。我下节课是实验课。你呢？

غيث: سآخذ درس الاستماع ومبنى المركز السمعي والمرئي قريب من مبنى المختبرات فلنذهب معا.

哈斯：听力课。视听中心离实验楼不远，我们一起走吧。

شوقي: بكل سرور. ماذا تعلمت فى الدرس السابق؟

绍基：好的。你上节课学什么了？

غيث: نصوص القراءة. وأنت؟

哈斯：精读。你呢？

شوقي: الكمبيوتر. كم مادة عندك في هذه المرحلة الدراسية؟

绍基：计算机。你们这学期共有几科？

غيث: عندى ثماني مواد. ومنها ستة دروس الزامية ودرسان اختياريان. وأنت؟

哈斯：有8科，有6科必修课和2科选修课。

شوقي: عندي ثماني مواد هي الجغرافيا والكيمياء والبيولوجيا والفيزياء والرياضيات والحاسوب والرياضة

البدنية والتربية الأيديولوجية.

绍基：我有8科，它们是地理、化学、生物、物理、数学、计算机、体育和思想修养。

غيث: أي مادة تفضل أكثر؟

哈斯：你比较喜欢哪一科？

شوقي: الكيمياء والبيولوجيا لأن الاختبارات تعجبني كثيرا.

绍基：化学和生物。因为我喜欢做实验。

غيث: يبدو أنك تحب العلم الطبيعي.

哈斯：看来你喜欢自然学科（理科）。

شوقي: نعم. وما هي أحبّ المواد إليك؟

绍基：是的。你最喜欢的科目是什么？

غيث: التاريخ العربي والحضارات العربية الإسلامية.

哈斯：阿拉伯历史和阿拉伯伊斯兰文化。

شوقي: يبدو أنك تحب العلم الإنساني.

绍基：那么说你喜欢人文学科啦（文科）。

غيث: نعم، أظن أنهما يعجبانني.

哈斯：是的，我觉得这两门课很有意思。

شوقي: من يدرّسكم؟

绍基：谁教你们啊？

غيث: الأستاذ ياسر والأستاذة سعاد.

哈斯：亚希尔教授和苏阿黛教授。

شوقي: سمعت أنهما من الأساتذة الممتازين المشهورين.

绍基：我听说他们是很优秀很有名的教授。

غيث: نعم، هما جاءا من العراق ويمكنهما أن يتكلما اللغة الصينية جيدا.

哈斯：是的，他们从伊拉克来，中文说得很好。

شوقي: هل هما شديدان أو لطيفان عند الدرس؟

绍基：他们严厉吗？

غيث: هما لطيفان في معظم الوقت. ولكن اذا لم ينتبه طالب اليهما في الدرس، أصبحا شديدين.

哈斯：他们大部分时间都很和蔼。只是有学生上课不认真听讲的时候才很严厉。

شوقي: هل لهما طريقة خاصة في التدريس؟

绍基：他们上课有什么特别的方式吗？

غيث: نعم. يدرساننا المعلومات على طريق حكاية القصص. ويطرحان لنا بعض الأسئلة للتفكير بأنفسنا.

哈斯：是的，他们用讲故事的方式教给我们很多知识。而且他们经常给我们留一些思考题让我们自己想。

شوقي: جميل. هما لا يدرسانكم المعلومات فحسب، بل يدرسانكم كيف تدرسون بأنفسكم.

绍基：不错。他们不但教给你们知识，还教给你们怎样自学。

غيث: نعم. ويحبهما الطلبة عامتهم ويحترمونهما.

哈斯：是的，同学们都很喜欢他们，尊敬他们。

شوقي: أي درس اخترت عند حصص الرياضة البدنية؟

绍基：你体育课选的什么项目？

غيث: اخترت كرة الطاولة.لأنها كرة أهلية (وطنية \ شعبية) في الصين.

哈斯：我选的乒乓球，因为它是中国国球嘛。

شوقي: أحب كرة الطاولة أيضا، هل ممكن أن نتسابق في يوم ما؟

绍基：我也很喜欢打乒乓球，我们哪天来比试一下怎么样？

غيث: فكرة رائعة، عندما توجه الدعوة اليّ سوف أحضر.

哈斯：好主意，我随时奉陪。

شوقي: كم حصة عندك كل يوم؟

绍基：你一天有几节课？

غيث: عندي أربع حصص كل يوم تقريبا.

哈斯：我每天基本都有四节课。

شوقي: متى يبدأ الدرس الأول ومتى ينتهي الدرس الأخير؟

绍基：第一节课什么时候开始上？最后一节课什么时候结束？

غيث: الدرس الأول يبدأ من الساعة الثامنة والدرس الأخير ينتهي في الساعة الرابعة مساء. وأنت؟

哈斯：第一节课八点开始，最后一节课下午四点结束。你呢？

شوقي: أنا كذلك.

绍基：我也一样。

غيث: اذا، لنتسابق بعد الساعة الخامسة مساء غد.

哈斯：那么，我们明天五点以后比赛吧。

شوقي: اتفقنا.

绍基：就这么定了。

غيث: ها قد وصلت مبنى المختبرات، مع السلامة.

哈斯：我到实验楼了，再见。

شوقي: مع السلامة.

绍基：再见。

الأستاذ: هل حضرتم جميعا؟

老师：大家都来了吗？

رئيس الفصل: لا، أحمد مزكوم يا أستاذ وهوقد ذهب الى مستشفى الجامعة.

班长：没有，老师，艾哈迈德病了，他去校医院了。

الأستاذ: أنا آسف، شفاه الله. يجب عليكم أن تنتبهوا الى صحتكم.

老师：真遗憾。愿他早日康复。你们要注意身体。

الطلبة: شكرا، يا أستاذ.

学生们：谢谢老师。

الأستاذ: طيب، لنبدأ الدرس. اليوم سندرس القواعد: الجملة الفعلية. ما هي الجملة الفعلية؟ من يعرف يرفع يده.

老师：好了，我们开始上课。今天我们要学习语法：动词句。什么是动词句？知道的同学请举手。

خالد: ان تبدأ الجملة بالفعل، فهي الجملة الفعلية.

哈立德：如果一个句子以动词开头，那么它就是动词句。

الأستاذ: أحسنت يا خالد، من يمكن أن يعطيني جملة فعلية؟

老师：说得很对，哈立德。那么谁能给我造个例句？

وليف: يدرس مبارك اللغة العربية في جامعة بكين الآن.

沃里夫：穆巴拉克现在在北京大学学习阿拉伯语。

الأستاذ: جيد جدا. من يحاول أن يعرب هذه الجملة؟

老师：非常好！谁能给这个句子做一下语法分析？

يوسف: "يدرس" هو فعل مضارع، "مبارك" هو الفاعل، "اللغة العربية" هي المفعول به، "في جامعة بكين" هو ظرف المكان، "الآن" هو ظرف الزمان.

尤素福：يدرس 是现在式动词，مبارك 是主语，اللغة العربية 是宾语，في جامعة بكين 是地点状语，الآن 是时间状语。

الأستاذ: ممتاز يا يوسف. هل عندكم أي سؤال؟

老师：非常好，优素福。你们有什么问题吗？

حسين: يا أستاذ، عندي سؤال.

侯赛因：老师，我有一个问题。

الأستاذ: اسأل يا حسين، من يعرف كيفية طرح السؤال يتقدم بسرعة.

老师：问吧，侯赛因。谁善于提问谁就进步快。

حسين: "جامعة بكين" هي الاضافة المعنوية، و"بكين" هو المضاف اليه في محل الجرّ، لماذا شكل حرفها الأخير بالفتحة بدل الكسرة؟

侯赛因：北京大学是个正偏组合，北京是偏次，为什么尾符不标齐齿符而标开口符呢？

الأستاذ: سؤال جميل يا حسين. من يعرف الجواب؟

老师：侯赛因,这个问题提得很好。谁知道答案？

(بعد قليل)

（过了一会儿）

الحياة اليومية   الفصل الأول   日常生活

الأستاذ: يبدو أنكم لا تعرفون الجواب أما حسين فهو ينتبه الي هذا، يجب عليكم أن تفكروا جيدا. حسنا، دعوني أشرح لكم، ان "بكين" هي اسم ممنوع من الصرف.

老师：看起来你们都不知道，可是只有侯赛因注意到了这个问题。你们应该再仔细想一想。好吧,让我来给你们解释。"北京" 是一个半变尾名词。

补充词汇： **الكلمات الاضافية:**

课程表	جدول الدروس \ جدول المقررات	名词	الاسم
语言文学（语文）	اللغة وآدابها	动词	الفعل
数学	الرياضيات	词根	المصدر
外语	اللغة الأجنبية	主动名词	اسم الفاعل
化学	الكيمياء	被动名词	اسم المفعول
物理	الفيزياء	半主动名词	الصفة المشبهة باسم الفاعل
生物	علم الأحياء \ البيولوجيا	从属名词	اسم المنسوب
历史	التاريخ	被动动词	الفعل المجهول
地理	الجغرافيا	起语	المبتدأ
政治	السياسة	主语	الفاعل
口语课	درس التعبير الشفوي \ درس الحوار \ حصة المحاورات	宾语	المفعول به
		状态状语	الحال
视听课	الدرس السمعي والمرئي	原因目的状语	المفعول له
阅读课	درس المطالعة	程度状语	المفعول المطلق
精读课	درس نصوص القراءة	地点状语	ظرف المكان
写作课	درس الانشاء	时间状语	ظرف الزمان
语法术语	مصطلحات القواعد اللغوية	名词句	الجملة الاسمية
句子的语法分析	اعراب الجملة	动词句	الجملة الفعلية
同义词	كلمة مرادفة \ مترادفة	条件句	الجملة الشرطية
反义词	كلمة متضادة		

四、预习、复习功课 4- تحضير الدرس ومذاكرته

منصور: هل قرأت نص الدرس الجديد؟

曼苏尔：你读新课的课文了吗？

أحمد: لا، لا أقرأ نص الدرس أبدا قبل المحاضرة.

艾哈迈德：我从来不在上课前读课文。

منصور: لماذا؟ ألم تعلم ان تحضير الدرس مهم جدا؟

曼苏尔：为什么？你难道不知道预习课文很重要吗？

أحمد: ولكن أظن أنه يضيع الوقت. سنفهم الدرس كل الفهم بعد شرح الأستاذ. فلماذا نقرأ الدرس قبل محاضرة الأستاذ؟

艾哈迈德：但是我认为那是浪费时间。我们在老师解释课文的时候就全都明白了，为什么要提前预习？

منصور: رأيك غير صحيح يا صديقي، فاذا حضرت الدرس، يمكنك أن تعرف محتويات النص بصورة عامة وأية كلمة أو جملة لم تفهم ، وبذلك تستطيع أن تفهم ما يشرح الأستاذ بسهولة عند الدرس وتسأل ما لم تفهم.

曼苏尔：你的看法不对。预习课文可以让你大概了解课文内容和你不懂的地方，这样你就能充分听懂老师讲课，不懂的地方可以问老师。

أحمد: يبدو أنني قد اقتنعت بجوابك.

艾哈迈德：看来我已经被你说服了。

منصور: ولا تنس أن التحضير يساعدك على فهم نص الدرس وتقوية قدرتك على حفظ الكلمات والعبارات.

曼苏尔：你不要忘记，预习还能帮助你理解课文和增强你记忆词句的能力。

أحمد: اذا سأحضر الدرس فيما بعد مثلك. وكيف تحضر درسك؟

艾哈迈德：那么，今后我也像你一样预习功课，你平时都是怎么预习的？

منصور: أولا، أقرأ الدرس بصوت عال مرتين أو ثلاث مرات، وأضع الخط تحت الكلمات الجديدة والجمل التي لم أفهمها.

曼苏尔：首先，我先读两三遍课文，标出新单词和不明白的句子。

أحمد: وماذا بعد ذلك؟ هل تبحث عن معنى الكلمة الجديدة في القاموس؟

艾哈迈德：然后呢？查字典吗？

منصور: نعم.

曼苏尔：对啊。

أحمد: ولكن حجم القاموس كبير وثقيل، فان حمله ليس سهلا.

艾哈迈德：但是字典又大又沉，拿着特别不方便。

منصور: يا صديقي، ان القاموس صديق حميم لنا. يمكنك أن تحمل قاموس الجيب، وهو صغير وخفيف وحمله سهل.

曼苏尔：可是字典是我们的好朋友啊。你可以用袖珍字典，它很小很轻，方便携带。

أحمد: صحيح، ولكن من أين أشتريه؟

艾哈迈德：对啊，在哪能买到？

منصور: عندي واحد. سأعطيك اياه كهدية.

曼苏尔：我有一本，送给你吧。

أحمد: شكرا يا منصور. انك صديق مخلص ووفي.

艾哈迈德：谢谢你，曼苏尔。你真够朋友。

منصور: لا كلفة بيننا. وبعد أن تعرف معنى الكلمات من القاموس، تقرأ الدرس مرة أخرى عندئذ ستفهم نص الدرس بسهولة.

曼苏尔：不用客气。你查完字典，了解词义后，再读一遍课文，你就容易读懂了。

أحمد: ألف شكر يا أخي، سأفعل حسب توجيهاتك ونصائحك.

艾哈迈德：太感谢了，兄弟，我会照你说的做的。

جلال: هل أكملت واجباتك المنزلية يا شريف؟

贾莱：你完成作业了吗？

شريف: نعم. قد أكملتها أمس.

谢里夫：是的，我昨天就完成了。

جلال: اذا، لنلعب كرة السلة في الملعب.

贾莱：那么我们去操场打篮球吧。

شريف: ولكن أريد أن أذاكر الدرس الآن.

谢里夫：可是我现在想复习功课。

جلال: هذا يكفي، اذ أنك انتهيت من الواجبات.

贾莱：你都完成作业了，就行了。

شريف: ان اللغة العربية صعبة، فاذا أردت أن تجيدها، فلا شك أنك ستحتاج الى الاجتهاد في دراستها.

谢里夫：阿拉伯语是一门很难的语言，如果想学好就必须要努力。

جلال: صحيح. ولكن كيف تذاكر الدرس؟

贾莱：说的是，你怎么复习啊？

شريف: أقرأ الدرس مرة بعد أخرى حتى أحفظه، وبعد ذلك أستمع الى المسجل لرفع قدرتي الاستماعية، ثم أتكلم مع زملائي حول ما درسناه اليوم باللغة العربية.

谢里夫：我反复读课文，直到背下来；然后听录音，提高听力水平；然后再找同学就所学内容做对话。

جلال: بالتأكيد. انك من الطلاب المجتهدين! يجب علي أن أتعلم منك.

贾莱：你真是个勤奋的学生，我应该向你学习。

شريف: لا تقل ذلك، لنذاكر الدرس معا.

谢里夫：别这么说，我们一起复习吧。

جلال: بكل سرور. وبعد ذلك، يمكننا أن نلعب كرة السلة.

贾莱：很高兴能和你一起复习。之后我们再一起去打篮球。

شريف: فكرة جميلة! وأعلم أنّ الراحة لا يمكننا أن نستغني عنها أيضا.

谢里夫：好主意，我知道休息也是必不可少的。

جاسم: يقترب الامتحان النهائي، هل أنت مستعد له؟

贾西姆：期末考试就要到了，你准备好了吗？

كامل: لست مستعدا وأعتقد أنني سأفشل في هذا الامتحان، لأنني لم أبدأ بمذاكرة الدروس.

凯米勒：没呢，我恐怕要挂科了，我还没开始复习呢。

جاسم: لماذا لم تبدأ حتى الآن؟

贾西姆：为什么到现在还没开始啊？

كامل: هناك ست مواد للامتحان والمحتويات والمعلومات التي علينا أن نذاكرها كثيرة جدا، لا أعرف من أين أبدأ المذاكرة.

凯米勒：要考六科，要复习的知识太多了，我都不知道从哪开始复习了。

جاسم: هذه ليست مشكلة. يمكنك أن تضع المناهج للمواد التي ستذاكرها.

贾西姆：这算什么问题。你可以为你要复习的各科制定复习计划。

كامل: كيف أفعل ذلك والوقت قليل، والمعلومات وفيرة.

凯米勒：怎么定啊，时间那么短，知识那么多。

جاسم: هذا يدل على أنك لا تجتهد في الأيام العادية. فيجب عليك أن تقسم أوقاتك على حسب درجة الأهمية.

贾西姆：那说明你平时没用功。你现在应该根据课程轻重缓急来分配时间了。

كامل: ولكن لا أعرف ما هي المحاور الرئيسية للدروس.

凯米勒：可是我不知道重点啊。

جاسم: النقاط التي شرحها الأستاذ عند الدرس في هذه الأيام هي المحاور الرئيسية.

贾西姆：这两天课堂上老师强调的那些知识点就是重点。

كامل: علمت، ولكنني لم أدونها.

凯米勒：我知道，可是我没记。

جاسم: ان تدوين ما يركز الأستاذ على شرحه مفيد جدا، لأننا ندرس كثيرا من المعلومات، فلا يمكننا أن نحفظ ما يشرح الأستاذ عند الدرس، لذلك علينا أن نسجله ونذاكره بعد الدرس.

贾西姆：记录老师课上讲的东西这很有益处。我们一节课学那么多知识，不可能在课堂上就完全背下来，我们应该记下来，课后复习。

كامل: أنت على حق، سأفعل كما فعلت. ولكن، هل ممكن أن أستعير دفاترك هذه المرة؟

凯米勒：你说的对，我以后也像你那样做笔记，但是这次我能不能借你的笔记看看啊？

جاسم: ممكن، تفضل.

贾西姆：可以，给你。

كامل: شكرا.

凯米勒：谢谢！

جاسم: لا يكفي أن تقرأ هذه الدفاتر فقط.

贾西姆：你光看我的笔记是不够的。

كامل: وماذا أفعل بالاضافة الى ذلك؟

凯米勒：那我还应该干什么呢？

جاسم: لكل مادة طريقة خاصة للمذاكرة. مثلا، الرياضيات، من الضروري أن تقوم ببعض التمرينات، أما اللغة الانجليزية، فعليك أن تذاكر كلماتها وقواعدها.

贾西姆：每科都有不同的复习方法。比如数学，你必须多做练习题；像英语，你就必须背单词和语法。

كامل: يا جاسم، يبدو أنك مدرس.

凯米勒：扎西姆，你真像个老师。

جاسم: في أي مادة تخشى أن تفشل؟

贾西姆：你担心哪一科会挂科啊？

كامل: الرياضيات لأن الأستاذ عماد هو أستاذ شديد، والأسئلة التي وضعها صعبة للغاية.

凯米勒：我最担心数学，因为伊迈德教授很严格，出的题都很难。

جاسم: هو أستاذ شديد، ولكن محاضرته أعجبت الطلبة ووضع الخطوط التفصيلية للمذاكرة قبل الامتحان. أما أنا فلست متأكدا، هل يمكنني أن أنجح في مادة الحضارة الاسلامية أم لا؟

贾西姆：他是很严格，但他上的课很受学生们欢迎，考前还制定详细的复习提纲。至于我，我不能肯定，我自问伊斯兰文明这科我能考好吗？

كامل: لماذا؟ يبدو أن أستاذ الحضارة الاسلامية لطيف معنا.

凯米勒：为什么啊？老师挺和蔼的啊。

جاسم: والأسئلة التي وضعها مرنة.

贾西姆：他出的题都很灵活多变。

كامل: لا تقلق، فكل الأجوبة موجودة في الكتاب. اذا بذلت جهودك في المذاكرة فستنجح في الامتحان بالتأكيد.

凯米勒：别担心，答案都在书上，只要你用功复习，就一定能考好。

五、演讲比赛   5- مسابقة الخطبة

بحر: يا باسم، ستقام مسابقة الخطبة (الخطابة) في الأسبوع القادم بكليتنا. فهل أنت ستشترك في هذه المسابقة؟

巴哈尔：巴斯姆，我们系下个礼拜将举行演讲比赛，你参加吗？

باسم: لا أعرف ذلك. ولكن ما هو الموضوع؟

巴斯姆：我不知道有比赛，什么题目啊？

بحر: الحياة في الجامعة. يمكننا أن نتحدث عن كل المجالات من حياتنا التي نقوم بها في حياتنا الجامعية.

巴哈尔：大学生活。我们可以讲大学生活的方方面面。

باسم: هذا الموضوع يليق بنا أكثر. فلا شك أن هناك كثيرا من الطلبة سيشتركون فيها.

巴斯姆：这个题目很适合我们，一定有很多同学参加吧。

بحر: نعم، قد قام بتسجيل الاشتراك فيها أكثر من خمسين طالبا. وكل فرد في غرفتي سيشترك فيها، وقد بدأنا التمرن عليها منذ أمس.

巴哈尔：是啊，到现在为止已经有 50 多名同学报名了，我们寝室都参加，我们昨天就开始练习了。

باسم: أنتم طلاب متفوقون، وأنا لست جيدا في الدراسة، أخشى على نفسي من عدم النجاح.

巴斯姆：你们都是好学生，我学习成绩不好，我担心我不会胜出的。

بحر: لا تفكر في النتائج هكذا، وأهم شيء هو اشتراك. ومحتوى خطابتك رائع، وأعتقد أنك ستنجح.

巴哈尔：不要考虑结果，重在参与。你的演讲内容精彩，我认为你将取得成功。

باسم: شكرا. سأحاول.

巴斯姆：谢谢，我尽力。

بحر: هذا حسن. ان المحاولة أهم من النتيجة.

巴哈尔：这就对了，过程要比结果重要。

باسم: لم أشترك في مثل هذه المسابقة من قبل، هل من الممكن أن تعلمني كيف أستعدّ لهذه المسابقة؟

巴斯姆：我以前没参加过这种比赛，你能告诉我应该怎么准备吗？

بحر: موضوع مسابقة الخطبة في هذه المرة محددة، أما حياة الجامعة فلها جوانب كثيرة، فعليك أن تحدد جانبا منها ثم تكتب مقالة حول هذا الجانب بالتخصيص، وتقرأها وتحفظها على ظهر قلبك وتقوم بالتدريبات التمثيلية مع تحريك مشاعرك.

巴哈尔：这次比赛的题目已限定，大学生活有很多方面，你必须确定一个侧面，写关于这个侧面的一篇文章，读文章并背熟，带着感情排练。

باسم: شكرا على ارشادك.

巴斯姆：谢谢你的指导。

فواز: أنت هنا يا علي، بحثت عنك في كل مكان. لماذا تجلس هنا في الصف الأخير؟

法瓦兹：你在这儿啊，我到处找你，你怎么坐在最后一排？

علي: شعرت بشيء من التوتر يا فواز، فوجدت أن كل طالب قبلي قد أدى أداءه بصورة جيدة.

阿里：我开始紧张了，法瓦兹，我前面的同学都讲得那么好。

فواز: أ نسيت يا علي، ان الثقة بالنفس نصف النجاح.

法瓦兹：别紧张，你忘了吗，自信是成功的一半。

علي: لم أنسه.

阿里：我没忘记。

فواز: لا تقلق، متى يأتي دورك؟

法瓦兹：别担心，你是第几个上场？

علي: ترتيبي هو العاشر، فبعد أربعة طلاب سيأتي دوري.

阿里：第十个，还有四名同学就轮到我了。

فواز: كن هادئا، أظهر مستواك الحقيقي.

法瓦兹：要沉着冷静，发挥出你的水平。

علي: حسنا، سأبذل أقصى جهودي.

阿里：好，我尽最大努力。

(بعد خطابة علي)

（阿里演讲后）

فواز: خطابتك رائعة! مبروك!.

法瓦兹：你的演讲很精彩，祝贺你。

علي: شكرا على تشجيعك.

阿里：谢谢你的鼓励。

فواز: هل عرفت نتيجة المسابقة؟

法瓦兹：你知道比赛结果了吗？

علي: وهل ظهرت النتائج بمثل هذه السرعة؟

阿里：结果这么快就出来了？

فواز: نعم، هي معلقة على جدار مكتب الكلية. قيل انه سيقام الاحتفال لمنح الجوائز على الفائزين في يوم الأربعاء.

法瓦兹：是的，贴在系办公室的墙上了。颁奖仪式将在周三举行。

علي: من هو الفائز الأول؟

阿里：谁获头等奖了？

فواز: صفاء، هي الفائزة الأولى، وأنت يا علي الفائز الثاني، وقد قلت لك ان خطابتك ممتازة.

法瓦兹：索法，她获得了一等奖；阿里，你获得了二等奖，我说过你的演讲很好。

علي: شكرا لك يا فواز. ومن يكون الثالث؟

阿里：谢谢你，法瓦兹。那么谁获得了三等奖？

فواز: سمية.

法瓦兹：索麦叶。

علي: نعم، خطابتها جيدة أيضا.

阿里：的确，她也讲得很好。

فواز: نعم، أنتم أحسن مني.

法瓦兹：是啊，你们都比我讲得好。

علي: لا تيأس يا فواز، ان الفشل هو أم النجاح.

阿里：别灰心啊，法瓦兹，失败是成功之母。

فواز: لا أيأس أبدا. سأجتهد وأنا على ثقة بأنني سأنجح في الدورة القادمة.

法瓦兹：我决不会灰心的，我会继续努力的，我相信我下回一定会得奖的。

补充词汇： **الكلمات الاضافية:**

演讲题目	موضوع الخطابة (الخطبة)	比赛内容	محتويات السباق
参赛号码	رقم المنافس \ المشارك	比赛规则	نظم وقواعد المسابقة
参赛选手	منافس \ مزاحم	参赛要求	المتطلبات للمشتركين في المسابقة
比赛成绩	نتيجة المسابقة	肢体语言	لغات الحركات
获奖名单	قائمة الأسماء للفائزين	表情	مشاعر التمثيل \ تعابير الوجه \ علائم الوجه
比赛项目	مواضيع السباق	抽签	اجراء القرعة \ سحب القرعة

六、如何度假 6- كيفية قضاء العطلة

أمجد: أقبل العيد الوطني.

艾姆贯德：国庆节就要到了。

أحسن: نعم، ومدة الاجازة سبعة أيام وأتمنى أن نقضي الأسبوع الذهبي بفعل الخير.

艾哈桑：是啊，我们将休假七天，有意义地度过黄金周。

أمجد: ماذا تريد أن تفعل خلال العطلة؟

艾姆贯德：你想在假期干什么？

أحسن: لم أفكر بعد. يتعبني العمل كثيرا. ربما سأبقى في البيت نائما طول العطلة.

艾哈桑：我还没想呢，工作太累了，我可能整个假期都在家里睡觉。

أمجد: هذا تافه يا أخي. سأسافر مع زوجتي الى هاينان، لماذا لا تسافر معنا؟

艾姆贯德：那多无聊啊。我和妻子要一起去海南，你也和我们一起去吧？

أحسن: معكما؟ لا أريد أن أزعجكما.

艾哈桑：和你们俩一起？我就不去打搅你俩啦。

أمجد: أنت مرغوب فيك لدينا.

艾姆贯德：我们欢迎你。

أحسن: متى ننطلق؟

艾哈桑：我们哪天走？

أمجد: اليوم الخامس عشر هذا الشهر.

艾姆贯德：这个月 15 号。

أحسن: بأي طريق نسافر؟

艾哈桑：怎么去？

أمجد: على متن الطائرة.

艾姆贾德:坐飞机。

أحسن: هل ترتب سفرنا شركة وكالة السفر أم نسافر بأنفسنا؟

艾哈桑:我们是跟旅行社走还是自助游?

أمجد: نسافر بأنفسنا، فيمكننا أن نقرر المكان والموعد للزيارة خلال السفر كما نشاء.

艾姆贾德:我们自助游,这样我们就能够自己决定参观的地点和时间。

أحسن: اذا، يجب علينا أن نحجز الفندق والتذاكر قبل السفر.

艾哈桑:那么我们得提前预订机票和酒店。

أمجد: قد حجزت.

艾姆贾德:我都订好了。

أحسن: ليت أن اليوم هو الخامس عشر!

艾哈桑:真希望今天就是 15 号。

الأستاذ: أقبلت العطلة الصيفية. ماذا تريدون أن تفعلوا يا طلاب؟

老师:暑假就要到了,你们打算在假期做点什么呢?

أحمد: أريد أن أقرأ كثيرا من الكتب، أحب الروايات.

艾哈迈德:我要读很多书,我特别喜欢读小说。

محمد: سأسافر الى بكين للمشاركة في دورة تكثيف تدريب الانجليزية حتى يرتفع مستواي للغة الانجليزية.

穆罕默德:我要去北京参加一个英语强化培训班,提高一下我的英语水平。

خالد: قد انضممت الى جمعية الرعاية للشيوخ والأرامل الذين ليس لديهم أولاد، ونزورهم في دار العجزة مرتين كل أسبوع.

哈立德:我参加了关爱孤寡老人协会,我们每周去敬老院看望他们两次。

الأستاذ: عظيم، يا لك من ولد ذي حب ومودة. وأنت، يا شداد؟

老师:真棒,你真是个有爱心的孩子。你呢,沙戴德?

شداد: أريد أن أذاكر الدروس في العطلة، لأنني تأخرت عن زملائي في هذه المرحلة.

沙戴德:我想在假期好好复习一下功课,我这个学期比同学们落后了。

الأستاذ: نعم، يا شداد، من جد وجد، أنا على ثقة بأنك ستدرك الزملاء الآخرين.

老师:是的,沙戴德,有志者事竟成,我相信你一定会赶上其他同学的。

كريمة : يا أستاذ، سأشترك في أنشطة المعسكر (المخيّم) الصيفي وسنسافر الى التبت مع كثير من الطلاب من مختلف الجامعات، وسنقوم بنشاطات طلابية كثيرة مع طلاب هناك، أعتقد أننا سنتعرف على كثير من الأصدقاء.

凯里玛:老师,我要参加一个夏令营活动,和很多不同学校的同学一起去西藏,还将与那里的同学们一起搞许多学生活动,我们一定会交到很多朋友。

ديمة : أعزم أن أخفف وزني في هذه العطلة، فأشترك في فريق التدريب الرياضي لتقوية الجسم، وسأساعد أمي على الأعمال العائلية في البيت، وأقوم بالرياضة البدنية ساعتين كل يوم.

蒂玛：我决心在这个假期里减肥，我参加健身班，将在家里帮妈妈做家务，每天还会进行两个小时体育锻炼。

الأستاذ: يبدو أن لكل طالب خطة جميلة، ان العطلة للراحة ولكن لا يعني تضييع الوقت. أتمنى لكل منكم قضاء العطلة المفيدة.

老师：看起来你们每个人都有很好的计划，假期是要休息的，但不等于虚度时光，我希望你们每个人都能过一个有意义的假期。

补充词汇：   الكلمات الاضافية:

订机票	حجز تذكرة الطائرة	打羽毛球	لعب كرة الريش
订酒店	حجز الفندق	打乒乓球	لعب كرة الطاولة (المنضدة)
打牌	الألعاب الورقية	踢足球	لعب كرة القدم
旅行社	وكالة السفر \ الشركة السياحية	打篮球	لعب كرة السلة
健身俱乐部	النادي الرياضي لتقوية الأجسام	排球	الكرة الطائرة
孤寡老人	العجائز من الشيوخ والأرامل	保龄球	لعب البولنغ
郊游	نزهة	台球	كرة البلياردو
夏令营	المعسكر الصيفي \ المخيّم الصيفي	高尔夫球	الجولف
减肥	تخفيف الوزن	网球	كرة التنس
逛街	التجوال في الشوارع		

7- في المكتبة   七、在图书馆

خالد: يا كريم، قد تم بناء مكتبة الجامعة الجديدة، وهي الآن مفتوحة الأبواب للطلاب، هل قمت بزيارتها؟

哈立德：凯利姆，学校的新图书馆建成了，并且对学生开放了，你去过吗？

كريم: لم أزرها بعد. كيف هي؟

凯里姆：没呢，里面怎么样？

خالد: هي جميلة وواسعة نظيفة منيرة،، بالاضافة الى ذلك، هي حديثة ومتطورة جدا.

哈立德：很漂亮，又宽敞又整洁又明亮，还很现代化。

كريم: ما تقصد بالحديثة؟

凯里姆：现代化指的是什么意思？

خالد: أي متطورة ويمكننا أن ننجز اجراءات استعارة الكتب واستعادتها عن طريق الكمبيوتر فيها.

哈立德：我们可以用电脑完成所有借书还书的手续。

كريم: جميل. هذا يوفر وقتا ويقلل من عمل الموظفين.

凯里姆：真不错，这样大大节省了人力和时间。

خالد: نعم، نستطيع أن نبحث عن الكتب التي نريد وأن نحجزها على الانترنت.

哈立德：是的，我们还可以在网上查找和预订我们想看的书。

كريم: هذا أحسن وأسهل من قبل. كم طابقا فيها؟

凯里姆：这比以前方便多了。图书馆有多少层啊？

خالد: فيها سبعة طوابق.

哈立德：七层。

كريم: هي كبيرة جدا. ما هي وظيفة كل طابق فيها؟

凯里姆：真的很大。每层的功能是什么？

خالد: الطابق الأول: مكاتب للعمل. تجرى فيها كل الاجراءات، والطابق الثاني الى الطابق الرابع: عرض الكتب الصينية، والطابق الخامس: عرض الكتب الأجنبية، والطابق السادس: عرض المجلات والصحف، أما الطابق السابع، فهو معرض لتاريخ الجامعة.

哈立德：第一层是办公区，在这里办理各种手续；第二层到第四层是中文书；第五层是外文书；第六层是报刊杂志；第七层是校史展馆。

كريم: معرض تاريخ الجامعة؟ ماذا يوجد فيه؟

凯里姆：校史展馆？里面都有什么啊？

خالد: فيه صور نفيسة منذ أن تأسست الجامعة الى حد الآن، وسجلت تاريخ الجامعة.

哈立德：有我校从建校到现在的很多珍贵的图片，记录了学校的历史。

كريم: رائع جدا. أود أن أزوره. هل يمكنك أن تصحبني لزيارته؟

凯里姆：真不错，我想去看看，你可以陪我一起去吗？

خالد: بكل سرور، وسأذاكر الدروس في المكتبة بعد ذلك.

哈立德：好的，正好参观后我在图书馆复习功课。

كريم: هل فيها حجرات للدراسة الذاتية؟

凯里姆：图书馆有自习室？

خالد: بالتأكيد، في كل طابق حجرات للدراسة الذاتية والمطالعة، وهي واسعة وهادئة.

哈立德：当然啦，每层都有，还很宽敞安静。

كريم: سأدرس فيها أيضا بعد زيارتي المعرض.

凯里姆：我参观完校史展也去自习。

سيف : هل عندك بطاقة استعارة الكتب لمكتبة بلدية المدينة؟ أريد أن أستعير بعض الكتب منها. ممكن أن تعيرها لي؟

赛义夫：你有市图书馆的借书证吗？我想去借几本书，能借我用用吗？

بدوي : عندي بطاقة، ولكن عليها صورتي الشخصية، وليس من الممكن أن أعيرك اياها.

巴德维：我有倒是有，但是不能借给你啊，图书证上面有我的照片，不能借给他人。

سيف : هكذا، قل لي كيف أعمل اجراءات البطاقة؟

赛义夫：哦，这样啊，那你能告诉我怎么办借书证吗？

بدوي : هذا شيء بسيط، عليك أن تحمل البطاقة الشخصية وصورتيك الى مكتب المكتبة، وسيساعدك الموظف على انهاء كل الاجراءات.

巴德维：很简单，你只要拿着身份证和两张照片，到图书馆办公室，工作人员就帮你把手续办了。

سيف : ما ثمن تكلفة البطاقة؟

赛义夫：办图书证要多少钱啊？

بدوي : ان الحصول على البطاقة مجانا ولكن عليك أن تدفع مبلغ الرسوم للمطالعة لسنة واحدة، والرسوم للسنة الكاملة حوالي مائة يوان.

巴德维：办证免费，但你得交 100 元一年的阅览费。

سيف : هذا أفضل، لأن ثمن شراء كتابين يبلغ حوالي مائة يوان الآن.

赛义夫：哦，这挺好的，现在买两本书就将近 100 元呢。

بدوي : نعم، وهذا هو سبب استعارتي الكتب من المكتبة.

巴德维：是啊，这就是我从图书馆借书的原因。

سيف : هل أنت تذهب الى المكتبة دائما؟

赛义夫：你经常去图书馆啊？

بدوي : في نهاية كل أسبوع.

巴德维：每个周末都去。

سيف : أتمني أن أحب القراءة مثلك. على فكرة،هل من الممكن أن أستعير الكتب من المكتبة بعد أن أتم عمل البطاقة اليوم؟

赛义夫：真希望我能和你一样喜欢读书。对了，我今天去办证，今天就能用吗？

بدوي : بالتأكيد. أريد أن أذهب الى المكتبة أيضا لرد بعض الكتب اليوم، فلنذهب معا.

巴德维：可以。正好我今天也要去还书，我们一起去吧。

سيف: هيا بنا.

赛义夫：我们走吧。

بدوي : اذهب الى المكتب وأتم عمل البطاقة، وأنا أنتظرك هنا.

巴德维：你先去办证吧，我在这儿等你。

سيف : طيب.

赛义夫：好的。

（在图书馆办公室） (عند المكتب)

سيف : السلام عليكم يا أخي، أريد عمل بطاقة الاستعارة.

赛义夫：您好，我想办一张图书证。

الموظف: وعليكم السلام، ومرحبا. البطاقة الشخصية من فضلك.

职员：您好，请出示您的身份证。

سيف : تفضل، ها هي.

赛义夫：给您。

الموظف: هل معك صورتان؟

职员：请问您带两张照片了吗？

سيف : هل تصلح هاتان الصورتان؟

赛义夫：您看这两张行吗？

الموظف: يجوز. من فضلك أن تدفع رسوم المطالعة لسنة واحدة وقدرها مائة وخمسون يوانا.

职员：可以。请您交一年的借阅费，是150元。

سيف : أليس هو مائة يوان؟

赛义夫：不是100的吗？

الموظف: أنا آسف يا سيد، قد ارتفعت الرسوم منذ هذه السنة.

职员：不好意思，我们从今年开始调价了。

سيف : لا بأس، اليك النقود.

赛义夫：好吧，给你。

الموظف:انتظر قليلا من فضلك.

职员：请您稍等。

الموظف: اليك البطاقة. من فضلك أن تحفظها جيدا.

职员：这是您的借阅证，请您收好。

سيف : ألف شكر.

赛义夫：非常感谢。

سيف : يا بدوي، عندي البطاقة الآن، فلنستعر الكتب من المكتبة.

赛义夫：巴德维，我办好证了，我们去借书吧。

بدوي : أي نوع من الكتب تريد؟

巴德维：你想借哪方面的书？

سيف : الأدب العربي.

赛义夫：阿拉伯文学。

بدوي : عليك أن تذهب الى الطابق الخامس، هو قسم الآداب الأجنبية، ومنها الأدب العربي.

巴德维：那你要到五楼外国文学馆，其中有阿拉伯文学书。

سيف : وأنت؟

赛义夫：你呢？

بدوي : أولا، أرد الكتب في الطابق الأول، ثم أذهب الى الطابق الثاني لأستعير بعض الكتب عن الحقوق.

巴德维：我先去一层还书，然后去二层借一些关于法律方面的书。

سيف : ما هي اجراءات الاستعارة؟

赛义夫：借书有什么手续吗？

بدوي : أولا، اعرض للموظف بطاقتك عند الدخول وتسجل أسماء الكتب التي تستعير من المكتبة عند الموظف قبل الخروج.

巴德维：你只要向工作人员出示借阅证就可以进馆借书了，出来的时候要到前台登记。

سيف : كم كتابا يمكنني الاستعارة في كل مرة؟

赛义夫：每次能借几本书？

بدوي : يحق لك استعارة خمسة كتب على الأكثر.

巴德维：最多5本。

سيف : كم يوما يحق لي أن أستعير الكتب؟

赛义夫：能借多长时间呢？

بدوي : شهرا واحدا فقط، وممكن أن تطلب تجديد المدة مرة أخرى اذا لم تتم القراءة .

巴德维：一个月，如果没有读完的话，一个月后你可以申请延期一次。

سيف : هل من اللازم أن آتي الى المكتبة لاتخاذ اجراءات التجديد؟

赛义夫：申请延期必须到图书馆来办理吗？

بدوي : ممكن أن تزور موقع شبكة الانترنت للمكتبة و تكمل الاجراءات عليها.

巴德维：你也可以登陆图书馆的网站，在网上办理。

سيف : هذا يقدم لنا تسهيلات كثيرة.

赛义夫：那方便多了。

بدوي : نعم

巴德维：是的。

سيف : استعر ما تريد ، وسأتصل بك تلفونيا بعد ذلك.

赛义夫：你先去借书吧，等会我打电话联系你。

بدوي : جيد.

巴德维：好的。

补充词汇： **الكلمات الاضافية:**

ساعات الدوام	开放时间	مكتبة جـ مكتبات	图书馆
غير قابل لاستعارة الكتب واخراجها الى خارج المكتبة	不外借	معرض الكتب	书展
مراجع	参考书	قاعة المطالعة	阅览室
الكتب المخزونة	藏书	الحجرات للدراسة الذاتية \ القاعات التي يدرس الطلبة فيها بأنفسهم	自习室
غرفة فهارس الكتب	目录室		
رواية جـ روايات	小说	استعارة الكتب	借书
نثر	散文	استعادة \ ردّ الكتب	还书
شعر جـ أشعار	诗歌	بطاقة الاستعارة	借书证
قصيدة جـ قصائد	诗词	قاعة مطالعة المجلات والصحف	报纸杂志阅览室
قصة جـ قصص	故事	غرفة مطالعة المنشورات الالكترونية على الكمبيوتر (الانترنت)	电子期刊阅览室
مثل جـ أمثال	成语		

八、听广播、读报 8- الاستماع الى الاذاعة وقراءة الصحف

مشرق : تستيقظ مبكرا في كل صباح، فأين تتجه؟

穆沙拉克：你每天早上起那么早去哪啊？

رعد: أذهب الى الملعب، وأقوم بالرياضة الصباحية كما أستمع الى الاذاعة عن طريق المذياع.

拉阿德：我去操场，一边听广播一边晨练。

مشرق : أى اذاعة تستمع اليها؟

穆沙拉克：你听哪个台？

رعد: اذاعة الصين الدولية، وهناك أخبار انجليزية تبدأ من الساعة السادسة و النصف في كل صباح.

拉阿德：中国国际广播电台，早上6：30有一档英语新闻节目。

مشرق : وهل تستمع اليها في كل صباح؟

穆沙拉克：你天天早上都听吗？

رعد: نعم، وهذه هي عادتي منذ دراستي في المدرسة الاعدادية.

拉阿德：是的，我从初中就养成了这个习惯。

مشرق : حسنا. ولكنني أستمع الى الاذاعة قليلا. وذلك بأن الراديو أصبح أقل استماعا اليه بسبب وجود التلفاز.

穆沙拉克：真不错。我很少听广播。这是因为电视出现以后听广播就少了。

رعد: على عكس ما تقول فأنا أجد أن عدد مستمعي الاذاعة يزداد أكثر فأكثر لأن برامجها جميلة جدا.

拉阿德：正好相反，广播电台的听众越来越多了，节目也越做越好了。

مشرق : أظن أن التلفاز أفضل من الاذاعة لأن التلفاز يجمع بين الصوت والصورة.

穆沙拉克：我认为电视比广播更好，我们可以直接看到图像，听到声音，声情并茂。

رعد: لا بد أن التلفاز أفضل من الاذاعة في بعض المجالات. ولكن للاذاعة ميزات تنافس التلفاز.

拉阿德：的确，电视有很多优点，但广播也有很多电视不具有的优点。

مشرق : ما هي؟

穆沙拉克：是什么呢？

رعد: مثلا، فإن للاذاعة اقبالا شديدا لدى السائقين، وهي لا تشعرهم بالتعب والملل عند السياقة.

拉阿德：比如广播很受司机朋友的欢迎，他们可以一边开车一边听广播，不会觉得无聊。

مشرق : فعلا، هناك اذاعة المواصلات المتخصصة للسائقين، وتقدم لهم أحوال المرور في الطرق. وهذه الاذاعة مرغوب فيها لدى السائقين.

穆沙拉克：的确，现在还有专门为司机朋友们开办的交通台呢，可以随时为司机朋友们提供路况信息，很受他们的喜爱。

رعد: صحيح، كما هناك اذاعات موسيقية تقدم كثيرا من البرامج الموسيقية الرائعة لهواة الموسيقي.

拉阿德：是的，还有很多音乐台，为音乐爱好者们提供了很好的音乐节目。

مشرق : على فكرة، هل تعرف أن اذاعة الصين الدولية تذيع أخبارا عربية كل ليلة؟

穆沙拉克：对了，你知道每天晚上国际广播电台还有阿语新闻吗？

رعد: أعرف ذلك، وأستمع اليها كل ليلة.

拉阿德：知道啊，我天天晚上都听的。

مشرق : ما هي ذبذبة الاذاعة؟ هل صوتها واضح؟

穆沙拉克：在什么频率？声音清楚吗？

رعد: الذبذبة هي AM105.7، وصوتها واضح جدا.

拉阿德：AM105.7，声音很清楚。

مشرق: جيد جدا. سأستمع اليها بدءا من هذه الليلة، ولكن...

穆沙拉克：太好了，我也要从今天晚上开始听。不过……

رعد: لكن ماذا؟

拉阿德：不过什么？

مشرق : أنا في حاجة الى أن أشتري المذياع أولا.

穆沙拉克：我需要先买一台收音机。

أديب: هل قرأت الصحف اليوم؟

艾迪卜：你读今天的报纸了吗？

أسامة: لا، لن أقرأ الصحف أبدا.

乌赛迈：没有，我从来不看报纸。

أديب: اذا كيف تعرف الأشياء التي حدثت في العالم؟

艾迪卜：那你怎么知道世界上发生的事情呢？

أسامة: ما زلت أقرأ على الانترنت. لماذا لا تقرأ الأخبار علي الانترنت؟

乌赛迈：我上网啊，你为什么不上网看新闻呢？

أديب: أنا أحب قراءة الصحف وهذا هو الطريق التقليدي.

艾迪卜：我还是喜欢看报纸这种传统的方式。

أسامة: ولكنه يكلفك من الوقت والمال، فمن اللازم أن تشتري الصحف كل يوم.

乌赛迈：但是那既费时又费钱，你每天都得买报纸。

أديب: لا حاجة الى ذلك، فأشترك فيها، إنّ بائع الصحف يضعها كل صباح في الصندوق الذي يقرب من باب بيتي، فيمكنني أن أقرأها في سيارة التناوب.

艾迪卜：我订的，送报的每天早上送到门口信箱里，这样我就能在班车上看了。

أسامة: ان قراءة الصحف في السيارة يضر العين.

乌赛迈：坐车看报纸对眼睛可不好。

أديب: أعرف ذلك، ولكن يستغرق الذهاب من البيت الى مقر العمل حوالى ساعة، فالوقت سيضيع اذا لم أعمل شيئا يفيدني.

艾迪卜：我知道，可是我每天从家到单位要一个多小时，如果不干点什么的话太浪费时间了。

أسامة: أنت رجل تعرف توفير الوقت. وفي أي صحيفة تشترك؟

乌赛迈：你真能节省时间。你平常都订阅什么报？

أديب: صحيفة((ساعة العالم)). وهي الصحيفة الأحب اليّ.

艾迪卜：环球时报，这是我最喜欢的报纸。

أسامة: لماذا تحبها أكثر؟

乌赛迈：你为什么最喜欢它呢？

أديب: لأنها تنشر أحداث الساعة التي حدثت في العالم، وتعليقها رائع أيضا.

艾迪卜：因为它报道的都是世界上发生的焦点大事，而且评论也写得很好。

أسامة: هي تنشر في يوم الأحد والاثنين والأربعاء والجمعة، أليس كذلك؟

乌赛迈：它是不是每周一、三、五和周日出版？

أديب: لا، ذلك كان في الماضي. والآن هي تصدر كل يوم.

艾迪卜：那是以前了，现在它每天都发行。

أسامة: بعد شراء الكومبيوتر فأنا في غنى عن شراء الصحف.

乌赛迈：我买电脑后就再没买过报纸。

أديب: هل قراءة الأخبار على الانترنت سهلة للغاية؟ أنا أقول الحق انني لا أجيد استخدام الكومبيوتر.

艾迪卜：上网看新闻方便吗？说实话我不是很懂电脑。

أسامة: انه سهل جدا، ويمكنك أن تقرأها في أي وقت. فإن الانترنت أصبح أسرع طريقة لنشر الأخبار. ويجب عليك أن تجيده.

乌赛迈：方便，你什么时候想看就能什么时候看，网络已经成为信息最快的传播途径了。你应该学会使用电脑。

أديب: نعم، يقول الناس في الوقت الراهن ان من لا يعرف استخدام الكمبيوتر فإنه كالأمي، فهل يمكنك أن تعلمني كيفية استخدامه؟

艾迪卜：是啊，人们都说，现在谁不会电脑就相当于文盲了，你能教我吗؟

أسامة: بكل سرور.

乌赛迈：非常乐意。

ابراهيم: هل انتهيت من قراءة الصحف؟ هل ممكن أن أستعيرها منك؟

易卜拉欣：你看完报纸了吗？能借我看看吗？

عدنان: قد قرأت هذه الصفحات من الصحف، فتفضل بقراءتها.

阿德南：这几张我看完了，你先看这些吧。

ابراهيم: هل منها الصفحة الأولى؟ من عادتي أن أقرأ أهم الأخبار في الصفحة الأولى.

易卜拉欣：这里面有第一版吗？我习惯先看头版头条重要消息。

عدنان: أنا كذلك، ها هي الصفحة الأولى.

阿德南：我也是这个习惯，这就是第一版。

ابراهيم: دعني أبحث عن ماذا حدث في العالم.

易卜拉欣：让我看看世界上又发生什么事了。

عدنان: اليك الباقي انتهيت من قراءتها جميعا.

阿德南：给你剩下的，我都看完了。

ابراهيم: بمثل هذه السرعة؟

易卜拉欣：这么快啊？

عدنان: قرأت العناوين أولا، ثم قرأت ما يعجبني فقط.

阿德南：我先看题目，然后看感兴趣的。

ابراهيم: ماذا يعجبك فيها اليوم؟

易卜拉欣：今天什么事让你感兴趣了？

عدنان: أنتبه الى كارثة الثلوج في جنوبي الصين في هذه الأيام.

阿德南：最近我都比较关心我国南方的雪灾。

ابراهيم: نعم، الجو في هذه السنة متقلب، ليس في الصين فحسب، بل في كل العالم، حتى في العراق نزلت الثلوج.

易卜拉欣：是啊，今年的气候很不正常，不但在中国，全世界都是，连伊拉克都下雪了。

عدنان: قال الخبراء ان تقلبات الجو ترجع الى ارتفاع درجة الحرارة في العالم.

阿德南：专家说这是因为全球变暖而造成的气候反常。

ابراهيم: نعم، أنشطة الانسان تلوث البيئة كثيرا، ألا تقرأ الأخبار الفنية؟

易卜拉欣：是啊，人类对环境的破坏太严重了。你看文艺消息吗？

عدنان: بلى، هي لا تعجبني وأنت؟ ما هي الأخبار التي تقرأها دائما؟

阿德南：不看，我对那些不感兴趣。你呢，你都看哪些消息？

ابراهيم: أرغب في قراءة الأخبار الرياضية والفنية وهناك بعض الأخبار حول النجوم الكبار الذين أحبهم.

易卜拉欣：娱乐和体育消息我都看，上面有我喜欢的明星们的新闻。

补充词汇：　　　　الكلمات الاضافية:

صحيفة الشعب اليومية	人民日报	اذاعة	广播
تشاينا ديلى	中国日报	محطة الاذاعة	广播电台
الأهرام	金字塔报	راديو جـ راديوهات (مذياع)	收音机
جريدة الشرق الأوسط	中东报	جهاز التسجيل \ مسجل	录音机
وكالة أنباء شينخوا	新华社	مذيع	播音员
وكالة الأنباء الفرنسية	法新社	معلق	评论员
وكالة الأسوشيتد بريس	美联社	معرّف	解说员
وكالة رويتر	路透社	تضمين التردد	调频
وكالة تاس	塔斯社	ميكاسايكل في الثانية	兆赫
وكالة أنباء الشرق الأوسط	中东社	اذاعة الصين الدولية	中国国际广播电台
وكالة الأنباء العربية	阿拉伯通讯社	جريدة \ صحيفة	报纸
الخبر الأول في الصفحة الأولى	头版头条新闻	وكالة الأنباء	新闻社
أخبار الساعة \ أخبار ساخنة	热点新闻	جريدة نهارية \ جريدة يومية	日报
أخبار اجتماعية	社会新闻	جريدة صباحية	晨报
اخبار عالمية	国际新闻	جريدة مسائية	晚报
اخبار محلية	国内新闻	صحيفة ساعة العالم (صحيفة تايمز العالم)	环球时报
كمية الاصدار	发行量		
اعلان جـ اعلانات	广告	صحيفة أخبار المراجع	参考消息

今日中国 الصين اليوم 连载小说 تسلسل القصص الروائية

九、阿拉伯世界和阿拉伯语 9-العالم العربي واللغة العربية

رشيد: ماذا تدرس؟

拉希德：你是学什么的？

منصور: أدرس اللغة العربية.

曼苏尔：阿拉伯语。

رشيد: اللغة العربية؟ ماذا تريد أن تفعل بعد التخرج؟ تريد أن تكون صحفيا في ميدان الحرب؟ ان الوضع في الشرق الأوسط ليس مستقرا.

拉希德：阿拉伯语？你想毕业之后做什么啊？难道是当战地记者吗？中东的局势可一直都不稳定啊。

منصور: يبدو أنك لا تعرف الدول العربية ولغتها الا قليلا. في العالم العربي اثنتان وعشرون دولة عربية واللغة العربية لغة رسمية لها، و معظم الدول العربية تقع في غربي آسيا وشمالي افريقيا وان كثيرا من هذه الدول فيها ثروة البترول والغاز الطبيعي المتوفر.

曼苏尔：看来你对阿拉伯国家和阿拉伯语了解很少啊。世界上有 22 个阿拉伯国家，阿拉伯语是这些国家的官方语言。这些国家大部分位于西亚和北非，其中很多国家拥有丰富的石油和天然气资源。

رشيد: هل ممكن أن تذكر لي أسماء الدول العربية؟

拉希德：你能给我说说这些阿拉伯国家的名字吗？

منصور: طبعا ممكن. هي السعودية والامارات العربية المتحدة ودولة الكويت والبحرين وقطر واليمن وعمان والعراق وسوريا وفلسطين والأردن ولبنان في آسيا.

曼苏尔：当然可以。在亚洲的有沙特、阿联酋、科威特、卡塔尔、巴林、也门、阿曼、伊拉克、叙利亚、巴勒斯坦、约旦和黎巴嫩。

رشيد: يا سلام، معظمها من أغنى الدول في العالم.

拉希德：天啊，好多都是世界上最富有的国家呢。

منصور: مصر وليبيا والجزائر والمغرب وتونس وموريتانيا والسودان وجيبوتي وجزر قمر والصومال في افريقيا.

曼苏尔：在非洲有埃及、利比亚、阿尔及利亚、摩洛哥、突尼斯、毛里塔尼亚、苏丹、吉布提、科摩罗和索马里。

رشيد: ان مصر هي من الدول العربية، هي دولة جميلة ذات تاريخ عريق مشرق، وأريد أن أزورها يوما ما.

拉希德：埃及是阿拉伯国家，她是个美丽的、有着悠久光辉的历史的国家，总有一天我要

日常生活 الفصل الأول الحياة اليومية

访问它。

منصور: سأسافر اليها للدراسة في السنة القادمة.

曼苏尔：我明年就去那儿学习了。

رشيد: انها فرصة جميلة، ولكن هل تدرس في مصر على قيد المنحة الدراسية أو على حسابك الخاص؟

拉希德：真是好机会！是拿奖学金还是自费？

منصور: على قيد المنحة الدراسية. ان بلادنا تهتم باعداد الرجال الأكفاء الذين يتقنون اللغة العربية، لأن اللغة العربية هي لغة مهمة جدا.

曼苏尔：拿奖学金。我国很重视对阿语人才的培养，因为阿语是一门很重要的语言。

رشيد: كيف يكون ذلك؟

拉希德：何以见得？

منصور: اللغة العربية هي احدى لغات العمل الست للأمم المتحدة وهي لغة رسمية للدول العربية وهي لغة القرآن الكريم.

曼苏尔：阿拉伯语是联合国 6 种工作语言之一，是阿拉伯国家官方语言，是古兰经用语。

رشيد: كم عدد البشر الذين يتكلمون بها؟

拉希德：世界上大约有多少人会讲阿拉伯语？

منصور: أكثر من مليار، ثلاثمائة مليون من الدول العربية والعدد الباقي من الدول الاسلامية الأخرى.

曼苏尔：10 亿多。阿拉伯国家有 3 亿，其他讲阿拉伯语的人分布在其它伊斯兰国家。

رشيد: العدد كبير! قد ظننت أنها لغة غير متداولة.

拉希德：人数不少。我原来还以为阿语是小语种呢。

منصور: مع تطور العلاقة بين الصين والدول العربية، ازداد التعاون بينهما بسرعة، فتحتاج بلادنا الى كثير من الأكفاء الذين يجيدون اللغة العربية.

曼苏尔：随着中国和阿拉伯国家的快速发展，中阿之间的合作也不断增长，我国需要很多阿语人才。

رشيد: يبدو أن مستقبلكم مشرق، هل ممكن أن تدرسني اللغة العربية؟ هل هي صعبة؟

拉希德：看来你们前景不错嘛。那你也教教我吧。阿语难学吗？

منصور: صعبة بالنسبة الي، قيل انها من أصعب اللغات في العالم.

曼苏尔：我觉得难。有人说他是世界上最难的语言之一。

رشيد: هل كلماتها متكونة من الحروف الهجائية؟

拉希德：阿拉伯语是拼音文字吗？

منصور: نعم، وللغة العربية ثمان وعشرون حرفا.

曼苏尔：是的，阿拉伯语共有 28 个字母。

رشيد: أكثر من الانجليزية بحرفين فقط.

拉希德：比英语多两个字母。

منصور: ولكن ،لكل حرف اثنا عشر صوتا، وكتابتها مختلفة في بداية أو في وسط أو في نهاية الكلمة.

曼苏尔：但是每个字母有12种读音，在词首、词中和词尾的写法还不一样。

رشيد: هل هذا كتابك، مكتوب فيه باللغة العربية؟ هل يمكنني أن أراه؟

拉希德：这是你的阿语书吗？我可以看看吗？

منصور: بكل سرور، اليك الكتاب.

曼苏尔：好，给你。

(يأخذ الكتاب زميله)

（拉希德拿着书。）

منصور: يا أخي، الكتاب مقلوب، لأن كتابة اللغة العربية من اليمين الى اليسار، فقراءتها من اليمين الى اليسار أيضا.

曼苏尔：老兄，书拿倒了。阿语是从右往左写的语言，书也是从右往左看。

رشيد: والله، يبدو أن هذه الحروف متشابهة.

拉希德：天啊，看起来每个字母都很相似。

منصور: نعم، عندما درستها في البداية، كنت لا أستطيع أن أميز حرفا عن حرف.

曼苏尔：是的，我们刚学的时候也分不清。

رشيد: ولكنها جميلة.

拉希德：但是它很美。

منصور: نعم، وهناك لغتان لهما فن الخط في العالم فقط، هما اللغة العربية واللغة الصينية.

曼苏尔：是的，世界上只有两种语言有书法艺术，就是阿拉伯语和汉语。

رشيد: وأنت تتقن هاتين اللغتين، فانك رجل عظيم.

拉希德：这两种你都会了，真厉害。

منصور: لا تقل هكذا، نحن جميعنا شباب نأمل في بناء وطننا.

曼苏尔：别这么说，我们都是建设祖国的青年人。

十、新生军训   10 – التدريبات العسكرية للطلبة الجدد

محمود: يا خالد، أنا منفعل جدا، لأننا سنقوم بالتدريبات العسكرية غدا.

马哈茂德：哈立德，明天我们就要军训了，我真激动。

خالد: وأنا كذلك، ولقد ولدت من أسرة عسكرية ، أود أن أكون جنديا منذ ان كنت صغيرا، ولكنني كنت غير مقبول عند اجراء الفحص الطبي للتجنيد.

哈立德：我也是，我出生在一个军人家庭，我从小就想当一名军人，但我在征兵体检时没有通过。

محمود: هل أبوك وأمك عسكريان؟

马哈茂德：你爸爸妈妈都是军人吗？

خالد: نعم، هما عسكريان. أبى ضابط ، وأمي جندية فنية

哈立德：是的，他们都是军人。我爸爸是一名军官，我妈妈是一名文艺兵。

محمود: سنتمتع بالحياة العسكرية.

马哈茂德：我们就要亲身体验军队的生活了。

خالد: نعم، أنا أتطلع اليها منذ الشهر الماضي. هل تعرف خطة التدريبات العسكرية؟

哈立德：是啊，我一个月前就开始期待了，你知道军训的计划吗？

محمود: نعم، قد سألت مرشدنا السياسي عنها. فقال انها تبدأ اعتبارا من يوم غد وتنتهي من اليوم الثالث عشر.

马哈茂德：知道，我问咱们导员了，军训从明天开始，13 号结束。

خالد: يعني أنه تستغرق التدريبات عشرة أيام.

哈立德：就是说我们的军训共十天时间。

محمود: نعم، وهذه ليست طويلة، سمعت أن التدريبات للطلبة الجدد في جامعة بكين تستغرق شهرا.

马哈茂德：是的，时间不长。我听说北京大学新生要军训一个月呢。

خالد: في أي مكان سنتدرب؟

哈立德：我们在哪军训啊？

محمود: في قاعدة التدريبات العسكرية الوطنية ببكين للطلبة الجامعيين ببكين.

马哈茂德：在北京国家大学生军训基地。

خالد: وأين تكون القاعدة؟ كنت أظن أننا سنقوم بالتدريبات في الجامعة.

哈立德：军训基地在哪？我还以为是在大学里呢。

محمود: تقع في ضاحية بكين ، تأسست عام 1995 والمعلمون فيها ضباط ممتازون.

马哈茂德：军训基地在北京郊区，建成于 1995 年，教官都是优秀的军官。

خالد: كيف نرتب البرامج في هذه الأيام؟

哈立德：这几天怎么安排的啊？

محمود: نتدرب على تشكيلة الصفوف والسير في الأيام الخمسة الأولى، وبعد ذلك نتعلم مجموعة من الملاكمة الصينية التقليدية، وفي اليوم الأخير يكون الاستعراض.

马哈茂德：前五天进行队列训练，然后学一套拳法，最后一天是汇报表演。

خالد: هل نقوم بتدريب عملية اطلاق الرصاصات بالبندقية؟

哈立德：我们进行步枪实弹射击训练吗？

محمود: الوقت قصير، ليس من الممكن أن نتدرب علي ذلك.

马哈茂德：时间太短了，安排不了。

خالد: مع شديد الأسف.

哈立德：真扫兴。

محمود: نعم، ولكن ليس سهلا أن نتقن تشكيلة الصفوف والسير ومجموعة من الملاكمة الصينية التقليدية في عشر أيام.

马哈茂德：是啊，不过我们在十天内能把队列和拳练好就不简单了。

خالد: هل نلبس الملابس العسكرية؟

哈立德：我们穿军装吗？

محمود: نعم، وسوف توزعها لنا الجامعة.

马哈茂德：是的，学校会统一发给我们。

الضابط: السلام عليكم أيها الطلبة، أنا مدرب لكم ، اسمي وو كه.

教官：同学们好！我叫吴可，是你们的教官。

الطلبة: وعليكم السلام، يا مدرب وو.

学生们：教官好！

الضابط: أولا، أريد أن أسألكم سؤالا، لماذا نقوم بالتدريبات العسكرية؟

教官：我想先问你们一个问题，我们为什么要军训啊？

خالد: لتقوية الجسم.

哈立德：锻炼身体。

الضابط: وبالاضافة الى ذلك؟

教官：还有呢？

وليد: لصقل العزيمة.

瓦利德：磨练意志。

فاروق: لتعزيز وعي الالتزام بالانضباط والأنظمة.

法鲁格：增强纪律性。

الضابط: أنتم على حق. لو تستطيعون أن تتحملوا التدريبات العسكرية المكثفة الشاقة، يمكنكم أن تتغلبوا على كل الصعوبات في الحياة اليومية. هل فهمتم؟

教官：你们说得都对。如果你们能承受住强化的艰苦的军事训练，你们以后就能战胜生活中的各种困难，明白吗？

الطلبة: فهمنا.

学生们：明白。

الضابط: ولذلك أنتم جئتم الى هنا للتدريبات الشاقة وليس للعب، فهل لكم عزيمة وارادة لخوض هذه التدريبات والحصول على النتائج المرجوة؟

教官：你们来是为了进行艰苦训练的，不是来玩的。你们有决心有毅力练好，取得好成绩吗？

الطلبة: نعم!

学生们：有！

الضابط: حسنا، فلنبدأ التدريبات الآن.

教官：好，下面我们开始训练。

اسمعوا الايعاز!　听口令！

اصطفوا! (تجمعوا!)　集合！

انتبهوا!　立正！

استريحوا!　稍息！

الى اليمين انظروا!　向右看齐！

الى الأمام انظروا!　向前看！

الى اليمين دوروا!　向右转！

الى الأمام سيروا!　齐步走！

خالد: الوقت كالسيف ان لم تقطعه قطعك! ستنتهي التدريبات العسكرية.

哈立德：时间过得真快，军训就要结束了。

محمود: نعم، ان الفراق صعب حتى أنني لا أريد مغادرة قاعدة التدريبات.

马哈茂德：是啊，真是离别时难，我都不想离开训练基地了。

خالد: وأنا كذلك، قد تكونت الصداقة والمودة بيننا وبين الضباط المدربين وخاصة المدرب وو.

哈立德：我也是。我们和教官之间形成了友谊，特别是吴教官。

محمود: نعم، رغم أنه شديد علينا في التدريبات، ولكنه كان يعتني بنا جميعا.

马哈茂德：是啊，尽管他训练时对我们挺严格的，但他平时很关心我们。

خالد: لقد التوت قدمي في أثناء التدريبات، فحملني الضابط وأسرع بي الى المستشفى.

哈立德：在训练中我脚扭伤了，是他背起我迅速赶往医院。

محمود: أي انطباع أعمق ترك في ذهنك في هذه الأيام؟

马哈茂德：这几天给你留下比较深的印象是什么？

خالد: هو السير السريع في الليل، فكنت أنام جيدا وفجأة سمعت أمر التجمع الطارئ، فقمت من السرير ولبست ملابسي العسكرية بسرعة ورتبت حقيبتي وقد كنت مضطربا.

哈立德：是紧急行军那天晚上。我睡得正香，突然听到集合号声，就赶紧起床，穿衣服，打背包，我处在慌乱中。

محمود: كنت كذلك، فسرنا حوالي خمسة كيلومترات بسرعة في تلك الليلة مع الحقيبة الثقيلة، فتعبت كثيرا.

马哈茂德：我也是，那天晚上我们背着那么沉的背包急行军约五公里，累死我了。

خالد: وما هو أعمق انطباع ترك في ذهنك؟

哈立德：什么给你留下的印象最深？

محمود: مجموعة من الملاكمة الصينية التقليدية التي قام بعرضها الضباط رائعة جدا.

马哈茂德：教官们给我们表演的那套拳真好！

خالد: نعم، نحن أقل منهم مهارة في الأداء.

哈立德：是啊，我们跟他们比差多了。

محمود: اننا حصلنا علي كثير من الانجازات في هذه التدريبات، فكنا يساعد بعضنا بعضا ونتغلب على المصاعب معا، مما أدى الى تعزيز صداقتنا.

马哈茂德：我们在这次军训中收获很大，我们互相帮助，一起克服困难，增进了我们彼此间的友谊。

خالد: نعم، تعبنا في هذه الأيام وأصبحنا كالسود تحت الشمس القاسية، ولكن ذلك مستحق.

哈立德：是啊，虽然我们很累，都晒黑了，但是这很值得。

补充词汇: / الكلمات الاضافية:

班	جماعة \ زمرة	中校	مقدم
排	فصيلة	上校	عقيد
连	سرية	准将	عميد
营	كتيبة	少将	لواء
团	فوج	中将	فريق
旅	لواء	元帅	مشير
师	فرقة	陆军	القوات البرية
军	فيلق \ جيش	空军	القوات الجوية
士兵	جندي	海军	القوات البحرية
下士	عريف	班长	رئيس جماعة
中士	رقيب	排长	رئيس فصيلة
上士	رقيب أول	连长	قائد سرية
准尉	مساعد	营长	قائد كتيبة
少尉	ملازم ثاني	团长	قائد فوج
中尉	ملازم أول	师长	قائد فرقة
上尉	نقيب	军长	قائد جيش
少校	رائد		

11- التخرج من الجامعة وطلب الوظيفة 十一、大学毕业、求职

منير: هل وضعت رسالة المتخرج من الجامعة لشهادة الليسانس؟

穆尼尔：你学士毕业论文撰写完了吗？

نور: لم أختر الموضوع الآن.

努尔：我还没选好题目呢。

منير: يجب عليك أن تعجل فيه. من اللازم أن نسلم مسودة الرسالة الى الأستاذ المرشد في الأسبوع القادم.

穆尼尔：你应该抓紧了，下周我们就必须把初稿交给指导教师了。

نور: ما خبرتك في كتابة الرسالة؟

努尔：你写论文有何经验？

منير: ليس عندي خبرة، ولكنني أعرف كيف أكتب.

穆尼尔：我没有什么经验，但我知道怎么写。

نور: كيف نكتب؟

努尔：我们怎么写？

منير: أولا، تحدد الموضوع ثم تضع خطوط الرسالة. ثانيا: تجمع المصادر والمراجع.

穆尼尔：首先，定论文题目，然后列论文提纲；第二，收集资料。

نور: كم قسما يحتوي مضمون الرسالة؟

努尔：论文内容分几部分？

منير: تحتوي الرسالة على المقدمة وفصول النصّ (الجذع) والخاتمة ثم تذكر الملاحظات والمراجع، وأخيرا تتقدم بالتقدير والشكر للأستاذ المرشد.

穆尼尔：论文包括前言、正文各章节、结尾。然后列出注释和参考书目，最后向导师致谢。

نور: شكرا لك.

努尔：谢谢你！

منير: لا شكر على واجب. قد حددت الموضوع، ولكن أعتقد أنه صعب، أود أن أغيره.

穆尼尔：不用谢。我定了一个题目，但是觉得太难了，想改。

نور: ما هو الموضوع؟

努尔：什么题目？

منير: المقارنة بين العبارات الرئيسية الصينية والعربية.

穆尼尔：中阿文基本句型对比。

نور: هذا الموضوع مفيد، يستحق البحث.

努尔：这个题目不错，值得研究。

منير: ولكن ليس عندي المعلومات الكافية عنه.

穆尼尔：但是我找的资料不够充分。

نور: ليست هناك معلومات جاهزة، درسنا المجلدات الأربعة للكتاب المدرسي "الجديد في اللغة العربية" وتلحق العبارات الأساسية في كل درس، وتجمعها وتقوم بمقارنتها مع العبارات الأساسية باللغة الصينية.

努尔：没有现成的资料，我们学了"新编阿拉伯语"共四册，每课都列出了很多句型，你把它收集起来，与汉语句型进行对照研究。

منير: فكرة رائعة!

穆尼尔：好主意啊！

أحمد: لماذا لم تحضر الحفلة احتفالا بالتخرج من الجامعة؟

艾哈迈德：你怎么没去参加毕业典礼？

ذكي: مع الأسف، ذهبت الى الورشة لطباعة رسالتي.

扎基：很遗憾，我去印论文了。

أحمد: حقا، شيء مؤسف.

艾哈迈德：真的有点遗憾。

ذكي: ماذا جرى في الحفلة؟

扎基：毕业典礼上都进行什么了？

أحمد: أولا، ألقى رئيس الجامعة كلمته وكان من كلامه أن يبارك لنا لحصولنا على شهادة الليسانس، ورجا منا أن نجد الوظائف المناسبة، وبعد ذلك، عرض لنا فيلم قصير حول حياتنا الجامعية.

艾哈迈德：首先是校长致词，他向我们取得学士文凭表示祝贺，祝愿我们都找到合适的工作；接着放了一段记录我们在校生活的短片。

ذكي: أعتقد أن الفيلم قد جذبكم وأثر في نفوسكم.

扎基：电影短片一定很感人吧。

أحمد: نعم، ودليل ذلك أن معظم الطلبة قد بكوا.

艾哈迈德：是啊，很多同学都哭了。

ذكي: فلو حضرت أنا للحفلة لبكيت بكاء شديدا.

扎基：如果我去了一定哭得很凶。

أحمد: يجتمع زملاء فصلنا مساء اليوم في المطعم لتناول العشاء سويا، سيحضر كل الأساتذة والزملاء، سنأخذ الصور التذكارية، لأن ذلك هو آخر لقاء بيننا وعليك أن تحضر.

艾哈迈德：我们班今天晚上聚餐，所有老师和同学都参加，我们还要合影留念，以后再没有这样的机会了，你一定要参加啊。

ذكي: طبعا، سأحضر.

扎基：当然，我一定去。

حافظ: أنت تقف أمام المرآة وقتا طويلا، هل عندك موعد؟

哈菲兹：你站在镜子前面很久了，你有约会吗？

رشيد: لا تضحك علي، فعندي مقابلة شخصية بعد قليل، وأنا قلق منه.

拉希德：别开玩笑了，我等会儿要去面试，我很担心啊。

حافظ: الاختيار أمام مسئول وحدة قبول المتخرج أهم شيء بالنسبة اليك. فيجب عليك أن تلبس الملابس الرسمية.

哈菲兹：用人单位面试对你来说很重要，你应该穿正式一点。

رشيد: ولكن ليست لي بدلة جيدة.

拉希德：但是我没有好的正装啊。

حافظ: البس بدلتي هذه، لأن قامتك مثل قامتي.

哈菲兹：穿我的吧，咱俩身材差不多。

رشيد: بأي شيء آخر علي أن أهتم؟ وأنت لديك خبرات كثيرة وأرجو أن تزودني بمعلوماتك.

拉希德：我还应该注意点什么？你有经验，跟我讲讲。

حافظ: أولا، عليك أن تعرف المعلومات حول الوحدة التى تريد أن تعمل فيها عن طريق الانترنت.

哈菲兹：首先，你应该上网查查你应聘单位的信息。

رشيد: قد قرأت وعرفت، ثم ثانيا؟

拉希德：我已经查了，并了解了。那第二点呢？

حافظ: يمكنك أن تفكر ماذا سيسألك مسؤول الوحدة، وعليك أن تفكر جيدا قبل الاجابة.

哈菲兹：第二，你想想面试官都会问你什么问题，先思考一下怎么回答。

رشيد: لو يسألني حول السؤال الذي لا أعرف جوابه، فماذا أفعل حين ذاك؟

拉希德：如果他问的问题我不会回答，那我怎么办呢？

حافظ: عليك أن تجيب بصدق، فالصدق مهم، وكل الدوائر تحب من يكون مخلصا وصادقا في العمل.

哈菲兹：诚实地回答，诚实是很重要的，所有的单位都喜欢在工作中忠于职守、诚实的人。

رشيد: نعم، أنا أوافقك.

拉希德：是的，我同意你的说法。

حافظ: وهناك نقطة مهمة أيضا، عليك أن تثق بنفسك. وتثق بأنك ستنجح في اختبار القبول.

哈菲兹：还有一点很重要，你应该有自信心，相信自己在应聘中能胜出。

رشيد: كلامك صحيح.

拉希德：你说得太对了。

补充词汇： الكلمات الاضافية:

毕业生论文	رسالة (أطروحة) المتخرج	找工作	ايجاد فرصة العمل
求职	طلب الوظيفة	笔试	الامتحان التحريري
应聘	الاشتراك في القبول (الاستقدام)	面试	المقابلة الشخصية (اختبار الوجه بالوجه)
简历	سيرة (نبذة) ذاتية	口试	الامتحان الشفوي

第二章　送往迎来

الفصل الثاني　الاستقبال والتوديع

一、发邀请函　　1- إرسال الدعوة

1) الدعوة إلى حضور حفلة الزفاف (الزواج أو القران)

1. 邀请参加婚礼

(سيقوم عليّ وخطيبته بحفلة الزفاف في نهاية هذا الأسبوع، ويريد علي أن يدعو زميله القديم أحمد إلى حضور حفلة الزفاف.)

（阿里和未婚妻定于本周末结婚，他打算邀请自己的老同学艾哈迈德来参加自己的婚礼。）

علي: آلو، هل أحمد موجود؟

阿里：喂，请问艾哈迈德在吗？

أحمد: أنا هو، من يتكلّم معي؟

艾哈迈德：我就是啊，你是哪位？

علي: خمّن!

阿里：你猜猜看。

أحمد: أعرف هذا الصوت ولكن لا أستطيع أن أتذكّر في هذه اللحظة.

艾哈迈德：听声音很熟悉，就是一时想不起来了。

علي: أنا زميلك القديم علي!

阿里：我是你的老同学阿里！

أحمد: والله أنت! من زمان ما اتّصلت بك! كيف حالك؟

艾哈迈德：天哪，真的是你啊！好久没有联系了，你过得好吗？

علي: كلّ شيء على ما يرام! أريد أن أدعوك الى حضور حفلة زفافي.

阿里：一切都很好！我想要邀请你参加我的婚礼。

أحمد: ستتزوّج؟ جميل جدا! مبروك! مبروك!

艾哈迈德：你要结婚啦？太好了！祝贺祝贺！

علي: شكرا! ستقام الحفلة في الساعة العاشرة من صباح يوم السبت في فندق الصداقة. أتمنّى أن تأتي لكي تتمّ الفرحة بوجودك!

阿里：谢谢！我的婚礼定在本周六上午 10：00 在友谊宾馆举行。我希望你能来，你来我会很开心！

أحمد: حسنا، سأحضر ان شاء الله!

艾哈迈德：好的，我一定参加！

2) دعوة الأجانب الى زيارة الصين

2. 请外国人来华

(ترغب شركة التصدير في التعاون مع احدى الشركات الأجنبيّة، فيريد مدير الشركة السيد وانغ أن يدعو مدير المشروع السيد علي لهذه الشركة الأجنبيّة الى زيارة الصين للتشاور عن بعض تفاصيل العمل.)

（出口公司与外国一家公司有合作意向，公司经理王先生欲邀请外国这家公司的项目经理阿里先生来华洽谈业务。）

وانغ: السّلام عليكم يا سيد علي! أنا مدير شركة التصدير السيد وانغ.

王：阿里先生，您好！我是出口公司经理王先生。

علي: وعليكم السلام يا سيد وانغ! هل اطّلعت على برنامج التعاون الذي أرسلته لك عن طريق الفاكس؟

阿里：您好，王先生！您看了我给您传真过去的合作计划书了吗？

وانغ: نعم، ويعجبني هذا البرنامج كثيرا، ولكن عندي بعض الأسئلة عن بعض التفاصيل.

王：我看了，对这份计划书我非常满意，但一些具体的细节问题我还有疑问。

علي: يسرّني أن تتّصل بي تلفونيّا. وأرغب في زيارة شركتكم للمناقشة حول هذه الأسئلة وجها لوجه اذا كان ذلك ممكنا.

阿里：很高兴您能给我打电话。如果可以的话，我愿意去贵公司当面商讨这些问题。

وانغ: بكل سرور! ونتشرّف بزيارتكم! ونتمنّى أن تزورنا في أسرع وقت ممكن!

王：真是太好了！您的来访将使我们感到非常荣幸！我们希望您可以尽快来华！

علي: عفوا، دقيقة، لأرى جدول عملي، يمكنني أن أسافر اليكم في يوم الثلاثاء القادم ان شاء الله.

阿里：不好意思，等一下，我看一下我的工作日程，下周二我可以过去。

وانغ: طيب، سأرسل لك الدعوة بالفاكس!

王：太好了！那我一会就把邀请函给您传真过去。

علي: شكرا لك.

阿里：谢谢。

وانغ: تفضّل بافادتي رقم رحلة الطائرة التي ستسافر على متنها وموعد وصولها بعد تأكيد حجز التذكرة، وسأرسل مساعدي السيد دينغ لاستقبالك في المطار.

王：您确认机票后请告诉我您所乘坐的航班号以及到达时间，我将会派我的助理丁先生去机场接您。

علي: أوكي، شكرا.

阿里：好的，谢谢！

3) الدعوة الى حضور حفلة الاحتفال بالعيد الوطنيّ

3. 招待会邀请函请柬

تتشرف سفارة جمهورية مصر العربية لدى جمهورية الصين الشعبية بدعوة السيد علي وقرينته الى حضور حفلة الاحتفال بالعيد الوطني لجمهورية مصر العربية التي ستقام في فندق سور الصين العظيم في تمام الساعة الثامنة من مساء يوم الأربعاء الموافق x / x x / x x 20.

阿拉伯埃及共和国驻中华人民共和国使馆荣幸地邀请阿里先生及夫人参加于二零ｘｘ年ｘ月ｘ日星期三晚八时整在长城饭店举行的阿拉伯埃及共和国国庆招待会。

二、在机场   2- في المطار

1) عمل إجراءات الدخول

1. 办理入境手续

(سيصل السيد عليّ الى مطار بكين الدوليّ.)

（阿里先生即将到达北京国际机场。）

(المذياع: سيداتي وسادتي، ستهبط طائرتنا بعد قليل في مطار بكين الدوليّ، والآن ستوزّع المضيفة عليكم بطاقات الدخول أو الترانزيت وشكرا.)

（广播：女士们、先生们，飞机马上就要在北京国际机场降落了。现在乘务员给你们发入境登记卡或过境登记卡，谢谢。）

المضيفة: دخول أم ترانزيت؟

乘务员：入境还是过境？

علي: دخول.

阿里：入境。

المضيفة: تفضّل بملأ هذه البطاقة.

乘务员：请填写这张卡。

2) استلام الأمتعة

2. 取行李

(نزل علي من الطائرة وهو يذهب إلى شريط الأمتعة لاستلام شنطه.)

（阿里下了飞机，来到行李传送带取自己的行李。）

علي: لو سمحت، من أين أستلم الشنط؟ (عفوا، من أي مكان أستلم حقيبتي؟)

阿里：请问去哪里取行李？

الموظف: امش على هذا الطريق ثم اتّجه نحو اليسار وسترى شريط الأمتعة.

职员：一直往前走然后左拐，你就可以看到行李传送带了。

علي: شكرا!

阿里：谢谢！

3) عمل الإجراءات الجمركية

3. 办理海关手续

الموظف الجمركي: هل هذه شنطتك؟

海关职员：这是你的行李吗？

علي: نعم.

阿里：是的。

الموظّف: هل هناك شيء في حاجة الى أن تسجّله؟ / هل هناك شيء في حاجة إلى التصريح؟

海关职员：你有什么东西要申报吗？

علي: نعم، هذه هي الاستمارة.

阿里：有，这是登记表。

الموظّف: طيب، ما غرضك من هذه الزيارة؟

海关职员：好，你来华的目的是什么？

علي: للعمل.

阿里：工作。

الموظّف: مرحبا بك، من فضلك افتح شنطتك هذه.

海关职员：欢迎你。麻烦你把这个箱子打开一下。

علي: حاضر.

阿里：好的。

الموظّف: ماذا في الشنطة؟

海关职员：箱子里是什么？

علي: حاجات يومية وهدايا لأصدقائي.

阿里：我的日常用品和给朋友的礼物。

الموظّف: ما هذه؟

海关职员：这是什么？

علي: هذه مستحضرات التجميل هدية لصديقتي. أ هي من ضمن الممنوعات؟

阿里：这是我给我朋友的礼物，是一套化妆品。化妆品是违禁品吗？

الموظّف: أرني. طيب، تفضّل.

海关职员：拿出来看看。好的，没问题了。

4) الاستقبال

4. 迎接

(يخرج علي من المطار حيث يرى شخصا يرفع لوحة مكتوب عليها اسمه.)

（阿里走出了机场，看到有人举着牌子，上面写着自己的名字。）

علي: السلام عليكم. أنا علي. هل أنت السيد دينغ؟

阿里：你好！我是阿里。你是丁先生吗？

دينغ: نعم. أنا مسرور بلقائك. مرحبا بك في الصين!

丁：对。很高兴认识您！欢迎您来到中国！

علي: شكرا! أنا متأسف لأنك قد انتظرتني طويلا والطائرة قد تأخرت.

阿里：谢谢！不好意思让你久等了，飞机晚点了。

دينغ: لا بأس! هل رحلتك مريحة؟

丁：没关系！路上辛苦吧？

علي: رحلتي جميلة!

阿里：旅途很愉快！

دينغ: يا الله، دعني أحمل شنطك.

丁：咱们走吧！我来帮您拿行李。

علي: شكرا!

阿里：谢谢！

补充词汇： **الكلمات الإضافية:**

国籍	الجنسية	健康证（黄皮书）	بطاقة صحية / كتيب صحيّ
过境签证	تأشيرة المرور (ترانزيت)	注射	حقنة
预防接种书	بطاقة أخذ الحقنة الوقائية (التلقيح والتطعيم)	检查	فحص
海关	جمرك	证件	شهادة
海关检查员	ضابط جمركي	文件	وثيقة / أوراق رسمية
海关规定	نظام جمركي	外交惯例	عرف دبلوماسي
关税	رسم جمركي	国际惯例	عرف دولي

送往迎来 الاستقبال والتوديع الفصل الثاني

行李报关表	بيان الأمتعة	违反国际惯例	خرق العرف الدولي
报关表	استمارة الجمرك	上税的	خاضع للرسوم
入境签证	تأشيرة الدخول	免税的	معفي عن الرسوم
出境签证	تأشيرة الخروج	旅行支票	شيك سياحي
有效期	مدة الصلاحية	霍乱	كوليرا
行李单	ورقة الأمتعة	天花	الجدري
行李标签	كارت الأمتعة	瘟疫	وباء
取消航班	الغاء الرحلة	疟疾	ملاريا
外汇申报表	استمارة العملة الصعبة	性别	الجنس
机场费	رسم بناء المطار	男	ذكر
海关手续	اجراءات جمركية	女	أنثى
违禁品	ممنوعات	护照	جواز السفر، فيزة
免检品	أشياء معفاة من التفتيش	旅行证	وثيقة السفر
免税货物	بضائع غير خاضعة للرسوم/سلع معفاة	签名	الامضاء، التوقيع
检疫站	محجر صحي، حجر صحي		

三、在宾馆   3- في الفندق

1) حجز الغرفة في الفندق

1. 预定房间

(سيسافر علي مع زوجته إلى داليان في العطلة فيضرب تلفونا لحجز غرفة في فندق شينهاي.)

（阿里将在假期和妻子一起去大连旅游，他打电话预定星海宾馆房间。）

علي: آلو، السلام عليكم! هل هذا فندق شينهاي بداليان؟

阿里：喂，您好！请问是大连星海宾馆吗？

موظّفة الفندق: نعم! أي خدمة؟

宾馆：是的！请问有什么可以帮助您的？

علي: أريد أن أحجز غرفة بسريرين.

阿里：我想预定一个标准间。

الموظّفة: متى تريد؟

宾馆：什么时间？

علي: من اليوم ال12 إلى اليوم ال15 من هذا الشهر.

阿里：这个月12—15号。

الموظّفة: عفوا، ليس عندنا الاّ غرفة بسرير واحد وشقة.

宾馆：非常抱歉，没有标准间了，只有单间和套间。

علي: طيب، أرجو أن تحجزي لنا الشقة. من الأحسن أن تكون في مقابل الشمس.

阿里：好吧，那我要一个套间。最好朝阳。

2) النزول في الفندق

2. 入住宾馆

(وصل علي وزوجته إلى فندق شينهاي بداليان.)

（阿里和妻子来到了大连星海宾馆。）

علي: ها قد وصلنا.

阿里：我们到了。

الزوجة: يبدو أن هذا الفندق لا بأس به. وهل هو فندق ذو خمسة نجوم أم أقلّ من ذلك؟

妻子：这个宾馆看上去不错。是五星级的吗？

علي: انّه ذو أربعة نجوم. فلندخل.

阿里：四星级。咱们进去吧。

(يذهبان الى مكتب الاستعلامات لإكمال اجراءات الاقامة.)

（他们俩来到前台，开始办入住手续。）

موظفة المكتب: مرحبا!

前台服务员：欢迎！

علي: مرحبا! حجزت غرفة عن طريق التلفون قبل أسبوع .

阿里：您好！我一星期前在这里预订了房间。

الموظفة: لو سمحت، ما اسمك؟

服务员：请告诉我您的姓名。

(بعد قليل.)

（过了一会儿。）

الموظفة: أ تسمح ببطاقتك الشخصية (هويتك الشخصية) ؟ وهل ممكن أن تملأ هذه الاستمارة؟

服务员：请给我您的身份证，你能填一下这张表格吗？

علي: بكل سرور. تفضلي هذه بطاقتي الشخصية.

阿里：好的。给您我的身份证。

الموظفة: هل ستبقى ثلاثة أيام؟

服务员：你住三天？

علي: نعم.

阿里：对。

الموظفة: أعطني خمسمائة يوان من فضلك للكفالة (التأمين) .

服务员：请交 500 元押金。

علي: حاضر.

阿里：好的。

الموظفة : طيب، اليك فاتورة الكفالة وكارت الغرفة. يمكنكما أن تتناولا الفطورمجانا بهذا الكارت في مطعم الفندق في الطابق الأول من الساعة السابعة إلى الساعة العاشرة من كل صباح. وسيحمل عاملنا أمتعتكما إلى غرفتكما والمصعد الكهربائي على اليمين.

服务员：好了，给你押金单和房卡，每天早晨 7 点到 10 点在宾馆一楼的餐厅里有早餐供应，出示房卡就可以用餐了。我们的服务生会帮您把行李送到房间，电梯在右边。

علي: طيب، شكرا!

阿里：好的，谢谢！

3) إعادة الغرفة

3. 退房

(يذهب علي إلى مكتب الاستعمالات لاعادة الغرفة في الساعة الحادية عشرة صباحا في اليوم الخامس عشر.)

（15 号早上 11 点，阿里来到前台退房。）

علي: السلام عليكم يا آنسة، أريد إعادة الغرفة.

阿里：小姐，您好！我退房。

الموظفة: أ تسمح بكارت غرفتك وفاتورة الكفالة؟

服务员：请给我您的房卡和押金单。

علي: ها هي، تفضلي. كم ثمنا أدفع؟

阿里：给您。多少钱？

الموظفة: تسعمائة يوان. ادفع أربعمائة يوان فقط لأنّ أموالك المضمونة هي خمسمائة يوان.

服务员：一共 900 元，除去押金，您还应该再交 400 元。

علي: طيب.

阿里：好的。

الموظفة: دقيقة، سيشاهد عاملنا الغرفة .

服务员：请稍等一会，我们的服务员要去房间检查一下。

(بعد قليل.)

（过了一会儿）

الموظفة : انتهت مهمة العامل. تفضّل و مرحبا بكم في المرة القادمة!

服务员：没问题了。请慢走！欢迎再来！

补充词汇： **الكلمات الإضافية:**

单间	غرفة بسرير واحد	连锁饭店	فندق مسلسل
豪华套房	شقة فاخرة	酒吧间	مشرب، بار
海景房	شقة مقابلة البحر	单人床	سرير مفرد
总统套间	جناح الرئيس	双人床	سرير شخصين، سرير مزدوج
电话叫醒服务	خدمة الايقاظ بالتلفون	招待所	دار الضيافة
送餐服务	خدمة تقديم الطعام الى الغرفة	房间满员	كامل عدد الغرفة
请勿打扰	تفضل بلا ازعاج	青年旅社	فندق الشباب
宾馆配套设施	مرافق الفندق	三人间	الغرفة بثلاثة أسرّة
经济型饭店	فندق اقتصادي	地下室旅馆	فندق تحت الأرضية / فندق تحت الطابق الأول

四、日程安排　4- الجدول والبرنامج

1) تحديد برنامج الزيارة

1. 确定访问日程

(سيزور الوفد الفني العربي للصين، يضع علي وخالد برنامج زيارة الوفد.)

（阿拉伯艺术团将来华访问，阿里和哈立德负责安排该团在华期间的日程。）

علي: سيصل هذا الوفد إلى الصين عند الظهر في اليوم العشرين وسيبقى في الصين أسبوعا.

阿里：20 号中午这个团将到达中国，他们在中国将待一周的时间。

خالد: نعم، يبقى الوفد في بكين من اليوم العشرين إلى اليوم الرابع والعشرين صباحا، وفي اليوم الرابع والعشرين مساءا سيسافر إلى نانجين ويبقى هناك حتى اليوم السادس والعشرين ويعود الوفد الى بكين في اليوم السابع والعشرين ليرجع إلى بلاده بالطائرة.

哈立德：对，其中 20—24 号在北京，24—26 号到南京，27 号回北京乘飞机回国。

علي: كيف نحدد برنامج الزيارة؟

阿里：我们怎么安排他们的日程呢？

خالد: لنر ما قد تمّ التحديد من النشاطات.

哈立德：先看看定好的活动吧。

علي: عليهم أن يذهبوا إلى معرض بكين صباح اليوم الواحد والعشرين استعدادا لمعرض الأعمال الفنية العربية الذي سيبدأ بعد الظهر في نفس اليوم، وفي اليوم الثاني والعشرين مساء تقام حفلة عرض الأزياء العربية في معرض بكين، وفي مساء اليوم الثالث والعشرين تقام حفلة عرض الفن والثقافة العربية في قاعة الشعب الكبرى، وستقدم العروض الفنية العربية في قاعة وتايشان الرياضية بنانجين مساء اليوم السادس والعشرين.

阿里：21 号上午他们必须到北京展览馆为阿拉伯艺术品展览会做准备，下午开始展览；22

号晚上还是在北京展览馆有一个阿拉伯服装表演；23 号晚上在人民大会堂举办阿拉伯文化艺术节；26 号晚上在南京五台山体育馆演出。

خالد: يمكننا أن نرتّب هكذا: ليستريحوا صباح اليوم العشرين لأنّ السفر متعب، وبعد الظهر حتى الليلة يمكنهم أن يزوروا ميدان تيان آن مون ويتجوّلوا في شارع وانغفوجينغ، وفي اليوم الثاني والعشرين ليزوروا سور الصين العظيم، وفي نهار اليوم الثالث والعشرين إلى القصر الصيفي والمعبد السماوي، وفي اليوم الرابع والعشرين يسافرون إلى نانجين ويستريحون في ذلك اليوم، وفي اليوم الخامس والعشرين ليزوروا مقبرة تشنغشان ومعبد فوتس، وفي اليوم السادس والعشرين صباحا ليتجوّلوا في مركز المدينة للشراء وبعد الظهر يعودون الى الفندق للاستعداد للعروض في الليلة، ما رأيك في ذلك؟

哈立德：我们可以这样安排：20 号我们可以让他们休息，毕竟旅途比较辛苦；21 号下午到晚上我们可以安排他们去天安门和王府井；22 号去长城；23 号去颐和园和天坛；24 号到南京后先休息；25 号去中山陵和夫子庙；26 号安排他们到市中心购物，然后下午早点回来准备演出，你觉得怎么样？

علي: ليس عندي مانع.

阿里：我没意见。

خالد: طيب، سأعمل برنامج الزيارة على الكمبيوتر، وبعد ذلك لنر هل هو يحتاج الى التعديل.

哈立德：好，那我先做一个日程安排表出来，然后我们再看看有没有什么需要修改的地方。

علي: حاضر.

哈立德：好的。

2) برامج الزيارة

2. 访问日程表

برامج الزيارة في

访问日程表

18 مارس (يوم الثلاثاء)

3 月 18 日（星期二）

8:00	الوصول والاستقبال في المطار 机场接机
11:00 -10:30	اللقاء والمحادثة مع رئيس الجامعة 与校长会谈
11:30	المأدبة 午宴
16:00 —14:00	زيارة للجامعة ومقابلة الأساتذة والطلبة في قسم اللغة العربية 参观学校并与阿拉伯语系师生见面

18:00	العشاء 晚宴	
19:30	التوديع والمغادرة 送机	

الكلمات الإضافية: **补充词汇:**

التقويم الروماني	التقويم السرياني	التقويم الهجري	التقويم القبطي	月份
يناير	كانون الثاني	محرّم	توت	一月
فبراير	شباط	صفر	بابه	二月
مارس	آذار	ربيع الأول	هاتور	三月
ابريل	نيسان	ربيع الآخر	كيهك	四月
مايو	آيار	جمادى الأولى	طوبة	五月
يونيو	حزيران	جمادى الآخرة	امشير	六月
يوليو	تموز	رجب	برمهات	七月
اغسطس	آب	شعبان	برموده	八月
سبتمبر	أيلول	رمضان	بشنش	九月
اكتوبر	تشرين الأول	شوال	بؤونه	十月
نوفمبر	تشرين الثاني	ذو القعدة	أبيب	十一月
ديسمبر	كانون الأول	ذو الحجة	مسرى	十二月

5- الدعوة الى المأدبة 五、宴请

1) اختيار المطعم

1. 选择餐馆

(سيعود الوفد الفني العربي الى بلاده، فيدعوه علي وخالد باسم شركة التبادلات الثقافية الى الطعام.)

（阿拉伯艺术团即将回国，阿里和哈立德代表文化交流公司宴请代表团。）

علي: ما رأيك أن ندعوهم للطعام الصيني أو الغربي (الافرنجي) ؟

阿里：你觉得我们应该宴请他们吃中餐还是西餐？

خالد: الطعام الصيني طبعا.

哈立德：当然是中餐了。

علي: معظم العرب مسلمون، ومن اللازم أن نختار لهم المطعم الاسلامي.

阿里：大部分阿拉伯人都是穆斯林，我们得找清真餐厅。

خالد: عرفت أنّ أحد المطاعم الاسلامية في شارع بقر في بكين مشهور جدا واسمه تولوفان.

哈立德：我知道北京牛街上有一家伊斯兰餐馆很有名，叫吐鲁番。

علي: سمعته أيضا. وما رأيك في أن ندعوهم الى طعام " هوقوه"؟ لأنه طعام خاص في الصين. لا يمكنهم أن يأكلوا " هوقوه" الاّ في الصين.

阿里：我也听说过。你说我们请他们吃火锅怎么样？很有中国特色啊！火锅除了在中国哪儿都吃不到的。

خالد: فكرة لا بأس بها. ولكن أخشى أنهم لا يتعوّدون على طعام " هوقوه ". وسبق لي أن أكلت "هوقوه" مع أحد العرب في مطعم " دونغلايشون" ولكنه لم يأكل الاّ قليلا.

哈立德：这个主意是不错。但我怕他们不习惯。上次我带一个阿拉伯人去东来顺吃饭，结果他没吃几口。

علي: انّ مطعم " دونغلايشون" هو من أحسن المطاعم في بكين.

阿里：东来顺可是北京最好的饭店之一呢。

خالد: نعم، من الأحسن ألا نأكل " هوقوه"، أعتقد أنهم لا يتعوّدون على الطعام الحار.

哈立德：是啊，最好还是不要吃火锅了，我觉得他们不习惯吃太烫的东西。

علي: طيب، لنذهب الى مطعم " تولوفن"، سأحجز الطعام هناك.

阿里：好的，那就去吐鲁番吧，我去那里订餐。

2) حجز المقاعد في المطعم

2. 订餐

(يذهب علي الى مكتب الاستعلامات في مطعم " تولوفن".)

（阿里来到吐鲁番饭店前台。）

علي: السلام عليكم!

阿里：您好！

العامل: وعليكم السلام! أي خدمة؟

服务员：您好！请问有什么需要帮忙的？

علي: أريد حجز المقاعد في مطعمكم.

阿里：我想订餐。

العامل: أي يوم؟

服务员：哪天？

علي: عند الظهر في اليوم السابع والعشرين من هذا الشهر.

阿里：本月 27 号中午。

العامل: طيب. كم ضيفا؟ وهل تريد غرفة خاصة؟

服务员：好的。多少人？需要包间吗？

علي: أكثر من عشرين ضيفا، وأريد غرفة كبيرة.

阿里：20多个人，给我一个大包间。

العامل: حاضر، يمكنك أن تختار الطعام أولا.

服务员：好的。您可以先选一下菜。

(يقدّم العامل لعلي قائمة الطعام.)

（服务员给阿里一张菜单。）

علي: لو سمحت، هل دائما ما يأتي كثير من العرب إلى مطعمكم؟

阿里：请问你们这边经常有阿拉伯人来吃饭吗？

العامل: نعم، في شارع بقر يوجد كثير من العرب.

服务员：对，牛街有很多阿拉伯人。

علي: الضيوف الذين سأدعوهم الى الطعام غدا هم عرب ولكنني لا أعرف ما يفضلون من الأطعمة، فهل يمكنك أن تقدّم لي بعض الأطعمة؟

阿里：我明天邀请的客人都是阿拉伯人，但我不太了解他们的口味，你能给我推荐一些菜吗？

العامل: حاضر.

服务员：好的。

3) المأدبة

3. 午宴

علي: يا عاملة، قد حجزت غرفة الطعام الخاصة بنا أمس.

阿里：服务员，我昨天已经预订了。

العاملة: ما اسمك الكريم يا سيد؟

服务员：先生贵姓？

علي: اسمي علي.

阿里：我叫阿里。

(بعد قليل.)

（过了一会儿）

العاملة: امش معي يا سيد، غرفتكم في الطابق الثاني ورقمها 3.

服务员：先生请跟我来，你们在二楼3号包间。

علي: طيب.

阿里：好的。

(أثناء المأدبة)

（在宴会上）

علي: أولا وقبل كل شيء، أعبّر باسم شركة التبادلات الثقافية الصينية عن شكرنا لكم على المساهمات التي قدّمتموها في مجال التبادلات الثقافية بين الصين والبلدان العربية. وحصلت عروضكم الفنية في هذه الزيارة للصين على النجاح الكبير وتحمل الينا الحضارة العربية العريقة مما جعل كثيرا من الصينيين يعرفون الثقافة العربية أكثر. يمر الوقت بسرعة وأتمنّى أن قد تركت هذه الزيارة لكم انطباعات جميلة وكذلك أرجو منكم أن تعرّفوا الشعوب العربية بأحوال الصين الحاضرة بعد عودتكم الى بلادكم. أخيرا، أشكركم على تأييداتكم في عملنا. والآن تفضّلوا لنتناول الطعام!

阿里：首先，我代表中国文化交流公司感谢大家为中阿文化交流做出的贡献。你们此次在中国的演出获得了巨大的成功，给我们展示了悠久的阿拉伯文明，让更多的中国人了解了阿拉伯文化。时间过得很快，我希望此次中国之行能给大家留下一个美好的回忆，同时也希望大家回国之后能够向阿拉伯人民介绍中国的现状。最后，谢谢大家对我工作上的支持！请各位用餐！

عضو الوفد: هل هذا المطعم هو مطعم اسلاميّ؟

团员：这是清真餐厅吗？

علي: كونوا مطمئنين! هذا مطعم اسلامي ونحترم عاداتكم ودينكم كل الاحترام!

阿里：大家放心！这是清真餐厅。我们非常尊重你们的生活习惯和宗教习惯！

رئيس الوفد: نشكركم على هذه الحفاوة!

团长：感谢你们的热情招待！

(ستنتهي المأدبة.)

（宴会快结束了。）

علي: يا الله، لنشرب النخب للصداقة بين الشعب الصيني والشعوب العربية! أتمنّى أن نلتقي مرة أخرى! ومرحبا بكم الى الصين مرة ثانية!

阿里：来，让我们为中阿人民的友谊干杯！愿我们以后还能再次相聚！欢迎你们再来中国！

الضيوف: لنشرب النخب لصداقتنا وصحتنا!

客人：也为我们的健康和我们的友谊干杯！

补充词汇:		الكلمات الإضافية:	
便宴，便饭	غداء أو عشاء غير رسمي	醋	خل
茶会	حفلة شاي	大料	يانسون
份饭，盒饭	وجبة محددة	淀粉	النشا
风味菜	طبق محلي	豆瓣酱	مربى فول الصويا
咖啡馆	مقهى	咖喱	كاري
快餐	وجبة خفيفة (سريعة)	干辣椒	فلفل أحمر جافّ

快餐店	مطعم المأكولات الجاهزة	橄榄油	زيت الزيتون
自助餐	بوفيه	胡椒	فلفل أسود
野餐	وجبة الرحلة	花生酱	سمن الفول السوداني
饮料	مرطبات	酱油	صلصة فول الصويا
自助餐厅	كافتريا	芥末	خردل
半熟	شبه ناضج	辣椒酱	صلصة الفلفل
苦的	مرّ	黄油	زبدة
甜的	حلو	食盐	ملح المائدة
辛辣的	حرِّيف، حار، حاذق، لذّاع	味精	خلاصة الطعم، روح التوابل
酸的	حامض	西红柿酱	مربى الطماطم
咸的	مالح	芝麻酱	طحينة السمسم
味淡的	خفيف الصلصة	男招待员	جرسون
味重的	كثير الصلصة	女招待员	جرسونة
糖	سكر		

六、告别   6- التوديع

1) قبل العودة

1. 回国前

دينغ: متى تقلع الطائرة التي ستركبها غدا؟

丁：你是明天几点的飞机？

علي: في الساعة الثامنة مساء.

阿里：晚上8点。

دينغ: طيب، سأذهب إليك في الساعة السادسة مساء غد.

丁：好的，明晚6点我来宾馆接你。

(في اليوم الثاني)

（第二天）

دينغ: هل انتهيت من ترتيب أمتعتك؟

丁：行李都收拾好了吗？

علي: انتهيت منه قبل قليل.

阿里：刚刚收拾完。

دينغ: أهمّ شيء هو جواز السفر وتذكرة الطائرة. افحص مرة ثانية ولا تنس.

丁：最重要的是护照和机票，千万别忘了带。你再检查一下。

علي: كن مطمئنا. هما معي.

阿里：我带了，放心吧。

علي: لنعد الغرفة في الفندق.

丁：那我们先下去退房间吧！

(بعد اعادة الغرفة.)

（退完房）

دينغ: دعني أضع أمتعتك في صندوق السيارة.

丁：我帮你把行李放到后备箱里吧。

علي: طيب، شكرا!

阿里：好的，谢谢。

دينغ: لننطلق الآن. أخشى أنه يوجد ازدحام في الطريق. إنّ الوقت ضيق، من العادة في الصين أن نصل الى المطار قبل ساعة من موعد إقلاع الطائرة لنكمل إجراءات صعود الطائرة.

丁：咱们现在就出发吧。我怕路上堵车。时间比较紧了，在中国一般得提前一个小时到机场办登机手续。

علي: حاضر، يا الله!

阿里：好，走吧。

2) التوديع في المطار

2. 机场送行

(وصل السيد دينغ وعلي إلى المطار.)

（丁先生和阿里到了机场。）

دينغ: لا تنس أي حاجة في السيارة. انتظر دقيقة، لآخذ العربة اليدوية لنقل الأمتعة.

丁：别把东西落车上。等会，我去推个行李车过来。

(بعد قليل)

（过了一会儿）

دينغ: دعني أحمل شنطك!

丁：来，我来拿行李。

علي: لا، شكرا، أنا أحملها. يا صديقي العزيز، شكرا على عنايتك لي في طوال هذه الفترة.

阿里：不用，老朋友，谢谢你这段时间对我的照顾。

دينغ: لا كلفة بيننا! اذا لم أفعل كما ينبغي فسامحني!

丁：我们之间还客气什么。我有什么照顾不周到的地方，你多包涵啊！

علي: الفراق صعب بالنسبة اليّ.

阿里：真舍不得走。

دينغ: أنا أيضا. لنأخذ صورة تذكارية معا!

甲：我也舍不得啊！咱们一起照张相留念吧！

علي: بكل سرور.

阿里：好的。

دينغ: أتمنّى لك السلامة في السفر ومرحبا بك إلى الصين اذا كان معك وقت!

丁：祝你一路平安，有时间再来中国！

علي: بالتأكيد! ومرحبا بك الى بلادي أيضا!

阿里：一定，也欢迎你到我们国家去看看！

دينغ: عندما تصل إلى بلادك، أرسل لي رسالة الكترونية لأطمئنّ عليك!

甲：你到了后给我发个电子邮件，给我报个平安！

علي: حسنا، مع السلامة! خذ بالك من نفسك!

阿里：好的！再见！保重！

补充词汇:		الكلمات الإضافية:	
行李超重	زيادة وزن الأمتعة على الوزن المحدّد (وزن زائد أو عفش زائد)	行李牌	بطاقة الأمتعة
		飞机跑道	مدرج الطائرات
行李传送带	شريط نقل الأمتعة	取消航班	الغاء الرحلة
打包机	آلة التغليف	飞机晚点	تأخر الطائرة عن الموعد
申报单	كشف البيانات	包机	الطائرة المستأجرة
托运处	مكتب شحن الأمتعة	专机	الرحلة الخاصة
寄存处	مكتب الامانات		

送往迎来　第二章　الفصل الثاني　الاستقبال والتوديع

第三章　参观旅游

الفصل الثالث　الزيارة والسياحة

一、约定时间地点　1- تحديد الوقت والمكان

1) تحديد الوقت والمكان للموعد

1. 确定约会时间地点

حسن: نهارك سعيد، يا أمين.

哈桑：日安，艾敏！

أمين: نهارك سعيد، يا حسن.

艾敏：日安，哈桑！

حسن: ما رأيك أن نقوم بزيارة لمعرض المعروضات والمحصولات الزراعية غدا؟

哈桑：咱们明天去参观农产品展览会怎么样？

أمين: جيد، ولكن معرض الزراعة بعيد عن الجامعة، كيف نذهب؟

艾敏：好啊。不过农展馆离学校挺远的，咱们怎么去啊？

حسن: بالباص؟

哈桑：坐公共汽车去吧。

أمين: ليس عندي مانع.

艾敏：我没意见。

حسن: متى ننطلق من الجامعة؟

哈桑：我们什么时候从学校出发？

أمين: ما رأيك في الساعة الثامنة صباح الغد؟

艾敏：明天早上八点，好吗？

حسن: طيب. أين نلتقي؟

哈桑：好的。在哪儿集合？

أمين: عند البوابة.

艾敏：在大门口吧。

حسن: اتفقنا.

哈桑：说定了。

أمين: اتفقنا.

艾敏：说定了。

2) تحديد الوقت والمكان للاجتماع

2. 确定会议时间地点

حسن: السلام عليكم، يا أمين.

哈桑：你好，艾敏。

أمين: وعليكم السلام، يا حسن.

艾敏：你好，哈桑。

حسن: ما رأيك أن نقعد اجتماع الفصل غدا للمناقشة حول المكان والوقت اللذين نقوم فيهما بالنزهة والزيارة ؟

哈桑：明天开一次班会讨论我们参观旅游的时间和地点，你看怎么样？

أمين: حسنا. في أية ساعة بالضبط؟

艾敏：好的，具体什么时间？

حسن: ما رأيك في الساعة الرابعة بعد الظهر؟

哈桑：下午四点怎么样？

أمين: سيحضر بعض الزملاء المحاضرات.

艾敏：有些同学要上课。

حسن: إذن، في الساعة السادسة مساء؟

哈桑：那傍晚六点呢？

أمين: انها متأخرة بعض الشيء أعتقد أن الساعة الثانية عشرة والنصف مناسبة.

艾敏：是不是有点晚。我觉得中午十二点半比较合适。

حسن: رأيك رأيي.

哈桑：我同意你的意见。

أمين: في أيّ مكان؟

艾敏：地点在哪儿？

حسن: في حجرة الدرس.

哈桑：就在教室吧。

أمين: طيب، فلنذهب ولنخبر كل واحد من الزملاء الآخرين على انفراد.

艾敏：好的，那我们去分头通知其他同学吧。

حسن: هيا بنا.

哈桑：我们走吧。

الكلمات الاضافية: **补充词汇:**

حفلة العشاء	晚餐会	موعد أو ارتباط	约会
حفلة الغداء	午餐会	تحديد موعد	订约会
حفلة الحديقة	游园会	تأكيد موعد	确定约会
حفلة الرقص	舞会	تغيير موعد	改约会
حفلة افتتاح المؤتمر	开幕式	الالتزام بموعد	遵守约会
حفلة ختامية (اختتامية)	闭幕式	لدى موعد مع ...	与某人有一个约会
حفلة الاستقبال	招待会	إلغاء الموعد	取消约会
حفلة خطابية (خطبة)	讲演会	إعادة ترتيب موعد	重新安排约会
حفلة تمثيلية	戏剧会	تأجيل موعد	推迟约会
حفلة موسيقية	音乐会	جمعية	大会
حفلة ساهرة (الرقص والغناء)	歌舞晚会	إجتماع / مؤتمر	会议
حفلة التبرّك	祝福仪式	حفلة	晚会，社交性会议
حفلة الزفاف / حفلة العرس	婚礼	حفلة العائلة	家庭宴会
		حفلة الشاي	茶会

2- السؤال عن الطريق　二、问路

1)　في الطريق

1. 在马路上

نجيب: يا تامر، أين محطة القطار؟

纳吉布：泰米尔，火车站怎么走啊？

تامر: هناك شرطي، هيا نسأله.

泰米尔：那儿有个警察，我们去问问他。

نجيب: طيب.

纳吉布：好的。

تامر: لو سمحت يا حضرة الضابط، هل يمكنك أن تدلنا على الطريق المؤدي إلى محطة السكك الحديدية؟

泰米尔：警察先生，请问火车站怎么走？

الشرطي: امش على هذا الطريق ثم اتجه نحو اليسار إلى مفترق الطريق، هناك كوبري، ثم اتبع اليافطة التي تشير إلى محطة القطار.

警察：走这条路，然后往左走到第一个十字路口，那里有座桥，过了桥按照指示牌走就行了。

تامر: كم دقيقة يأخذ منا المشي إلى هناك.

泰米尔：走过去要多久？

الشرطي: حوالي ربع ساعة مشيا.

警察：步行大约15分钟。

تامر: شكرا.

泰米尔：谢谢。

الشرطي: عفوا.

警察：不客气。

(2) في حرم الجامعة

2. 在校园里

تامر: لو سمحت يا نجيب، هل تعرف الطريق المؤدي إلى معرض تاريخ الجامعة؟

泰米尔：纳吉布，你知道校史陈列馆怎么走吗？

نجيب: نعم، أعرف. امش على هذا الطريق إلى الشمال ثم اتجه نحو اليمين عند المفترق الأول، ثم أدخل إلى مكتبة الجامعة، فيكون معرض تاريخ الجامعة على الطابق السادس.

纳吉布：知道。沿着这条路往北走，然后在第一个十字路口右转，直走进入校图书馆，校史陈列馆就在楼上六层。

تامر: في حاجة بالدراجة؟

泰米尔：需要骑车去吗？

نجيب: ما بحاجة. تصل إليها في الأقل من خمس دقائق مشيا.

纳吉布：不用，步行五分钟就到了。

تامر: شكرا لك.

泰米尔：谢谢你。

3- الجو والمناخ　　三、天气和气候

عزيز: يا نبيل، كيف الجو؟ لأننا سنقوم بنزهة الربيع غدا.

阿齐兹：纳比勒，明天我们要组织春游，天气怎么样啊？

نبيل: لأشاهد النشرة الجوية. جو الغد جيد، الجو صاف ودرجة الحرارة الصغرى 5 مئوية والعظمى15 مئوية.

纳比勒：我看看天气预报。明天天气不错，是晴天，5℃—15℃。

عزيز: حقا إنه جو معتدل. عشت في بكين سنوات، كيف مناخ بكين؟

阿齐兹：确实是个好天气。你在北京生活多年了，北京的气候怎么样呢？

نبيل: ينتمي مناخ بكين إلى مناخ المناطق المعتدلة الموسمية، الفصول الأربعة متميزة. جو الربيع جاف، والصيف حار وممطر، والخريف مشمس ومريح، والشتاء بارد وجاف.

纳比勒：北京属于温带季风气候，四季分明。春季干旱，夏季炎热多雨，秋季天高气爽，冬季寒冷干燥。

عزيز: سمعت أن جودة الهواء في بكين رديئة. كيف حال الهواء الآن؟

阿齐兹：以前听说北京的空气质量不好，最近怎样？

نبيل: تحسنت الجودة كثيرا الآن، لأن الحكومة والمجتمع تهتمان بحماية البيئة.

纳比勒：现在已经有了很大的改善，因为政府和社会很重视环境保护。

عزيز: نعم، أصبحت بيئة بكين أجود فأجود.

阿齐兹：是啊，北京的环境现在越来越好了。

نبيل: هذه هي نتائج الجهود من جميع الناس.

纳比勒：这都是大家努力的结果。

الكلمات الاضافية: **补充词汇：**

ثلج	雪	المنطقة الاستوائية	热带
حبّات البرد	冰雹	المنطقة شبه الاستوائية	亚热带
الرعد والبرق	雷电	المنطقة المعتدلة	温带
الضباب	雾	المنطقة الباردة	寒带
التيار البارد	寒潮	الخط الاستوائي	赤道
تيفون / اعصار تيفوني	台风	خط العرض	纬度
عاصفة استوائية	热带风暴	خط الطول	经度
الاحتباس الحراري	温室效应	صاف	晴天
فهرنهايت	华氏度	ممطر	雨天
مئوي	摄氏度	غائم	阴天
		شبه غائم	多云

四、城市面貌　　4- معالم المدينة

1) بكين

1. 北京

حافظ: أهلا وسهلا، يا عامر.

哈菲兹：你好，阿米尔。

عامر: أهلا وسهلا، يا حافظ.

阿米尔：你好，哈菲兹。

حافظ: سمعت أنك وصلت إلى بكين من مصر قبل أيام، أليس كذلك؟

哈菲兹：听说你刚刚从埃及来到北京，是吗？

عامر: نعم، وصلت إليها في الأسبوع الماضي.

阿米尔：是的，上周刚到。

حافظ: ما رأيك أن نتجول في بكين معا؟

哈菲兹：我们一起在北京转转吧，怎么样？

عامر: جيد جدا، متى؟

阿米尔：太好了，什么时候？

حافظ: ما رأيك في صباح يوم السبت؟

哈菲兹：星期六早上，好吗？

عامر: طيب، وشكرا.

阿米尔：好的，谢谢。

(في صباح يوم السبت)

（周六早上）

عامر: يا حافظ، الساعة الآن الثامنة، فلنرح.

阿米尔：哈菲兹，八点啦，我们走吧。

حافظ: حاضر.

哈菲兹：好的。

عامر: أين نزور أولا؟

阿米尔：我们先去哪儿？

حافظ: فلنزر ميدان تيان آن مون أولا.

哈菲兹：我们先去天安门广场吧。

عامر: طيب، ليس عندي مانع.

阿米尔：好的，我没意见。

(بعد الوصول إلى ميدان تيان آن مون)

（抵达天安门广场后）

حافظ: شف الى الجهة اليسرى، ها هي بوّابة تيان آن مون، هي واحدة من المعالم الصينية، وهى تظهر على الشعار الوطني أيضا.

哈菲兹：看左边，那是天安门，是中国的标志之一，在国徽上也有天安门呢。

عامر: عظيم.

阿米尔：真是雄伟啊。

حافظ: شف إلى الجهة اليمنى، ها هو ميدان تيان آن مون. المتحف الوطني في شرق الميدان، وقاعة الشعب الكبرى في غربه، والقاعة التذكارية للرئيس ماو في جنوبه. ونصب أبطال الشعب في وسطه.

哈菲兹：看右边，那是天安门广场。天安门广场的东边是国家博物馆，西边是人民大会堂，南边是毛主席纪念堂。人民英雄纪念碑位于广场的中央。

عامر: هل هذا العلم هو العلم الوطني الصيني؟

阿米尔：那是中国国旗吗？

حافظ: نعم، هو العلم الأحمر ذو الخمسة نجوم. يقام مرسوم رفع العلم كل صباح، ويصبح هذا المرسوم منظرا جميلا في بكين.

哈菲兹：是的，那是五星红旗，每天早上都会有升旗仪式，这已经成为北京的一大景点了。

عامر: جميل. أرجو أن تتاح لي الفرصة لحضوره.

阿米尔：太好了。有机会我也要看看。

حافظ: المسرح الوطني الكبير يقع في غرب قاعة الشعب الكبرى، وصممه مهندس فرنسي معروف، فعلا هو عمل من المباني الابداعية؟

哈菲兹：人民大会堂西边是国家大剧院，是一位著名法国建筑设计师设计的，是一个有创意的建筑物。

عامر: صدقت. وهذا الطريق واسع جدا.

阿米尔：没错。这条路好宽啊。

حافظ: نعم، هو شارع تشانغ آن (السلام الدائم)، وهو من أوسع الشوارع في العالم، وتقام الاستعراضات العسكرية عليه منذ تأسيس الصين الجديدة.

哈菲兹：是的，这是著名的长安街，是世界最宽的街道之一，新中国成立以来的几次大阅兵都是在这里举行的。

عامر: لا بدّ أن تكون الاستعراضات أروع وأعظم مهابة.

阿米尔：那一定很壮观。

حافظ: طبعا. يا عامر، نستريح قليلا أو نروح إلى حديقة الأولمبياد لزيارتها مباشرة؟

哈菲兹：当然了。阿米尔，我们休息一会儿，还是直接去奥林匹克公园看看？

عامر: لا أشعر بالتعب، فلنرح ونستمرّ لزيارة حديقة الأولمبياد.

阿米尔：我不觉得累，咱们前往奥林匹克公园继续参观吧。

(بعد الوصول إلى حديقة الأولمبياد)

（抵达奥林匹克公园后）

حافظ: أنظر، ها هما عش الطيور والمكعب المائي.

哈菲兹：看，那就是鸟巢和水立方。

عامر: رائع جدا.

阿米尔：好漂亮啊。

حافظ: نعم. وعش الطيور هو الملعب الوطني الذي يعتبر الملعب الرئيسي للأولمبياد 2008. والمكعب المائي هو مركز السباحة الوطني الذي تقام فيه مباريات السباحة والغطسات للأولمبياد.

哈菲兹：是啊。鸟巢是国家体育场，是2008年奥运会的主会场。水立方是国家游泳中心，举办了奥运会的游泳、跳水等比赛。

عامر: عرفت ذلك. هذه دورة فريدة وعظيمة لا تباريها أية دورة في التاريخ من دورات الألعاب الأولمبية.

阿米尔：我知道，这是一次无与伦比的奥运会。

حافظ: نعم، رفع أولمبياد بكين قوة تأثيرات الصين وبكين في العالم.

哈菲兹：是的，北京奥运会大大提高了北京和中国在世界上的影响力。

عامر: صحيح، فيزداد عدد الأجانب الذين يحبون هذا البلد العظيم.

阿米尔：对，越来越多的外国人喜欢上了这个伟大的国度。

حافظ: الوقت يمضي بسرعة، علينا أن نتناول العشاء.

哈菲兹：时间过得真快，我们该吃晚饭了。

عامر: طيب، على حسابي، يا الله.

阿米尔：好的，我请客，走吧。

2) القاهرة

2. 开罗

عامر: يا حافظ، سمعت أنك قد سافرت إلى القاهرة، أليس كذلك؟

阿米尔：哈菲兹，听说你去过开罗，是吗？

حافظ: نعم، القاهرة مدينة جميلة جدا، وهي عاصمة جمهورية مصر العربية وفيها كثير من مآذن المساجد فيطلق عليها الناس "مدينة الألف مئذنة".

哈菲兹：是啊，开罗是个很美的城市。它是阿拉伯埃及共和国首都，开罗城中有很多清真寺的宣礼塔，人们称它为"千塔之城"。

عامر: هل في القاهرة آثار تاريخية كثيرة؟

阿米尔：开罗有很多古迹吧？

حافظ: نعم، الأهرامات الثلاثة وأبو الهول في الجيزة، إن الأهرام هي التي تعتبر من إحدى عجائب الدنيا السبع.

哈菲兹：是啊，有吉萨的三大金字塔和狮身人面像。金字塔是世界七大奇迹之一。

حافظ: ماذا يوجد أيضا؟

阿米尔：还有什么？

حافظ: يوجد أيضا المتحف المصري المشهور، فيه كثير من التحف الفرعونية القديمة التي تتمتع بالقيمة والشهرة تاريخيا. وكذلك، قلعة صلاح الدين ويقع فيها المسجد المشهور "مسجد محمد علي".

哈菲兹：还有著名的埃及博物馆，里面展出了大量法老时期的文物，很有历史价值。还有萨拉丁古城堡，城堡里还有著名的穆罕默德·阿里清真寺。

عامر: هل قمت بالسياحة على نهر النيل؟

阿米尔：你游览过尼罗河吗？

حافظ: بالتأكيد، نهر النيل ثاني أنهار العالم في الطول ويقول الناس إن مصر "هبة النيل"، فمن يزر القاهرة يركب في الليل الباخرة الفرعونية للقيام بالسياحة على نهر النيل والتمتع بالمناظر الجميلة على ضفتيه.

哈菲兹：当然啦，尼罗河是世界上第二大长河，人们说，埃及是尼罗河的馈赠，谁要访问开罗，谁就会晚上乘法老船，游览尼罗河，欣赏尼罗河两岸美丽的风光。

عامر: أرجو أن تتاح لي الفرصة لزيارة القاهرة.

阿米尔：真希望能到开罗看看。

حافظ: قد أصبحت المواصلات سهلة، ممكن أن تزور القاهرة إذا كانت هناك الفرصة.

哈菲兹：现在交通方便了，有机会的话就可以去了。

عامر: أرجو ذلك.

阿米尔：但愿有机会。

补充词汇: **الكلمات الإضافية:**

车展	معرض السيارات	首都博物馆	متحف العاصمة
书报亭	سرادق لبيع الكتب والجرائد	国家图书馆	المكتبة الوطنية
磁悬浮列车	القطار المغناطيسي المعلق	动物园	حديقة الحيوان
轻轨	الشبكة الخفيفة للسكك الحديدية	开罗塔	برج القاهرة
环城地铁	خطوط المترو المحيطة بالمدينة	尼罗河	نهر النيل
环路	الطريق الدائري	解放广场	ميدان التحرير
网吧	بار الإنترنت	吉萨广场	ميدان الجيزة
无车日城市	يوم بدون سير السيارات في المدينة	植物园	حديقة النباتات
胡同游	سياحة الأزقة	十月六号桥	كوبري ٦ أكتوبر
少年宫	قصر الأطفال	汗·哈利利市场	خان الخليلي

民族文化宫	قصر الثقافة لشؤون القوميات	纸草	البردي
北京工人体育场	ملعب العمال ببكين	铜盘画	المصنوعات النحاسية
首都体育馆	أستاد العاصمة	法老村	القرية الفرعونية
世纪坛	نصب الألفية	爱资哈尔清真寺	جامع الأزهر
科技馆	متحف العلوم والتكنولوجيا	书展	معرض الكتب
天文馆	متحف العلوم الفلكية		

五、参观公园   5- زيارة الحديقة

زيارة القصر الصيفي

参观颐和园

(زار هاشم ونزار القصر الصيفي في يوم من أيام الأحد في الربيع)

（春天的一个周日，哈希姆和尼扎尔来到颐和园游览）

هاشم: صباح الخير، يا نزار.

哈希姆：早安，尼扎尔。

نزار: صباح الخير، يا هاشم.

尼扎尔：早安，哈希姆。

هاشم: هيا ندخل، فقد قطعت التذاكر.

哈希姆：我们进去吧，票已经买好了。

نزار: طيب.

尼扎尔：好的。

هاشم: شف مصراعي البوابة، تخمّن كم عدد المسامير عليهما؟

哈希姆：看看这两扇大门，你猜上面有多少钉子？

نزار: مائة؟

尼扎尔：100颗？

هاشم: لا، عددها على كل مصراع واحد وثمانون، فهذا العدد هو تسعة أضعاف رقم 9 وكان رقم 9 أكبر رقم في اعتقاد الناس في قديم الزمان في الصين، فلا يحق لأحد الدخول والخروج من هذا الباب إلا الأباطرة.

哈希姆：不对，每扇门上有81颗钉子，81是9的倍数，中国古代人们认为9是最大的数目，只有皇帝才能从这个大门进出。

نزار: أصبحنا اليوم أباطرة.

尼扎尔：我们今天也成为皇帝了呀。

هاشم: صحيح. وهذا صرح رينشو. وبحيرة كونغمينغ المشهورة وراء هذا الصرح.

哈希姆：没错。这是仁寿殿。后面就是著名的昆明湖。

نزار: ما أكبر البحيرة! ما أجمل المنظر!

尼扎尔：好大的湖！好美的景色！

هاشم: جبل وانشو (العمر المديد) في شمال البحيرة. يتألف القصر الصيفي من بحيرة كونغمينغ وجبل وانشو بشكل رئيسي.

哈希姆：昆明湖北边是万寿山。颐和园主要是由昆明湖和万寿山组成的。

نزار: ما مساحته؟

尼扎尔：面积有多大？

هاشم: تبلغ مساحته الإجمالية 290 هكتارا. لنزر الممر الطويل الآن.

哈希姆：总面积大约 290 公顷。现在我们去参观长廊吧。

نزار: ما طول الممر الطويل؟

尼扎尔：这个长廊有多长呢？

هاشم: طوله 728 مترا.

哈希姆：全长 728 米。

نزار: كل واحد من الصور المرسومة على سقفه مختلف، أليس كذلك؟

尼扎尔：上面的每幅画都不一样吧？

هاشم: بلى، وهو كذلك. للممر الطويل 273 جوسقا ولكل جانب من كامرة الجوسق العريضة صورة ومجموعها أكثر من 500 صورة.

哈希姆：没错，长廊一共有 273 间亭子，每个横梁的两面各有一幅画，共有 500 多幅。

نزار: عظيم جدا!

尼扎尔：太伟大了。

هاشم: شف هناك، تلك هي القنطرة ذات السبعة عشر قوسا.

哈希姆：看那边，那就是十七孔桥。

نزار: هي مهيبة وجميلة.

尼扎尔：雄伟又漂亮。

هاشم: فلنتسلق جبل وانشو الآن، ونصعد على جوسق فوشيانغ حيث نطل على مناظر القصر الصيفي كلها.

哈希姆：我们现在去爬万寿山吧，登上佛香阁就可以鸟瞰颐和园的全景了。

نزار: جميل جدا. هيا بنا.

尼扎尔：太好了。我们走吧。

هاشم: هل تحب القصر الصيفي؟

哈希姆：你喜欢颐和园吗？

نزار: أحبه حبا كثيرا. هو بلورة من ذكاء شعب الصين وإبداعه.

尼扎尔：非常喜欢。它是中国人民智慧和创造力的结晶。

هاشم: أنت على حق.

哈希姆：太对了。

الكلمات الاضافية: **补充词汇：**

كشك\مقصورة\سقيفة	亭，阁	مصيف	避暑地
حديقة الثقافة العرقية الصينية	中华民族园	نقوش على الصخر	石雕
الحديقة العالمية	世界公园	قاعة كبيرة\قصر	殿
حديقة الجبل العطري\ تل الشذى	香山公园	فانغشان(طعام امبراطوري مقلد)	仿膳
حديقة باي هاي(البحيرة الشمالية)	北海公园	قصر\بلاط	宫
حديقة جينغ شان	景山公园	برج الجرس	钟楼
حديقة با دا تشو(المعابد الثمانية)	八大处公园	موقع جميل المناظر \	风景区
حديقة ديتان(المعبد الأرضي)	地坛公园	منطقة (أو أمكنة) ذات مناظر طبيعية جميلة	
حديقة يوي يوان تان	玉渊潭公园	بركة اللوتس\بحيرة اللوتس	荷花池
حديقة لونغ تان هو	龙潭湖公园	مصطبة زهور	花坛
حديقة تاو ران تينغ	陶然亭公园	تلة صخرية اصطناعية	假山
حديقة بامبو	紫竹园公园	دليل\مرشد\معرّف	讲解员
حديقة يوان مينغ يوان	圆明园公园	كامرة\عارضة	梁
حديقة تشاو يانغ	朝阳公园	أعمدة ذهبية مزخرفة بتنانين متكورة	金漆蟠龙柱
		قرميد لماع\قرميد مزجج	琉璃瓦

6- زيارة الآثار التاريخية　六、游览古迹

1) زيارة سور الصين العظيم

1. 游览长城

ماجد: يا عباس، هل زرت سور الصين العظيم؟

迈吉德：阿巴斯，你去过长城吗？

عباس: لم أزره بعد، ولكن سمعت أنه عظيم جدا.

阿巴斯：没有，但是我听说长城是非常雄伟的。

ماجد: نعم، وإنه تحفة من الشعب الصيني القديم. لنذهب إلى با دا لينغ لزيارة سور الصين العظيم في نهاية الأسبوع.

迈吉德：是的，它是中国古代人民的杰作。我们周末去八达岭游览长城吧。

عباس: هذا جميل.

阿巴斯：太好了。

(على سور الصين العظيم)

（在长城上）

ماجد: ما رأيك في السور؟

迈吉德：长城怎么样？

عباس: عظيم! هذا معجزة. وكم كيلومترا للسور؟

阿巴斯：太雄伟了。这是一个奇迹。长城到底有多长？

ماجد: حوالي ستة آلاف ومائتي كيلومتر. أنظر إلى هناك، ها هي برج الإنذار، عندما حدثت الحرب، أمكن أن يستخدمها الجندي في تبليغ الأخبار باظهار الدخان.

迈吉德：大约 6200 公里。看那边，那就是烽火台，当发生战争的时候，可以用烟火报信。

عباس: عظيم.

阿巴斯：太伟大了。

ماجد: نعم، وقال الصينيون إنه "لسنا رجالا ان لم نصل إلى السور العظيم". ونحن الآن رجال كل رجال.

迈吉德：是啊，中国人有句名言，不到长城非好汉，现在咱们都是好汉了。

عباس: أنت على حق. فلنستمر إلى الأمام.

阿巴斯：没错，那我们继续前进吧。

2) زيارة الأهرام

2. 参观金字塔

عباس: يا ماجد، هل زرت الأهرام؟

阿巴斯：迈吉德，你去过金字塔吗？

ماجد: طبعا، من الذي يَذْكُرُ الأهرام يذكّر الناس مصر.

迈吉德：去过，人们一提到金字塔就会想到埃及。

عباس: إن الأهرام ضخمة مهيبة جدا، أليس كذلك؟

阿巴斯：金字塔很雄伟壮观吧？

ماجد: بالضبط، هي عظيمة مهيبة للغاية. أشهر الأهرام هي الأهرامات الثلاثة التي تقع في الجيزة ضاحية مدينة القاهرة. بنيت هذه الأهرام قبل الميلاد بأكثر من أربعة آلاف سنة. أكبر الأهرام هو هرم خوفو، بُنِيَ ب2300 ألف حجرة والوزن المتوسط لكل واحد من الأحجار يكون 2.5 طن.

迈吉德：没错，非常壮观。最著名的金字塔是位于开罗郊区吉萨的三座金字塔。这些金字塔都是在公元前四千多年前建成的。最大的金字塔是胡夫金字塔，由 230 万块平均重 2.5 吨的石材砌成。

عباس: ما هو الثاني والثالث؟

阿巴斯：那第二、第三呢？

ماجد: الثاني هو هرم خفرع وخفرع ابن خوفو. الثالث هو الأصغر هرم منقرع ومنقرع حفيد خوفو.

迈吉德：第二个是胡夫之子哈夫拉金字塔。第三个也是最小的一个是胡夫之孙蒙卡乌拉金字塔。

عباس: حقا إنها عجيبة. هل أبو الهول أمام الأهرام ؟

阿巴斯：真是奇迹啊。金字塔前还有狮身人面像吧？

ماجد: نعم، وجهه مثل وجه فرعون خفرع مصري، جسمه أسد.

迈吉德：没错，它的面部参照的是埃及哈夫拉法老面部肖像，身体是狮子。

عباس: أود أن أزورها.

阿巴斯：我真想去看看啊。

ماجد: فعلا، انه جدير بزيارتها. اذا تتاح لنا الفرصة فسوف أرافقك إليها.

迈吉德：确实值得一看。如果有机会我陪你一起去。

عباس: ما شاء الله، شكرا.

阿巴斯：太好了，谢谢。

الكلمات الاضافية: **补充词汇：**

معبد كرنك	卡尔耐克神庙	مقبرة دينغلينغ (مقبرة الامبراطور شنتشونغ من أسرة مينغ)	（明）定陵
السد العالي في أسوان	阿斯旺大坝	أبراج الانذار	烽火台
تمثال رمسيس الثاني	拉姆西斯二世雕像	النقوش النافرة على الرخام الأبيض	汉白玉浮雕
سفنكس (أبو الهول)	斯芬克斯（狮身人面像）	هوابياو(عمود حجري منحوت عليه التنين والعنقاء\عمود السحب الرخامية)	华表
هرم سقارة	萨卡拉梯形金字塔（老金字塔）	جسر المياه الذهبية	金水桥
الهيروغليفية	象形文字	وادي الملوك	帝王谷
		معبد الأقصر	卢克索神庙

七、参观博物馆 7- زيارة المتاحف

1) زيارة متحف القصر الامبراطوري

1. 参观故宫博物院

(في صباح من الربيع، يأتي منير ووليد إلى متحف القصر الامبراطوري لزيارته)

（春天的一个早上，穆尼尔和瓦立德来到故宫博物院参观）

منير: يا وليد، تزور القصر الامبراطوري لأول مرة، أليس كذلك؟

穆尼尔：瓦立德，你是第一次来到故宫吧？

وليد: بلى، وهو كذلك. ولكن سبق لي أن سمعت القصر الامبراطوري، وهو المكان الذي كان يسكن ويباشر العمل فيه الأباطرة الصينيون لأسرتى مينغ وتشينغ. متى تأسس؟

瓦立德：没错，不过我以前就听说过故宫，这是中国明清两代皇帝居住和理政的地方。它兴建于什么时候？

منير: بدأ بناؤه عام 1406، وتمّ بناؤه عام 1420.

穆尼尔：故宫始建于 1406 年，建成于 1420 年。

وليد: ما أكبر القصر!

瓦立德：它可真大呀。

منير: ينقسم القصر إلى قسمين، القسم الأمامي والقسم الخلفي يحدهما من بوابة تشيآن تشينغ.

穆尼尔：是的，故宫分为两个部分。以乾清门为界，分为内廷和外朝。

وليد: ما هو الفرق بينهما؟

瓦立德：两者有什么区别？

منير: مركز القسم الخارجي هو صرح تايهو وصرح تشنغهو وصرح باوهو، وهو مكان قد عقد فيه الامبراطور الاجتماع واللقاء. مركز القسم الداخلي هو صرح تشيآن تشينغ وصرح تشاو تاي وصرح كون نينغ، وهو مكان قد سكن فيه الامبراطور وزوجاته وحظيّاته.

穆尼尔：外朝以太和、中和、保和三大殿为中心，是皇帝举行朝会的地方。内廷以乾清宫、交泰殿、坤宁宫，为后三宫，是封建帝王与后妃居住之所。

وليد: فلنبدأ الزيارة فورا.

瓦立德：那让我们快开始参观吧。

منير: نعم، فلنبدأ.

穆尼尔：是啊，开始吧。

2) زيارة المتحف المصري

2. 参观埃及博物馆

منير: يا وليد، هل زرت المتحف المصري؟

穆尼尔：瓦立德，你去过埃及博物馆吗？

وليد: طبعا، هناك كثير من التحف الفرعونية.

瓦立德：去过，那里有很多法老时期的文物。

منير: هل المتحف كبير؟

穆尼尔：博物馆很大吗？

وليد: نعم، كبير جدا. يقع في شمال ميدان التحرير بالقاهرة. فيه أكثر من ثلاثمائة ألف تحفة.

瓦立德：是的，很大。它位于开罗的解放广场北侧。收藏有超过 30 万件文物。

منير: عظيم.

穆尼尔：太棒了。

وليد: يتكون المتحف من طابقين. الطابق الأول هو معرض تعريف التاريخ عن مصر عن سلسلة العصور حسب ترتيب التاريخ. والطابق الثاني هو معارض خاصة بالموضوعات المختلفة مثل المومياء والجواهر.

瓦立德：博物馆分为两层，一层是按照历史顺序介绍埃及历史的陈列室；二层则是专题陈列室，包括木乃伊、珠宝等。

منير: هناك زوار كثيرون، أليس كذلك؟

穆尼尔：游客很多吧？

وليد: بلى، وهو كذلك. يزوره الزوار من أنحاء العالم كل يوم.

瓦立德：是啊，每天都有来自世界各地的游客到博物馆参观。

منير: أرجو أن تتاح لي الفرصة لزيارته.

穆尼尔：希望我也有机会去参观。

وليد: إن شاء الله.

瓦立德：但愿如此。

补充词汇：		الكلمات الاضافية:	
紫禁城	المدينة المحرمة	阿布辛拜勒神庙群	مجموعة معابد أبو سمبل
古典建筑群	مجموعة من طراز البنايات الكلسكي	亚历山大珍宝馆	متحف المجوهرات الملكية في الاسكندرية
建筑面积	مساحة البناء	菲莱神庙	معبد فيلة
登基	اعتلى العرش	卡特巴城堡（在亚历山大）	قلعة قايتباي
御花园	الحديقة الامبراطورية	萨拉丁城堡	قلعة صلاح الدين الأيوبي
香炉	مبخرة ج مباخر	木乃伊	مومياء
天坛	المعبد السماوي	伊斯兰艺术博物馆	متحف الفنون الإسلامية
回音壁	حائط الصدى	方尖石碑	مسلّة
三音石	الأحجار الثلاثة المكبرة للصوت	圣凯瑟琳修道院（在埃及西奈）	دير سانت كاترين
祈年殿	صرح الدعاء لوفرة المحصولات		

8- معرض شانغهاي العالمي (السوق الدولية بمدينة شانغهاي) 八、上海世博会

علي: يا سامي، هل تعرف شيئا عن معرض شانغهاي العالمي؟

阿里：赛米，你知不知道上海世博会的一些情况？

سامي: طبعا، أعرف ذلك. وهذا المعرض نشاط على المستوى العالمي يقام في الصين بعد أولمبياد بكين 2008م.

赛米：当然知道了，这是2008年北京奥运会之后，中国迎来的又一次世界性活动。

علي: متى يقام المعرض؟

阿里：什么时候举行？

سامي: من 1 مايو إلى 31 أكتوبر عام 2010.

赛米：2010年5月1日到10月31日。

علي: هل هذا المعرض العالمي الذي تقيمه الصين أول مرة؟

阿里：这是中国第一次举办世博会吗？

سامي: نعم، لأول مرة. وقد أكدت الأكثر من مائتي دولة أو منطقة أو جهاز حتى الآن من اشتراكها في المعرض، ويكون هذا المعرض أكبر معرض نطاقا في تاريخ العالم.

赛米：没错，是第一次。现在已经有200多个国家、地区和机构报名参加了，这是历史上规模最大的世博会。

علي: ما هي الفكرة الرئيسية لهذا المعرض؟

阿里：这次世博会的主题是什么？

سامي: مدينة أفضل وحياة أفضل.

赛米：城市让生活更美好。

علي: الفكرة جيدة. قيل إن كل دولة ستبني جناحها الخاص الوطني، أليس كذلك؟

阿里：很好的主题。据说每个国家都会建造一个国家馆，是吗？

سامي: بلى، وهو كذلك. تبنيه معظم الدول. مثلا، تبني الصين جناحها الخاص الوطني – تاج الشرق.

赛米：大多数国家都会的。比如中国就会建造自己的国家馆——东方之冠。

علي: الآن أترقب إلى افتتاح معرض شانغهاي العالمي كثيرا، أتمنى أن أزوره في ذلك الوقت.

阿里：我现在非常期待上海世博会的开幕，希望到时候能去参观。

سامي: وأنا كذلك. ممكن أن نزوره معا.

赛米：我也是，到时候咱们一起去。

علي: إن شاء الله.

阿里：但愿如此。

الكلمات الاضافية: **补充词汇:**

جناح جـ أجنحة	展馆（展览会中的分展馆）	نهر هاونغ بو	黄浦江
		جسر نان بو	南浦大桥
جناح الصين	中国展馆	بودونغ (شرق نهر هاونغ بو)	浦东
معروض جـ معروضات	展品	بو تشي (غرب نهر هاونغ بو)	浦西
الصناعة الالكترونية	电子工业	منطقة على ضفاف النهر	滨江地区
الحاسبات الالكترونية	电子计算机	بلدية خاضعة للادارة المركزية مباشرة	直辖市
الكومبيوتر (العقل الالكتروني)	电脑	ضفاف واي تان	外滩
الانسان الآليّ	机器人	مركز الملاحة	航运中心
آلة التصوير (كاميرا) الرقمية	数码相机	مركز الاقتصاد	经济中心
الصناعة الإستخراجية	采矿工业	مركز المالية	金融中心
المعادن غير الحديدية	有色金属	مَعْرِضٌ جـ مَعَارِضُ	展览会，展览馆，博览会
الصناعة البتروكيماوية	石化工业	معرض عام	综合展览会
صناعة الأسمدة الكيماوية	化肥工业	معرض الصناعة	工业展览会
صناعة الغزل والنسيج	纺织工业	معرض الزراعة	农业展览会
الصناعة الثقيلة	重工业	معرض العلم والتكنولوجيا	科技展览会
الصناعة الخفيفة	轻工业	معرض المُنْتَجَاتِ الرفيعة (أو الحديثة) التكنولوجيا	高新科技产品展览会
صناعة الملاحة الجوية	航空业		
صناعة الملاحة الفضائية	航天业	معرض الملاحة الجوية	航空展览会
صناعة الملاحة البحرية	航海业		

第四章 交通运输
الفصل الرابع   النقل والمواصلات

一、乘坐公交车   1- ركوب الأتوبيس

1) الذهاب إلى شيدان بالأتوبيس

1. 乘车去西单

قاطع التذاكر: أيها الرّكّاب الجدد، تفضّلوا باستخدام الكارت ومن لم يكن معه الكارت فليشتر التذكرة.

售票员：刚上车的乘客请刷卡，没卡的乘客请买票。

محمود: أريد تذكرة الى شيدان.

马哈茂德：买一张去西单的票。

قاطع التذاكر: أخطأت في الجهة، عليك أن تركب الأتوبيس الآخر في مقابل هذا الشارع لكي يوصلك الى حيث تريد.

售票员：你坐错方向了，你应该到马路对面坐车才能到。

محمود: حقّا؟ هل أخطأت في الجهة؟ وما العمل الآن؟

马哈茂德：啊？坐错方向了？那我现在怎么办？

قاطع التذاكر: ممكن أن تشتري تذكرة وتنزل في المحطّة القادمة وبعد ذلك تعبر الشارع لركوب الأتوبيس المحدد.

售票员：你买一张票，下站下车，然后过马路坐车。

محمود: شكرا. هل سأركب الأتوبيس الذي يحمل نفس الرقم من الجهة المقابلة؟ وهل سيصل الى شيدان مباشرة؟

马哈茂德：谢谢。到马路对面我还是坐这路车吗？能直接到西单吗？

قاطع التذاكر: لا، ممكن أن تتحوّل الى الأتوبيس عندما تصل الى المحطّة قونغتشوفن.

售票员：不能，你可以坐到公主坟后倒车。

محمود: شكرا!

马哈茂德：谢谢！

قاطع التذاكر: أيها الرّكّاب سينعطف الأتوبيس، تفضّلوا اجلسوا وتماسكوا جيدا! أيّ راكب يتنازل عن المقعد لهذه المرأة التي تحمل طفلا؟

售票员：车辆即将转弯，请乘客们坐好扶好！哪位少坐一会儿，给这个抱小孩的女士让个座儿？

محمود: تفضلي، اجلسي هنا. لأنني سأنزل في هذه المحطّة.

马哈茂德：您坐这儿吧！我这站就下车。

الامرأة: شكرا جزيلا!

女士：太谢谢您了！

(المذياع: أيها الرّكّاب، سنصل إلى المحطّة "جامعة الشعب"، استعدّوا من فضلكم للنزول.)

（广播：各位乘客，即将到站“人民大学”站，请要下车的乘客做好准备。）

2) الذهاب الى محطّة القطاربكين بالأتوبيس

2. 乘车去北京站

(المذياع: أيها الرّكّاب،أهلا بكم في الأتوبيس المرقم374 بدون قاطع التذاكر، تفضّلوا بالمبادرة إلى إلقاء النقود في الصندوق. ومحطّة الوصول هي محطّة القطار الغربية ببكين.)

（广播：欢迎乘坐 374 路车，本车为无人售票车，请各位乘客主动投币。本车终点站“北京西站”。）

أمين: يا سائق، كم ثمن التذكرة إلى محطّة القطار ببكين؟

艾敏：师傅，到北京站多少钱？

السائق: هذا الأتوبيس لا يذهب الى محطّة القطار ببكين، بل يذهب إلى محطّة القطار الغربية.

司机：这车不到北京站，到北京西站。

أمين: لو سمحت، كيف أذهب إلى محطّة القطار ببكين؟

艾敏：那麻烦问一下到北京站怎么坐车？

السائق: أنظر إلى لوحة المحطّة! عليك أن تركب إلى قونغتشوفن أوّلا، ثمّ تتحوّل إلى الأتوبيس المرقم1 أو57.

司机：你看看车站牌，先坐到公主坟，再倒 1 路或 57 路。

أمين: شكرا!

艾敏：谢谢！

(بعد قراءة اللوحة، صعد أمين الأتوبيس المرقم 8 المكوّن من طابقين.)

（看了站牌后，艾敏坐上了特 8 路双层巴士。）

أمين: أريد تذكرة إلى محطّة قونغتشوفن.

艾敏：买一张票，到公主坟。

قاطع التذاكر: عليك أن تشتري تذكرتين لأنّ حقيبتك كبيرة.

售票员：你得买两张，你的行李箱太大了。

أمين: حسنا. لو سمحت، كم يستغرق الوقت من هنا إلى محطّة القطار ببكين ؟

艾敏：好的。请问一下从这里到北京站得多长时间？

قاطع التذاكر: لا يذهب هذا الأتوبيس إلى محطّة القطار ببكين، ولكن عليك أن تتحوّل إلى الأتوبيس الآخر.

售票员：这车不到北京站，你得再倒车。

أمين: نعم، أعرف، سأغير الأتوبيس المرقم 1 أو57. وكم دقيقة تستغرق كل هذه الفترة؟

艾敏：是的，我知道，倒 1 路或 57 路。那加起来一共要多长时间？

قاطع التذاكر: لست متأكدا، قد تستغرق وقتا مختلفا في أحوال المرور المختلفة، وممكن أن تصل بعد 40 دقيقة اذا كان الطريق مفتوحا ، ولكن الآن هو وقت عودة الناس إلى بيوتهم بعد الدوام فمن المتوقّع أن يكون الطريق مزدحما.

售票员：这不好说，得看堵不堵车了。不堵车的话大概 40 分钟能到，但现在是下班时间，估计路上会堵车。

أمين: هل يوجد طريق آخر مختصر؟ لأنني على عجلة من أمري.

艾敏：那还有其他更近的路线吗？我赶时间。

قاطع التذاكر: يمكنك أن تتحوّل إلى الخط الأول للمترو بعد أن تصل الى قونغتشوفن، ثم تتحوّل إلى الخط الثاني بعد الوصول إلى محطة فوشينغمون. لأنّ ركوب المترو أسرع.

售票员：你可以到公主坟后转乘地铁 1 号线，到复兴门站换乘地铁 2 号线。乘地铁会快一些。

أمين: شكرا!

艾敏：谢谢！

قاطع التذاكر: عفوا. اليك الباقي. ممكن أن تجلس في الطابق الثاني وهناك ستجد مقعدا فارغا.

售票员：不客气，找您钱。上面还有空座，您可以上去坐。

أمين: لا داعي لذلك، لأنّ شنطتي ثقيلة جدّا. لو سمحت، هل يمكنك أن تنبّهني عند وصولي إلى المحطّة؟

艾敏：不了，我行李太沉了。麻烦您到站提醒我一下好吗？

قاطع التذاكر: حسنا.

售票员：好的。

3) ركوب الأتوبيس الطويل المدى

3. 乘坐长途客车

(عيد الربيع على الباب، فتعود سعاد من بكين إلى بلدتها داليان بالأتوبيس الطويل المدى.)

（春节快到了，苏阿黛坐长途客运车从北京回家乡大连。）

سعاد: السّلام عليكم! لو سمحت، هل ممكن أن تساعدني على وضع أمتعتي على الرفوف؟

苏阿黛：你好！麻烦您帮我把行李放到行李架上去好吗？

الرّاكب: بكلّ سرور! عفوا، هل أنت طالبة؟

乘客：非常乐意！请问你是学生吗？

سعاد: نعم.

苏阿黛：是的。

الرّاكب: لماذا لا تركبين القطار؟ يمكن للطّالب أن يشتري تذكرة بنصف الثمن عند إبداء البطاقة.

乘客：你怎么不坐火车啊？学生可以出示学生证买半价票啊。

سعاد: لم أتمكّن من شراء التذكرة. لأنّ شراء تذكرة القطار أجد فيه غاية الصعوبة قبل عيد الربيع وبعده ويكون شباك التذاكر مزدحما جدا. فذهبت الى محطّة القطار لشراء التذكرة مرتين ولكنّني لم أستطع شراءها، فأضطررت إلى اختيار هذا الأتوبيس.

苏阿黛：我没买到票。春运期间买火车票很难，售票窗口很拥挤。我去了火车站两次都没买到票，所以只好坐客车了。

الرّاكب: فعلا. وركوب الأتوبيس أكثر راحة من ركوب القطار بالرغم من أنّ تذكرة الأتوبيس أغلى قليلا من تذكرة القطار لأنّ في ركوب القطار ازدحاما شديدا.

乘客：是啊。乘坐客车虽然稍微贵一点，但比乘坐火车舒服，坐火车太挤了。

سعاد: الضباب كثيف في الخارج، وأخشى أن يغلق الطريق السريع.

苏阿黛：外面雾很大，我担心高速公路会封路。

الرّاكب: اطمئني، فانّه لا يغلق، لقد سمعت من اذاعة المواصلات أن تقول ذلك.

乘客：放心吧，不会封路的，我听交通广播了。

(يقف الأتوبيس فجأة في منتصف الطريق.)

（车在半路突然停下来了。）

سعاد: لماذا يقف الأتوبيس ؟

苏阿黛：车怎么停下来了？

السائق: يبدو أنه حصلت حادثة ما.

司机：好像发生了事故。

الرّاكب: كم وقتا نحتاج إليه لكي يجتاز هذا المكان المزدحم؟ أشعر بدوخة في رأسي ، وأريد أن أتقيّأ.

乘客：我们得等多长时间才能通过堵车地段啊，我晕车了，想吐了。

سعاد: غير مقعدك واجلس بجانب النافذة فانّك ستشعر بالتحسن.

苏阿黛：换个座吧，靠窗坐会好点。

الرّاكب: شكرا!

乘客：谢谢！

补充词汇:		الكلمات الإضافية:	
公共汽车	سيارة عامّة، باص	立交桥	كوبري مُجَسَّم
私人汽车	سيارة خاصّة (خصوصية)	三轮送货车	شاحنة ثلاثية العجلات
自行车	دراجة، عجلة	地道	نفق ج أنفاق
变速自行车	دراجة متعددة السرعات	地铁	مترو الأنفاق
折叠车	دراجة سهلة الحمل والطيّ	过街天桥	جسور المشاة
摩托车	دراجة ناريّة، موتوسكل	单行道	طريق باتّجاه واحد
面包车	حافلة	双行道	طريق باتّجاهين
小面包车	مكروباص	人行道, 站台, 月台	رصيف جـ أرصفة
有轨电车	ترام	首班车	الباص الأوّل
无轨电车	ترولیباص	末班车	الباص الأخير
吉普车	جيب	始发站	محطّة الانطلاق
大型载重车	شاحنة	终点站	محطّة الوصول
交通运输工具	وسائل النقل والمواصلات	单一票制线路	نظام ثمن التذكرة الوحيد
急救车	سيارة إسعاف، سيارة الطوارئ	计程票制线路	نظام ثمن التذكرة حسب المسافات
运货车	ناقلة		
马车	حنطور / عربة	交通一卡通	بطاقة المواصلات المدفوعة المشتركة
拖车	قطيرة		
公路	طريق عام	收费站	محطّة جمع الرسوم
高架桥	كوبري علويّ	区间车	الباص بين بضع محطّات

二、乘坐的士   2- ركوب التاكسي

1) طلب التاكسي عن طريق الهاتف

1. 打电话约出租车

(سيذهب خالد الى المطار لركوب الطائرة غدا فيتّصل تلفونيا لطلب التاكسي.)

(哈立德明天要去机场乘飞机,于是打电话约车。)

شركة التاكسي: السّلام عليكم! أيّ خدمة؟

出租车公司:您好!有什么可以帮忙的?

خالد: وعليكم السّلام! من فضلك أرجو أن ترسل لي التاكسي غدا في السّاعة الخامسة صباحا إلى المطار.

哈立德:您好!麻烦你们明天早上五点给我派一辆出租车去机场。

شركة التاكسي: من أين تنطلق؟

出租车公司：您从哪里出发？

خالد: فندق بكين.

哈立德：北京饭店。

شركة التاكسي: طيّب، سيستقبلك سائقنا عند باب الفندق صباح غد في الساعة الخامسة. أرجو أن تزوّدنا برقم محمولك وسيتصّل بك سائقنا فيما بعد.

出租车公司：好的，我们的司机明天早晨五点会到宾馆门口接您。请您告诉我您的手机号，我们的司机师傅回头跟您联系。

خالد: أجل، سجّل من فضلك، أنا السيّد وانغ ورقم محمولي 15683690352 . لو سمحت، ما تكلفة مبلغ الأجرة؟

哈立德：好的。麻烦你记一下，我姓王，电话号码是15683690352。请问一下你们怎么收费？

شركة التاكسي: أجرة طلب التاكسي ثلاثة يوانات، والتكاليف الأخرى هي أجرة التاكسي وستعرفها بواسطة العداد.

出租车公司：我们的约车费是3元，其他跟出租车一样，根据车上计价器来显示。

خالد: طيّب، شكرا! مع السّلامة!

哈立德：好的，谢谢！再见！

2) الذهاب الى ميدان تيان آن مون بالتاكسي

2. 打车去天安门广场

ديمة: يا سائق، من لطفك ممكن أن توصلني الى تيان آن مون؟

迪玛：师傅，您能送我去天安门吗？

السائق: حسنا.

司机：好的。

ديمة: يبدو أنّ هذا الطريق مختلف عن الاتجاه الذي أريده!

迪玛：这么走方向好像不对吧？

السائق: صدّقيني، لن أخدع الرّكّاب، هذا هو الطريق الأقرب. تعرفين بكين معرفة سطحية، يبدو أنّك لست بكينية، أليس كذلك؟

司机：相信我吧，我不会欺骗乘客的，这是最近的路。看你对北京不太熟悉，你不是北京人吧？

ديمة: نعم، هذه أوّل مرة أزور فيها بكين. انّ طرق بكين مزدحمة جدّا.

迪玛：是啊，我第一次来北京。北京的交通太拥挤了。

السائق: صحيح. هذا الوقت هو وقت قمّة الازدحام، لماذا لا تركبين الأتوبيس؟ هنا يوجد الأتوبيس الذي يروح الى ميدان تيان آن مون مباشرة.

司机：是的。你正好赶上堵车高峰期了，你怎么不乘公交车啊？从这儿有公交车直接到天安门的。

ديمة: عندي موعد مع صديقي، كنت أعتقد أنّ ركوب التاكسي أسرع قليلا.

迪玛：我和一个朋友约好时间了，我以为打的会快些呢！

السائق: هذا ليس مؤكدا. لأنّ ركوب التاكسي والأتوبيس على نفس السرعة ويحتاج الى نفس وقت الانتظار اذا كان الطريق مزدحما، ولكنّ ركوب التاكسي أغلى كثيرا، وفي بكين الثمن الأصلي عند ركوب التاكسي عشرة يوانات.

司机：不一定的。如果遇上堵车，打的和乘公交都一样，都得等着，而且打的还要贵很多，在北京起步价就要 10 块钱。

ديمة: نعم، لماذا لم تتحرّك السّيارة أمامنا ولو قليلا؟

迪玛：是啊，怎么前面的车一点都不动啊？

السائق: لا يسعنا إلاّ أن ننتظر.

司机：没办法，等着吧。

(بعد خمسين دقيقة.)

（过了五十分钟。）

ديمة: الحمد لله، وصلنا. وعليّ أن أنزل هنا.

迪玛：终于到了，我就在这儿下车吧。

السائق: عفوا، الوقوف هنا ممنوع. سأمشي الى الأمام قليلا وهناك توجد محطّة وقوف التاكسي.

司机：不好意思，这里不允许停车。我再往前开一点，前面有一个出租车停车站。

ديمة: طيّب. كم ثمن الأجرة؟

迪玛：好的。一共多少钱？

السائق: ستّة وثلاثون يوانا.

司机：36 元。

ديمة: إليك النقود، أعطني الفاتورة من فضلك.

迪玛：给您钱，请给我一张发票。

السائق: بكلّ سرور.

司机：好的。

3) استئجار السيارة

3. 租车

(يريد حسن أن يسوق السيارة مع أصدقائه الى ضاحية بكين للنزهة، فيتصّل بشركة إيجار السيارات لاستئجار السيارة.)

（哈桑假期想和朋友们一起开车去北京郊区玩，于是打电话给汽车租赁公司租车。）

حسن: آلو، السّلام عليكم! أريد استئجار سيارة بثمانية مقاعد.

哈桑：喂，您好！我想租一辆有八个座的车。

شركة إيجار السيارات: هل تحتاج إلى سائق؟

汽车租赁公司：配司机吗？

حسن: لا.

哈桑：不需要。

الشركة: كم يوما تحتاجها؟

汽车租赁公司：租几天？

حسن: يومين.

哈桑：两天。

الشركة: من فضلك، أحضر رخصة القيادة والعُرْبُون الى شركتنا لإكمال الاجراءات.

汽车租赁公司：请您带驾驶证和押金来公司办手续。

حسن: ما مبلغ العربون؟

哈桑：押金多少钱？

الشركة: ألف وخمسمائة يوان ليومين.

汽车租赁公司：两天 1500 元。

حسن: كم مبلغ الإيجار للسيارة؟

哈桑：租车费多少？

الشركة: خمسمائة يوان كل يوم.

汽车租赁公司：一天 500 元。

حسن: طيّب.

哈桑：好的。

الكلمات الإضافية: **补充词汇：**

التزويد بالبنزين	加油	جهاز العداد	计价器
دواسة الفرامل	刹车	دفع الثمن	付费
إرجاع السيارة	还车	رفض نقل الركاب	拒载
تجاوز المدّة المحددة	过期	الشكاوى	投诉

后备箱	صندوق السيارة	期限	أجل (مدّة الإيجار)
车灯	أضواء السيارة	保险	تأمين
油门	دواسة البنزين	超载	حمل زائد
方向盘	عجلة القيادة	超车	تجاوز سيارة
发动机	محرّك جـ محرّكات	车抛锚	تعطل السيارة
轮胎	إطار جـ إطارات	加速	زيادة السرعة
停车位	موقف السيارة	减速	تهدئة السرعة
黑车	سيارة غير شرعية	加油站	محطّة بنزين
不按计价器收费	جمع (دفع) الرسوم غير حسب جهاز العداد		

3- ركوب المترو   三、乘地铁

1) الذهاب إلى يونغخهقونغ بالمترو

1. 乘地铁去雍和宫

(علي وأحمد في محطّة المترو موشيدي وهما يريدان الذهاب الى يونغخهقونغ بالمترو، فيذهبان الى شبّاك التذاكر.)

（阿里和艾哈迈德在木樨地地铁站，他们想乘地铁去雍和宫。于是他们来到地铁售票处。）

علي: تذكرتين الى يونغخهقونغ لو سمحت.

阿里：买两张去雍和宫的票。

قاطع التذاكر: يوانان لشخص واحد، وعليك دفع أربعة يوانات. بدأت بكين في تنفيذ نظام وحيد ثمن التذكرة بيوانين لركوب المترو كما بدأت استعمال التذكرة الألكترونية.

售票员：两块一位，共四块。北京乘地铁开始实行单一票价制2元，并开始使用电子车票。

علي: طيب، تفضل إليك عشرة يوانات.

阿里：好的，给你10块钱。

قاطع التذاكر: إليك الباقي ستّة يوانات.

售票员：找你六块。

(يدخل علي وأحمد إلى رصيف المحطّة حيث يتوقّف القطاران على جانبي الرصيف، وهما لا يعرفان ركوب أيّ قطار، فيسألان الموظّف المناوب في المحطّة.)

（阿里和艾哈迈德进入地铁站台，站台两边都有列车，他们不知道坐哪边的车，于是问值班人员。）

علي: لو سمحت، نريد الذهاب الى يونغخهقونغ ولكن في أيّ جهة نصعد على القطار؟

阿里：我们想去雍和宫，请问在哪边坐车？

الموظّف المناوب: القطار الأيمن، وتركب حتّى المحطّة فوشينغمون وتنزل هناك وتتحوّل إلى الخط رقم 2.
值班人员：右边的车，你坐到复兴门站下车，然后换乘 2 号线。
(يصل علي وأحمد الى المحطّة يونغخهقونغ بالمترو، وهما يريدان الذهاب إلى دائرة الإدارة لتأشيرة الدخول والخروج ولكن لا يعرفان مكان الخروج.)
（阿里和艾哈迈德乘地铁到了雍和宫站，他们要去出入境管理局，但不知道从哪个出口走。）

أحمد: لو سمحت، من أين أخرج لكي أذهب الى دائرة الإدارة لتأشيرة الدخول والخروج؟
艾哈迈德：请问去出入境管理局从哪个出口走？

المارّ: لا أعرف أيضا، ولكن ممكن أن تقرأ اللوحة التي أمامك.
路人：我也不知道，你可以看一下前面的指示牌。

2) الذهاب الى محطّة القطار ببكين بالمترو
2. 乘地铁去北京火车站

(يصل علي وسعاد الى محطّة المترو وو داو كو.)
（阿里和苏阿黛来到五道口地铁站。）

سعاد: هل تعرف أنّ هذه أوّل مرة لي أركب فيها المترو؟ ولا أعرف كيف أركب المترو !
苏阿黛：你知道吗，这是我第一次坐地铁，我还不知道怎么乘坐呢！

علي: ركوب المترو سهل جدّاً، يمكنك أن تطالعي خريطة المترو المبسّطة واللوحات التي توجد في كل المحطّات، ثمّ ستعرفين كيف تركبين المترو.
阿里：乘坐地铁很简单的。你可以看地铁示意图和指示牌，每个地铁站都有，然后你就知道怎么坐了。

سعاد: اذن، كيف نركب من هنا إلى محطّة القطار ببكين؟
苏阿黛：那咱们怎么从这里去北京站？

علي: أنظري إلى الخريطة، يمكننا الركوب إلى المحطّة شيتشيمون أوّلا، ثمّ نتحوّل إلى الخط الثاني لنذهب إلى محطّة القطار ببكين.
阿里：你看地图，我们可以先坐到西直门，然后换乘 2 号线到北京站。

سعاد: فهمت قليلا ولكن لم أستوعب بعد.
苏阿黛：我有点明白了，但还不是完全清楚。

علي: بعد أن تركبي المترو هذه المرة ستفهمين كلّ الفهم.
阿里：你坐完这一次你就完全清楚了。

(يشتري علي التذاكر ويعطي لسعاد تذكرتين.)
（阿里买完票，给了苏阿黛两张票。）

سعاد: لماذا تعطيني تذكرتين؟

苏阿黛：你为什么给我两张票？

علي: إحداهما للخط رقم 13 والأخرى للخط رقم 2 . انّ الخط رقم 2 بعيد قليلا عن الخط رقم13 ويمكننا دخول المترو مباشرة بهاتين التذكرتين ولا حاجة الى شراء التذاكر مرة أخرى، وهذا يوفّر لك وقتا أكثر.

阿里：这一张是 13 号线的票，另一张是 2 号线的票。2 号线和 13 号线距离有点远，这样买票可以直接进去，而不用再买票，可以节省更多时间。

سعاد: أنا فاهمة. فاستخدام كارت المواصلات المدفوعة المشتركة أسهل.

苏阿黛：明白了。还是用一卡通方便。

علي: نعم، بدأ معظم الناس في بكين يستخدمون الكارت.

阿里：是的，大部分北京人现在都开始用一卡通了。

(يدخل علي وسعاد إلى رصيف المترو حيث ينتظر كثير من الناس في جانبي الرصيف.)

（阿里和苏阿黛进入了地铁站台，站台两边都有很多人等车。）

سعاد: من أيّ جهة نصعد؟

苏阿黛：咱们坐哪边的车？

علي: في هذا الخط الدائري يمكنك الوصول بأيّة جهة والمسافة متساوية تقريبا.

阿里：这是环线，两个方向都能到，距离都差不多。

سعاد: انّ مترو بكين يتطوّر سريعا جدّا، أنظر، على هذه الخريطة خطوط كثيرة جدّا، فيقدّم لنا التسهيلات الكبيرة في المواصلات.

苏阿黛：北京的地铁发展真快啊，看看这示意图上有这么多线路，到哪儿都很方便。

علي: نعم، تتطوّر بكين في هذه السنوات الأخيرة تطوّرا سريعا في مجال النقل والمواصلات، وانّ تطوّر المترو يخفّف ضغوط المواصلات على الأرض، و إلى جانب ذلك لا حاجة لنا أن نقلق على الازدحام الذي يكون في الطريق اذا اخترنا ركوب المترو.

阿里：是的，北京这两年交通发展非常快，地铁交通的发展能缓解路面交通压力，而且乘坐地铁不用担心堵车。

补充词汇： **الكلمات الإضافية:**

درجات السلّم	台阶	محطات تبديل المترو	地铁换乘站
الخطوط الحديدية الخفيفة	轻轨，轨道交通	المترو في البناء	正在建设中的地铁线
خط دائري	环线	محطات المترو التي تمّ بناؤها	已建成地铁站
مدخل المحطة	进站口	محطات المترو في البناء	正在建设中的地铁站
مخرج المحطة	出站口	نفق جـ أنفاق	通道
جهاز أوتوماتيكي لبيع التذاكر	自动售票机	أنفاق لذي العاهة	残疾人通道
		مصعد كهربائي	电梯

四、乘火车   4- ركوب القطار

1) شراء تذاكر القطار

1. 车票

(يذهب علي إلى صالة بيع التذاكر في محطّة القطار لشراء التذكرة من داليان إلى شانغهاي.)
(阿里来到火车站售票厅购买从大连到上海的火车票。)

علي: أريد تذكرة إلى شانغهاي يوم 24 من هذا الشهر.
阿里：买一张这个月24号去上海的火车票。

قاطع التذاكر: عفوا، لا تباع التذكرة إلاّ قبل موعدها بأربعة أيام، فعليك أن تأتي يوم 20.
售票员：对不起，火车票提前四天才能购买，你20号再过来买吧。

(يأتي علي إلى أحد مكاتب التذاكر بالوكالة لشراء التذكرة في يوم 20.)
(20号阿里来到一个火车代售处买火车票。)

علي: أريد تذكرة إلى شانغهاي في اليوم الـ24.
阿里：我要买24号去上海的火车票。

قاطع التذاكر: من هنا إلى شانغهاي قطار واحد فقط، برقم T131.
售票员：从这里到上海只有一趟车，T131。

علي: لو سمحت، هل هذا القطار سريع جدّا؟
阿里：请问这是特快直达快车吗？

قاطع التذاكر: نعم.
售票员：是的。

علي: طيّب، أشتري تذكرة عربة النّوم العاديّة.
阿里：好的，那我买一张卧铺票。

قاطع التذاكر: العفو، قد تمّ بيع تذاكر عربة النوم العادية لهذا القطار، ولكن توجد تذاكر للمقاعد العاديّة.
售票员：对不起，卧铺票卖完了，硬座票还有。

علي: سأشتري تذكرة للمقاعد العاديّة.
阿里：那就买硬座票吧。

2) في صالة الانتظار في محطّة القطار

2. 车站候车厅

(يذهب علي إلى محطّة القطار لركوب القطار.)
(阿里来到火车站乘火车。)

علي: لو سمحت، أين أصعد القطار رقمT131 الى شانغهاي؟

阿里：请问我要坐 T131 次车去上海，应该从哪儿上车？

المضيف: من غرفة الانتظار الثالثة.

服务员：第三候车室。

علي: أين هي؟

阿里：第三候车室怎么走？

المضيف: اصعد إلى الطابق الثاني بالمصعد الكهربائي وهي على يسار الصالة. أنا ذاهب إلى هناك أيضا، تفضّل، امش معي.

服务员：坐电梯上 2 层，第三候车室，就在大厅的左边。我也要去那里，你跟我走吧。

(ينتظر علي في صالة الانتظار لصعود القطار.)

（阿里在候车室里等待上车。）

علي: لو سمحت، متى يبدأ التدقيق على التذاكر للقطار المرقم T131 ؟

阿里：请问 T131 什么时候开始检票？

الموظّف المناوب: قبل الموعد بنصف الساعة تقريبا.

值班人员：一般提前半小时左右。

علي: لماذا لم يبدأ التدقيق حتّى الآن و لم يبق على الوقت إلاّ عشر دقائق فقط.

阿里：还有十分钟了，怎么还不开始检票呢？

الموظّف المناوب: إنّ القطار متأخّر ولم يصل حتّى الآن، وعليك أن تنتبه إلى المذياع وتصبر قليلا.

值班人员：火车晚点了还没到站呢，您耐心等一会，请注意听广播。

علي: طيب، شكرا.

阿里：好的，谢谢。

3) في القطار

3. 在火车上

(بعد أن يصعد علي القطار يجد شخصا يجلس على مقعده.)

（阿里上了火车后发现有人坐在自己的坐上。）

علي: لو سمحت، هل تأكّدت من أنّه مقعدك؟

阿里：对不起，您确定这是您的座位吗？

الراكب: أنا أودّع صديقي وسأنزل بعد أن أتحدّث معه قليلا، هل هذا مقعدك؟ تفضل، اجلس.

乘客：我是来送人的，和朋友说两句话就下去了。这是您的座吧？请座。

علي: لا بأس به واستمر أنت في حديثك.

甲：没关系，你接着说吧。

علي: لو سمحت، متي سيصل هذا القطار إلى شانغهاي؟

阿里：请问这车什么时候能到上海？

العامل: الساعة ال12 صباح غد.

乘车员：明天中午 12 点。

علي: هل من الممكن أن أغير مقعدي إلى عربة النّوم العاديّة؟ المقعد العاديّ يتعبني كثيرا ولا أستطيع أن أتحمّله.

阿里：我能换张卧铺吗？硬座太累人了，我受不了。

العامل: يمكنك أن تذهب إلى العربة رقم 14 للتسجيل.

乘车员：你可以到 14 号车厢登记。

علي: طيّب. من فضلك أين عربة الطعام ؟

阿里：好的，请问餐车在哪里？

العامل: في العربة رقم 10.

乘车员：10 号车厢。

الكلمات الإضافية: **补充词汇:**

وصول عند الموعد	准点到达	مكان مسموح التدخين	吸烟区
رسوم الاجراءات	手续费	عربة ممنوعة التدخين	无烟车厢
إعادة التذاكر ، إرجاع التذاكر	退票	مواعيد رحلات القطارات	列车时刻表
ربان/ قبطان القطار	列车长	مضجع (سرير) أعلى	上铺
حمال ، شيال ، عامل شحن	搬运工人	مضجع (سرير) أوسط	中铺
عربة قطار ، حافلة قطار	车厢	مضجع (سرير) أسفل	下铺
بوليس القطار	车警	عربة نوم بدرجة أولى، عربة نوم ممتازة	软卧
موزّع القطار	调度员	مقعد جلدي، مقعد مريح، مقعد سياحيّ	软座
خط تحويل ، وصلة تحويل	转线轨道	قطار مباشر وسريع	直快
سكة ، خط	轨道	قطار سريع جدا	特快
قاطرة ذات رأسين	双头机车	قطار سريع	快车
حجم ركاب عن سكة الحديد	铁路客运量	قطار سريع عادي	普快
حجم الحمولة في السكة الحديدية	铁路货运量	القطار العالي السرعة ذو مجموعة المحركات	动车组
تقاطع الخطوط	铁路交叉点		
رف الأمتعة	行李架	رصيف ج أرصفة	站台
عربة البريد	邮车	مراقب التذاكر، عامل خرم التذاكر	检票员
تذكرة الرصيف	站台票	موظّف عربة القطار	列车员

قطار خاص	专车	عامل عربة القطار	乘务员
صفير	汽笛声	قاطرة	火车头
		تأخر عن الميعاد	晚点

5- ركوب الطائرة　五、乘飞机

1) حجز تذكرة الطائرة

1. 订机票

(سيسافر علي من نانجينغ إلى داليان، فيحجز تذكرة الطائرة تلفونيّا.)

（阿里要从南京坐飞机去大连，于是打电话订飞机票。）

علي: آلو، السّلام عليكم! هل هذه شركة الخطوط الجوّيّة الجنوبية؟

阿里：喂，您好！请问是南方航空公司吗？

شركة الخطوط الجوّيّة الجنوبية: نعم. وعليكم السّلام! أيّ خدمة؟

南方航空公司：是的，您好！请问有什么需要？

علي: أريد حجز تذكرة إلى داليان يوم 15 من هذا الشهر، فهل يوجد خصم؟

阿里：我想订一张本月15号去大连的飞机票。请问有打折机票吗？

الشركة: يوجد خصم 60% من التذكرة للرحلة المرقمة CZ3985 وتقلع الطائرة في السّاعة الواحدة والرّبع بعد الظهر.

航空空司：有四折的票，航班号CZ3985，下午1：15起飞。

علي: كم ثمن التذكرة الذي يحتوي على رسوم بناء المطار؟

阿里：加上机场建设费一共多少钱？

الشركة: خمسمائة يوان.

航空公司：500元。

علي: إنّها رخيصة، سأحجز التذكرة الآن.

阿里：很便宜，那我现在订一张。

الشركة: ألا تريد حجز تذكرة الإياب ؟

航空公司：不需要返程票吗？

علي: لا حاجة إليها.

阿里：不需要。

الشركة: تفضّل بإخباري اسمك ورقم بطاقة هوّيتك ورقم تلفونك. سنقدّم خدمة إرسال التذكرة بلا مقابل.

航空公司：请告诉我您的姓名、身份证号及电话号码。我们提供免费送票服务。

2) صعود الطائرة

2. 登机

(سيصعد علي الطائرة في المطار الدوليّ ببكين ليسافر إلى مصر لإكمال الدراسة.)

(阿里即将从北京国际机场登机，去埃及留学。)

الموظّف: من فضلك، أعطني تذكرتك وجواز سفرك.

机场工作人员：请给我看一下你的机票和护照。

علي: تفضّل.

阿里：给你。

الموظّف: هل توجد عندك أمتعة في الشحن؟

机场工作人员：你有需要托运的行李吗？

علي: نعم، فقط هاتان الشنطتان.

阿里：有，就这两个箱子。

الموظّف: من فضلك ضع الشنطتين على الميزان.

机场工作人员：请你把这两个箱子放到称上来。

علي: هل إنّ الوزن يزيد عن الحد اللازم للقانون؟

阿里：超重了吗？

الموظّف: لا، الوزن من ضمن حدود القانون.

机场工作人员：没有，不超。

علي: الحمد لله.

阿里：太好了。

الموظّف: هاك تذكرتك وبطاقتك لصعود الطائرة. وحافظ عليهما.

机场工作人员：这是你的登机牌和机票，请拿好。

علي: شكرا.

阿里：谢谢。

(يذهب علي إلى باب الفحص الأمني.)

(阿里来到安检口。)

ضابط الأمن: تفضّل ضع حقيبتك هنا وأخرج ساعتك ومحمولك وضعهما هنا.

安检人员：请您把手提包放在这儿。还有您的手表、手机都拿出来放到这里。

علي: نعم.

阿里：好的。

ضابط الأمن: تفضّل، أدخل من هذا الباب.

安检人员：请从这个门进去。

(يرنّ جهاز الفحص.)

（检查器响了。）

ضابط الأمن: دقيقة يا سيّد، هل تحمل حاجة معدنيّة؟

安检人员：请等一下，先生，你身上有金属物品吗？

علي: عفوا، معي بعض النقود المعدنيّة.

阿里：对不起，有几个硬币。

ضابط الأمن: من فضلك أخرجها وأدخل الباب مرة ثانية.

安检人员：请您拿出来，再过一次安检门。

(ينتهي علي من الفحص الأمنيّ ويذهب إلى المدخل رقم6 لصعود الطائرة.)

（阿里通过了安检，来到了 6 号登机口登机。）

3) على متن الطائرة

3. 在飞机上

(المذياع: سيّداتي وسادتي مساء الخير، تحيّيكم الخطوط الجوّيّة المصريّة وترحّب بكم. انّ طائرتنا ستقلع حالا، من فضلكم أيها الرّكّاب، أغلقوا كل الأجهزة الكهربائية معكم واربطوا الأحزمة، وشكرا لكم!)

（广播：女士们、先生们，晚上好！埃及航空公司向你们致意并欢迎你们。我们的飞机马上就要起飞了，请各位乘客将随身携带的所有电器关闭，并系好安全带，谢谢你们！）

المضيفة: أيّ نوع من العصير تريد؟

空姐：请问您要什么果汁？

علي: عصير البرتقال، شكرا.

阿里：橙汁，谢谢。

(المذياع: سيّداتي وسادتي، تصادف طائرتنا تيّارا هوائيا شديدا أثناء الطيران، من فضلكم اربطوا الأحزمة وشكرا!)

（广播：女士们、先生们，我们的飞机在飞行过程中遇到了强烈的气流，请大家系好安全带，谢谢！）

علي: انّ تيّار الهواء كان مخيفا.

阿里：刚才的气流挺可怕的。

الرّاكب: هل هذه أوّل مرة تركب فيها الطائرة؟ إنّ تيّار الهواء ظاهرة عاديّة في أثناء الطيران.

乘客：你是第一次乘飞机吗？飞行中遇到气流是很正常的。

علي: هل لهذا السبب ستتأخّر الطائرة عن موعدها ؟

阿里：飞机会因此晚点吗？

الرّاكب: لا، كن مطمئنا.

乘客：不会的。放心吧。

علي: هل سنتحوّل إلى طائرة أخرى عندما نصل الى تايلاند ؟

阿里：我们到泰国还要转机是吗？

الرّاكب: نعم.

乘客：对。

علي: هل توجد اجراءات عندما نتحوّل إلى الطائرة الأخرى؟

阿里：转机时需要办手续吗？

الرّاكب: نتمّها معا.

乘客：你跟我一起办就行了。

علي: حسنا، شكرا لك!

阿里：好的，谢谢你！

الكلمات الإضافية: **补充词汇：**

مصادرة	没收	بيع التذاكر على الانترنت	网上售票
تسجيل الخروج	出境登记	العنبر بدرجة أولى	头等舱
تسجيل الدخول	入境登记	العنبر بدرجة رجال الأعمال (درجة للمهمة)	公务舱
طاقم الطائرة	机组人员		
حادثة الطائرة	飞机失事	العنبر بدرجة سياحية	经济舱
الصندوق الأسود في الطائرة	黑匣子	جواز السفر العادي	因私护照
جناح الطائرة	机翼	جواز السفر الدبلوماسي	外交护照
كوّة ، باب الطائرة	舱口	جواز السفر للمهمة	公务护照
مقدمة الطائرة	机头	مضيفة	空姐
ذنب الطائرة	机尾	مضيف	空少（空哥）
فوق الصوتي	超音速的	أيرباص	空中客车
موعد الوصول	到达时间	بوينج	波音
موعد المغادرة	离港时间	اختطاف الطائرة	劫持飞机
ارتجاج، اهتزاز	颠簸	طراز الطائرة	机型
مدّة الطيران	飞行时间	خطوط دولية	国际航线
ارتفاع الطيران	飞行高度	خطوط داخلية	国内航线
مدى الطيران	航程	عربة الأمتعة	行李车
طائرة شراعية	滑翔机	رحلة ذهابا	单程
جسم الطائرة	机身	رحلة ذهابا وايابا / رحلة الذهاب والعودة)	往返
قمرة القيادة	驾驶舱	صالة المغادرة	航站楼

طائرة ركاب	客机	التأخر عن موعد اقلاع الطائرة	误机
مقصورة الركاب	客舱	طائرة نفاثة	喷气式飞机
المجال الجوي	领空	اقلاع الطائرة	起飞
ملاح دليل	领航员	هبوط الطائرة	降落
الطيران المدني	民用航空	حزمة الأطعمة الجاهزة / الوجبة الجاهزة	套餐
تحليق	盘旋		
هبوط اضطراري	迫降	الخطوط الجوية الصينية الدولية	国航
ساحة المطار، حظيرة الطائرات	停机坪	الخطوط الجوية الشرقية	东航
الصعود إلى الطائرة	登机	طيّار	飞行员
بطاقة الصعود	登记卡	مكتب الاستعلامات	问讯台
النزول من الطائرة	下飞机	قطبان الطائرة، قائد الطائرة	机长
قسم الأمتعة	行李舱	مخرج طوارئ	紧急出口
دوار الرأس على متن الطائرة	晕机	فحص جمركي	海关检查
طائرة عمودية، هليكوبتر	直升飞机	سلع مهرّبة / سلع سائلة	走私货

6- ركوب الباخرة　六、乘船

1) حجز تذاكر الباخرة

1. 买船票

(سيسافر علي وسعاد من يانتاي إلى داليان بالباخرة، ويذهب علي إلى شباك التذاكر.)

（阿里和苏阿黛要坐船从烟台到大连，阿里来到售票处。）

علي: السّلام عليكم! أريد تذكرتين إلى داليان.

阿里：您好！我想买两张到大连的船票。

قاطع التذاكر: لهذا اليوم؟

售票员：买今天的吗？

علي: نعم.

阿里：对。

قاطع التذاكر: اليوم توجد ثلاثة خطوط، الخطّ الأوّل في الساعة الرابعة بعد الظهر، الخط الثّاني في الساعة الثّامنة من هذا المساء والخط الثّالث في الساعة العاشرة من هذه الليلة، فأيّ خطّ تريد؟

售票员：今天还有三班船，下午 4 点第一班，晚上 8 点第二班，晚上 10 点第三班，你要买哪一班的？

علي: كم ساعة تستغرق الرحلة من هنا إلى داليان؟

阿里：从这里到大连大概要多长时间？

قاطع التذاكر: حوالي سبع ساعات.

售票员：大概 7 个小时。

علي: اذن أشتري تذكرتين لرحلة الساعة العاشرة.

阿里：那我买晚上 10 点的。

قاطع التذاكر: في أيّ درجة تريد ؟

售票员：几等舱？

علي: الدرجة الثانية. إليك الفلوس.

阿里：二等。给您钱。

2) في الباخرة

2. 在客轮上

(سيصعد علي وسعاد الباخرة.)

（阿里和苏阿黛即将登船。）

علي: يا لها من باخرة كبيرة! أنظري، فانّ كثيرا من السيارات تصعد الباخرة.

阿里：这船真大啊！你看，那么多车开上了船。

سعاد: نعم.

苏阿黛：是啊。

علي: يبدو أنّك متضايقة. ماذا بك؟ سنكون على البحر، ألا يعجبك ذلك؟

阿里：你怎么看上去不高兴？怎么了？咱们就要在大海上了，你不觉得高兴么？

سعاد: أخشى أنّني سأتعرّض للدّوار.

苏阿黛：我担心我会晕船。

علي: لا تقلقي، فإنني قد أحضرت معي الأدوية ضدّ الدّوار.

阿里：没关系，我带了晕船药。

(يصعد علي وسعاد الباخرة.)

（阿里和苏阿黛登上了船。）

سعاد: من فضلك، أين الغرفة رقم202؟

苏阿黛：请问 202 号房间怎么走？

الموظّف: امشي إلى الأمام قليلا و عندما ترين السلّم فاصعدي إلى الطابق الثاني.

工作人员：你一直往前走，然后看到一个楼梯，上二层。

سعاد: شكرا.

苏阿黛：谢谢。

(يصل علي وسعاد إلى الغرفة ويضعان أمتعتهما فيها.)

（阿里和苏阿黛到了房间，把行李放好。）

علي: ما رأيك أن نتجوّل على السّطح؟

阿里：咱们去甲板上看看，你觉得怎样？。

سعاد: لا أريد أن أتحرّك.

苏阿黛：我不想动。

علي: لا تقلقي على الدّوار. يا الله! انّ الهواء نقيّ على السّطح! ألا تريدين التفرج على المظاهر البحرية الليلية الجميلة؟

阿里：别担心晕船了。走吧！上面空气新鲜！难道你不想看看美丽的夜幕海景吗？

سعاد: بالتأكيد.

已：当然想了。

(يطلع علي وسعاد إلى السّطح.)

(阿里和苏阿黛来到了甲板。)

علي: البحر هادئ جدًّا اليوم.

阿里：今天海面很平静。

سعاد: نعم. ذكرت في المرة السابقة عندما ركبت الباخرة هبّت الريح الشديدة على البحر وكانت الأمواج كبيرة واهتزّت الباخرة ، الأمر الذي أدّي إلى ألاّ أحب السفر بالباخرة.

苏阿黛：是啊。记得上次坐船时，海上起大风了，当时浪特别大，整个船摇晃得特别厉害，所以我不喜欢坐船。

علي: كوني مطمئنة، لا تقلقي، بعد النوم سنصل.

阿里：别担心了，我们睡一觉就到了。

سعاد: أشعر بالبرد قليلا، لنعد الى الغرفة.

苏阿黛：我有点冷，咱们回房间去吧。

补充词汇： | الكلمات الإضافية:

海里	ميل بحري	全体船员	طاقم السفينة
港口	ميناء جـ موانئ	引水员	دليل السفن
抛锚	رسا يرسو رسوا	触礁	اصطدام السفينة بالحيود
载重	حمولة	船尾	مؤخر السفينة
不冻港	ميناء دافئ	船头	مقدم السفينة
码头	رصيف	打捞沉船	انتشال سفينة غارقة
起航	إقلاع المركب	导航设备	أجهزة الملاحة
公海	البحر المفتوح	灯塔	منارة
领海	البحر الإقليميّ	渡船	معدية ، زورق عبور

海上旅行	رحلة بحرية	帆船	مركب شراعي
客轮公司	شركة الباخرة	港口吞吐量	قدرة الميناء في الشحن والتفريغ
客轮	باخرة الركاب	搁浅	شحط السفينة، جنوح السفينة
油轮	ناقلة بترول	海面情况	حالة البحر
战舰	أسطول	航道	طريق سير السفينة
小船	قارب جـ قوارب / زورق جـ زوارق	集装箱船	سفينة حاويات
滚装船	السفينة الدلفينية	救生船	قارب النجاة، قارب انقاذ
客货轮	باخرة الركاب والبضائع	救生衣	حزام النجاة، صدار النجاة
班轮	باخرة خطية	浪花	رشاش الموجة، رذاذ الموجة
货轮	سفينة الشحن، سفينة بضائع	木筏	طوف، رمث
吨位	الطنّية	排水量	الحجم المزاح
救生圈	طوق النجاة	起锚	رفع المرساة
轮船时刻表	جدول الأبحار	汽艇	زورق بخاري
船长	ربّان، قبطان	装卸	شحن وتفريغ
大副	وكيل الربان الأول	卸货港	ميناء التفريغ
二副	وكيل الربان الثاني	游艇	يخت
水手	ملاح	载货容积	سعة الشحن

7- شحن البضائع 七、货运

1) اتصال بشركة الشحن
1. 联系货运公司

(سيتخرج علي من الجامعة وهو يريد أن يرسل بعض الأمتعة الى بيته.)
(阿里大学毕业了,想把部分行李运回家。)

علي: أمتعتي كثيرة وثقيلة، لا أعرف كيف أرسلها إلى بيتي!
阿里:我的行李太多太沉了,真不知道怎么运回家。

الزّميل: توجد وسائل كثيرة، في سيارات الشاحنات والشحن بالطائرة أوبالقطار أوبالسفينة. وتوجد كثير من الشركات تعمل خدمات في هذا المجال.
同学:有很多办法,比如汽车托运、空运、火车托运和船运。现在有很多这样的货运公司。

علي: هل ممكن أن تعرّفني على شركة ما؟
阿里:你可以给我推荐一个吗?

الزّميل: سبق لي أن أرسلت الأمتعة عن طريق احدى الشركات اسمها تشايجيسونغ، وخدمتها ممتازة، معي رقم

تلفون لهذه الشركة، فيمكنك أن تتصّل بها وتسألهم.

同学：我以前通过一家叫"宅急送"的公司托运过行李，他们的服务非常好。我有这家公司电话，你可以打一个电话问问。

(يتصّل علي بالشركة تشايجيسونغ تلفونيّا.)

（阿里给宅急送公司打电话。）

علي: آلو، السّلام عليكم! هل هذه شركة تشايجيسونغ؟

阿里：喂，您好！是宅急送公司吗？

الشركة: وعليكم السّلام! نعم، أيّ خدمة؟

宅急送：是的，您好！请问有什么需要帮忙的吗？

علي: أريد شحن أمتعتي غدا.

阿里：我想明天托运一些行李。

الشركة: نعم. في أيّ ساعة؟ ممكن أن تزوّدنا بعنوانك لكي نرسل لك سيارة من شركتنا غدا؟

宅急送：好的。明天几点？您的具体地址是什么，我们明天派车去。

2) التسليم السريع عن البريد (البريد السريع)

2. 快递

(تصل سيارة الشركة تشايجيسونغ في ضبط الموعد.)

（宅急送的车准时到了。）

الموظّف: ماذا تريد منا في خدمتكم؟

工作人员：需要我们帮忙么？

علي: كلّ الأمتعة التي أريد شحنها موجودة هنا.

阿里：是的，我所有要托运的行李都在这里。

الموظّف: سأضعها على الميزان. واليك قائمة الأسعار، أنظر، تكاليف الشحن مختلفة من مدينة لأخرى.

工作人员：我称一下重量。这是价目表，您看一下，不同的地区运费不同。

علي: أنا عارف. ولكن هل لي أن أعرف متى ستصل أمتعتي؟

阿里：好的。什么时候能托运到？

الموظّف: الشحن الى شانغهاي يحتاج الى ثلاثة أيام. تفضّل، املأ هذه الاستمارة.

工作人员：托运到上海三天之内能到。请您填一下这个表格。

علي: طيب.

阿里：好的。

الموظّف: هل فيها حاجات نفيسة؟ وتريد تأمينها؟

工作人员：有贵重物品吗？需要买保险吗？

علي: لا.

新编阿拉伯语实用会话

阿里：不用。

الموظّف: حسنا، احتفظ بهذا الوصل. وتستطيع أن تتصل بنا في حالة حدوث أي مشكلة بعد وصول الأمتعة.

工作人员：好的，请收好收据。如果送到后你发现有任何问题，可以和我们联系。

补充词汇: **الكلمات الإضافية:**

أمر التسليم، سند التسليم	交货单	الاجراءات الجمركية	海关手续
تسليم البضائع	交货	وصول السلع	到货
استلام البضائع	接货	إيداع السلع	货物存仓
تعبئة للنقل البحري	适合海运的包装	تاريخ التسليم	交货日期
المرسل اليه ، مشحون اليه	收货人	استئجار عنابر السفينة	定舱，租货舱
ميناء التوقف، مرفأ التعريج	停靠港	مدة صلاحية الاعتماد	信用证有效期
تعويضات التأخير	延滞费	ميناء الشحن ، ميناء الاقلاع	起运港
الوكالة الصينية للبواخر الأجنبية	中国外轮代理公司	تمديد الاعتماد	延长信用证有效期
إعادة شحن على سفينة أخرى، تبديل سفينة الشحن	转船运输	تجهيز المستندات	准备单证
ميناء التزويد بالفحم	装煤港	أخطار السرقة والتلف	盗窃险和海损险
وثائق الشحن	装船单据	ميناء الوصول	目的港
تاريخ التحميل والتفريغ	装卸日期	عامل لاسلكي	报务员
الشحن في العنابر	装舱	ميناء الاستغاثة	避难港
ميناء حر	自由港	بيان عنابر السفينة ، بيان شحنات السفينة	舱单
مستأجر السفينة	租船人		
		عنابر الشحن، مخازن البضائع	货舱

八、交通指示 8- إشارات المرور

1) عقوبة المخالفة المرورية

1. 交通违规罚款

شرطيّ المرور: قف!

交警：停车！

علي: لماذا؟

阿里：为什么？

شرطيّ المرور: ألم تر علامة تحديد السرعة؟ السرعة القصوى هنا 40 كيلومترا في الساعة. تفضّل، أبرز رخصة قيادتك.

交警：你没有看到限速标志吗？这里最高行驶速度为每小时40公里。请出示你的驾照。

علي: نعم.

阿里：好的。

شرطيّ المرور: هل شربت الخمر؟

交警：你喝酒了吗？

علي: أنا آسف، فعلا، شربت قليلا.

阿里：是的，喝了一点点，对不起。

شرطيّ المرور: هل تعرف ما هي الأخطار التي تحدث لقيادة السيارة في حالة السكر؟

交警：你知道酒后驾车的危险性吗？

علي: عرفت، لن أفعل ذلك فيما بعد.

阿里：知道，我以后一定不会这样了。

2) الحادثة المفاجئة

2. 突发事故

(يسوق علي سيارته مع سعاد إلى تقاطع الطرق.)

（阿里开着车和苏阿黛来到了一个十字路口。）

علي: ماذا حدث في التقاطع أمامنا؟

阿里：前面十字路口发生什么事了？

سعاد: قيل إنّه حصل حادث مروري وتصادمت أحد التاكسيات مع احدى الشاحنات.

苏阿黛：据说发生交通事故了，一辆出租车和一辆大卡车撞上了。

علي: هل إنّ الصدام كان شديدا؟

阿里：撞得严重吗？

سعاد: سمعت أنّه شديد، وسائق التاكسي ما زال في داخل التاكسي والرّاكب قد مات.

苏阿黛：听说很严重。出租车司机仍然被卡在车里出不来，打车的乘客当场就死了。

علي: لماذا تقع حوادث المرور هنا دائما؟

阿里：这个路段怎么老发生车祸？

سعاد: هنا ملتقى الطرق ولكن توجد الإشارات الضوئية المرورية، فمن يلتزم بنظام المرور يكن بعيدا عن الحوادث. وسمعت أنّ المسؤولية الرئيسية لسائق التاكسي، لأنّه كان مستعجلا في القيادة فخالف الضوء الأحمر وصدمت سيارته بالشاحنة التي أتت عن يمينها صدفة.

苏阿黛：这是个十字路口，交通指示灯都有，如果大家都遵守交通规则是不会出事故的。我听说主要责任还在于出租车司机，他着急闯红灯了，结果正好被右边过来的大卡车撞着了。

علي: نعرف منذ أن كنّا صغارا أنّ الضوء الأحمر يعني منع المرور والضوء الأخضر يعني السماح بالمرور، ولكن لماذا لا يلتزم كثير من الناس بهذا النظام؟

阿里:"红灯停,绿灯行",这是我们从小就知道的,怎么有这么多人不去遵守啊?

سعاد: إنّ مشكلة المرور مشكلة كبيرة في الصين. والسبب الرئيسي هو أنّ الناس ينقصهم وعي الالتزام بنظام المرور. وكثير من الناس يحدث لهم حادث مروري لأنهم يريدون توفير الوقت القليل لهم. وقيل المثل"في التأني السلامة، وفي العجلة الندامة".

苏阿黛:中国的交通问题是一个大问题。主要原因还是大家没有遵守交通规则的意识,很多人为了赶一点点时间,结果闯了大祸,真是应了一句谚语"欲速则不达"呀。

3) إشعار الشرطة بالحادثة

3. 报警

علي: آلو، وقعت حادثة هنا!

阿里:喂,这里发生了事故!

الشرطيّ: في أي مكان؟

警察:什么位置?

علي: في تقاطع الطرق بجانب فندق الصداقة.

阿里:在友谊宾馆旁边的十字路口。

الشرطيّ: كم شخصا أصيب؟

警察:多少人受伤了?

علي: أصيب شخصان ومات واحد.

阿里:两伤一死。

الشرطيّ: نشكرك! سنصل الى مكان الحادثة فورا!

警察:谢谢你!我们马上就到!

علي: تفضّل بسرعة!

阿里:你们快点!

4) تنظيم المرور

4. 交通疏导

(يكون الطريق مزدحما في الملتقى، فيأتي شرطي المرور إلى وسط السيارات لتنظيم المرور.)

(十字路口堵车了,一个交警来到车流当中开始疏导交通。)

شرطي المرور: يا سائق، قدّم هذه السيارة إلى الأمام قليلا!

交通协管员:这辆车往前开一点!

علي: إنّ أعمال شرطة المرور صعبة جدا!

阿里：交警的工作真不容易！

سعاد: نعم، أنظر إلى هذه السيارات! يبدو أن يلتصق بعضها ببعض.

苏阿黛：是啊，看看这些车，都挤得没有空隙了！

(بعد عشر دقائق، أصبح الطريق فاضيا من الزحام.)

（十分钟后，路通了。）

علي: الحمد لله، إنّ الطريق مفتوح، جميل جدّا!

阿里：感谢真主，路终于通了，太好了！

سعاد: عليك أن تلتزم بنظام المرور فيما بعد وانتبه جيدا عندما تسوق سيارتك!

苏阿黛：以后你一定要小心开车，遵守交通规则！

علي: أنا عارف.

阿里：知道了。

الكلمات الاضافية: **补充词汇:**

قيادة في حالة سكر	酒后驾驶	المواصلات داخل المدينة	市内交通
خذ اليمين! / إلى اليمين!	靠右边走！	ممنوع التجاوز!	禁止超车！
سالك / طريق مفتوح	可以通行	مفارق الطرق/ ملتقى الطرق/ تقاطع الطرق	十字路口
خط السير السريع	快车道		
خط السير البطيء	慢车道	تجاوز السرعة المحددة	超速
أشغال عامة، تمهل!	前面施工，缓行！	تجاوز سيارة	超车
ممر المشاة / عبور المشاة	人行横道，斑马线	عربة جـ عربات	车辆
خط الوقوف	停车线	رقم السيارة	车号
موقف السيارات	停车场	نوع السيارة	车种
تمهل عند المنعطف!	弯道慢行！	غير سالك / طريق مسدود	此路不通
مخالف المرور / مرتكب المخالفة	违反交通规则者	طريق وحيد الاتجاه	单行线
		انتبه لخط حديدي / حذار من القطار	当心火车！
اتجه الى اليمين!	向右绕行！	طريق غير ممهد / طريق وعر	道路不平
زقاق / زاروب	胡同，巷	الضوء الأحمر، الضوء الأخضر، الضوء الأصفر	红灯、绿灯、黄灯
خطر الانزلاق! / طريق زلق!	小心路滑！		
1- هدّئ السرعة 2- أنظر حولك 3- سر	一慢二看三通过	أضواء المرور / اشارات المرور	交通指示灯
طريق ضيّق	窄路	طريق مستدير / دائري	环行路

مكان الحادثة	肇事地点
هراوة الشرطيّ/ عصا الشرطيّ	指挥棒
خذ السرعة الوسطى وافسح الطريق للسيارات الأخرى حرصا على السلامة	中速行驶，安全礼让！
شارع رئيسيّ	主要街道
مسند الدراجات	自行车停放架
موقف الدراجات	自行车停放处
اصطدام من الخلف	追尾
إنقاذ	抢救
مجروح ، مصيب	伤员
السير بالاتجاه العكسي	反方向行驶（逆行）
عطل في المحرك	发动机故障
شهادة القيادة / إجازة القيادة / رخصة السياقة	驾照
حجم حركة السير	交通流量
سلامة المرور / أمن المرور	交通安全
منصة الشرطيّ	交通指挥台
البوق ممنوع! / ممنوع استعمال آلة التنبيه!	禁止鸣笛！
ممنوع مرور السيارات!	禁止通车！
ممنوع دخول السيارات!	禁止汽车驶入！
ممنوع وقوف السيارات! / ممنوع الانتظار!	禁止停车！
ممنوع الاتجاه إلى الشمال!	禁止左转！
دورية الشرطة	警察巡逻队
برج الشرطيّ / كشك الشرطيّ	警亭

交通运输 الفصل الرابع النقل والمواصلات

第五章 邮电通讯

الفصل الخامس البريد والاتصالات

一、打电话 1- الاتصال التلفوني

1) سِجِلّ الزوار (ترك الاشعار)

1. 留言

حسن: ألو، السلام عليكم، منزل أمين؟

哈桑：你好！请问是艾敏家吗？

فاطمة:وعليكم السلام، من المتكلم؟

法蒂玛：你好！请问你是？

حسن: حسن يتكلم، أنا صديق أمين، ومن حضرتك؟

哈桑：我是哈桑，艾敏的朋友。你是？

فاطمة: أنا زوجة أمين، وهو ليس موجودا الآن. أيّ خدمة؟

法蒂玛：我是艾敏的妻子。他现在不在家。你找他有事吗？

حسن: أهلا وسهلا، يا فاطمة. هل من الممكن أن تتفضلي وتخبريه بأنني اتصلت به؟

哈桑：你好！法蒂玛。如果可以的话，请你告诉他我和他联系过，好吗？

فاطمة: طيب. سأخبره.

法蒂玛：好的，我会的。

2) تحديد الموعد

2. 预约

حسن: ألو، السلام عليكم، أنا حسن، أودّ أن أقابل السيد أميرا، هل له وقت فاض اليوم؟

哈桑：你好！我是哈桑，我想找艾米尔先生，他今天有空吗？

السكرتير: من فضلك انتظر قليلا. عفوا، ليس فاضيا اليوم، ولكنه فاض غدا.

秘书：请稍等。对不起，他今天没空，但是他明天有时间。

حسن: طيب. سأقابله في الساعة العاشرة صباح الغد. هل من الممكن؟

哈桑：好吧。我明天上午十点过去找他可以吗？

السكرتير: سيكون مشغولا في الاجتماع في الساعة العاشرة، هل من الممكن أن تقابله في الساعة الثانية بعد الظهر، وهو غير فاض إلا في ذلك الوقت؟

秘书：那个时候他要开会，你下午两点来可以吗？他只有那个时间有空。

حسن: طيب، سأقابله، أرجو أن تخبره بأنني سأتصل به في الوقت الآخر.

哈桑：好吧。我将见他。请你转告他我会和他再联系的。

السكرتير: طيب، ما فيه مشكلة.

秘书：好的，没问题。

3) الاتصال بالأهل تلفونيا

3. 与家人通话

أمين: ألو أنا أمين، لماذا لم تتصلي بي تلفونيا؟

艾敏：你好！我是艾敏，你怎么没给我打电话？

فاطمة: أنا آسفة، نسيت ذلك.

法蒂玛：对不起，我忘了。

أمين: لا بأس به، كيف حالك أنت؟

艾敏：没事，你好吗？

فاطمة: أنا بخير، وأنت؟

法蒂玛：很好，你呢？

أمين: أنا بخير أيضا، كيف حال أبوينا وولدنا؟

艾敏：我也很好。爸妈、孩子好吗？

فاطمة: كلهم بخير. كيف الجو في بكين؟

法蒂玛：他们也很好。北京的天气好吗？

أمين: الجو جميل، معتدل ولطيف.

艾敏：天气不错，温和宜人。

فاطمة: كيف العمل؟ متعب أو لا؟

法蒂玛：工作怎么样？累不累？

أمين: أتعبني العمل في البداية، ولكن يساعدني الزملاء متحمسين، فأتقدم سريعا.

艾敏：刚开始的时候挺辛苦，不过同事们都很热心地帮助我，我进步很快。

فاطمة: جيد جدا. هل الشعب الصيني عطوف متحمس؟

法蒂玛：那太好了，中国人很热情吧？

أمين: نعم، الشعب الصيني مضياف متحمس وكريم مثلنا نحن الشعب العربي.

艾敏：是的，和我们阿拉伯人一样慷慨好客。

فاطمة: أنت مبسوط، ولكننا مشتاقون إليك.

法蒂玛：你很好，不过我们还是很想念你。

أمين: أنا كذلك. فأرجو منكم أن تسافروا إلى بكين للزيارة بعد فترة ما.

艾敏：我也很想念你们。过段时间你们来北京玩几天吧。

فاطمة: حسنا. الوقت متأخر، استرح مبكرا.

法蒂玛：好啊。时间不早了，你早点儿休息吧。

أمين: طيب. تصبحين على خير.

艾敏：好的，晚安。

فاطمة: تصبح على خير.

法蒂玛：晚安。

补充词汇： **الكلمات الاضافية:**

دليل التلفون	电话本	تلفون فرعي	分机
الخط المشغول	占线	ترانك أو السنترال	总机
تالكس	电传	كشك التلفون	电话间
فاكس	传真	مكالمة تلفونية طويلة المسافة	长途电话
مكالمة الفيديو	视频通话	مفتاح المدينة	区号
الفيديو على الانترنت	网络视频	مكالمة طارئة	紧急电话

二、手机 2- الهاتف النقال (المحمول والجوّال)

الموظف: أهلا وسهلا، أي خدمة؟

职员：你好，有什么要帮忙的？

كريم: أهلا بك، أريد شراء بطاقة سيم.

克里姆：你好，我想买一张 sim 卡。

الموظف: طيب. خمسة عشر يوانا.

职员：好的，15 元一张。

كريم: هل من الممكن القيام بالمكالمة الدولية؟

克里姆：可以打国际长途吗？

الموظف: ممكن.

职员：可以的。

كريم: ما هو الثمن لكل دقيقة؟

克里姆：每分钟多少钱？

الموظف: إلى أي دولة ستضرب التلفون؟

职员：你要打到哪个国家？

كريم: مصر.

克里姆：埃及。

الموظف: أربعة فاصل ستة يوانات لكل دقيقة.

职员：每分钟 4.6 元。

كريم: كيف أشحن الفلوس إليها؟

克里姆：如何充值呢？

الموظف: يمكنك أن تشتري بطاقة الشحن. ثمن البطاقة بفئة خمسين يوانا ومائة يوان.

职员：可以买充值卡。有 50 元的，还有 100 元的。

كريم: أريد البطاقة بفئة مائة يوان.

克里姆：我要 100 元的。

الموظف: إليك. هل تريد شراء شيء آخر؟

职员：给你。还要别的吗？

كريم: لا أحتاج، شكرا.

克里姆：不要了。

الموظف: المجموع مائة وخمسة عشر يوانا.

职员：一共 115 元。

كريم: إليك الفلوس. مع السلامة.

克里姆：给你钱。再见。

الموظف: مع السلامة.

职员：再见。

补充词汇： **الكلمات الاضافية:**

电池	البطارية	余额	المتبقى \ الرصيد
充电器	جهاز الشحن	话费	رسوم الاتصالات

التمهيد	开机	الرسالة المتعددة الوسائط	彩信
التوقف	停机	الجيل الثالث من تكنولوجيا	3G
هاتف أرضي	座机	الاتصالات المتنقلة	

3- البريد الالكتروني والدردشة على الانترنت 三、电子邮件和网上聊天

1) البريد الالكتروني

1. 电子邮件

شريف: السلام عليكم، يا يوسف، أريد أن أبعث البريد الالكتروني إلى زوجتي في مصر، ولو سمحت كيف أكتب وأبعث البريد الالكتروني.

谢里夫：你好，优素福，我想给我在埃及的妻子发电子邮件，请问如何发送呢？

يوسف: لأساعدك.

优素福：让我来帮你吧。

شريف: طيب، شكرا.

谢里夫：好的，谢谢。

يوسف: أولا، تسجّل عنوان البريد الالكتروني، مثلا abc@yahoo.com، ثانيا تحدد كلمة المرور.

优素福：首先注册一个电子邮箱地址，比如 abc@yahoo.com，之后设置密码。

شريف: حسنا.

谢里夫：好的。

يوسف: تدخل إلى البريد الالكتروني الآن وتختار "كتابة الرسالة".

优素福：现在进入邮箱，选择写信。

شريف: دخلت واخترت.

谢里夫：选完了。

يوسف: تكتب عنوان البريد الالكتروني لزوجتك في عمود العنوان.

优素福：在地址栏输入你妻子的电子邮箱地址。

شريف: انتهيت من ذلك.

谢里夫：好了。

يوسف: تكتب موضوعا في عمود الموضوع مثلا "كيف حالك؟".

优素福：在主题栏输入主题，比如"你好吗？"

شريف: خلاص.

谢里夫：完成了。

يوسف: تكتب رسالة في عمود النص.

优素福：在正文栏中写信。

شريف: كتبتها. أريد أن أرسل صورة، كيف أرسل؟

谢里夫：好了，写完了。我想发送一张照片，怎么办？

يوسف: أنقر على "المرفق" واتبع بإرشادات التشغيل.

优素福：点击附件，按照提示操作就行了。

شريف: أكملت الخطوات كلها.

谢里夫：我完成了操作步骤。

يوسف: هل تريد أن تضيف شيئا آخر؟

优素福：你还要添加吗？

شريف: لا، خلاص.

谢里夫：没有了。

يوسف: أخيرا، أنقر على "الإرسال". وأنت ناجح في إرسال البريد الإلكتروني.

优素福：最后点击发送就可以了。

شريف: شكرا.

谢里夫：谢谢。

يوسف: عفوا. إرسال الرسالة بسيط سريع عن طريق البريد الالكتروني، أليس كذلك؟

优素福：不客气，使用电子邮件很方便吧。

شريف: بلى، هذا سهل وسريع.

谢里夫：是啊，方便又快捷。

2) الدردشة على الانترنت

2. 网上聊天

شريف: يا يوسف، السلام عليكم. ما هي الدردشة على الانترنت؟

谢里夫：你好，优素福，网上聊天是怎么回事啊？

يوسف: أولا، تجهّز برنامج الدردشة، ثم يمكنك أن تدردش على الانترنت بالكلمات أو الصوت أو الفيديو.

优素福：你先安装一个聊天软件，然后通过聊天软件就可以在网上通过文字、语音或者视频聊天了。

شريف: يبدو أنها سهلة جدا.

谢里夫：听上去很简单啊。

يوسف: نعم، لأساعدك.

优素福：是的，我来帮你吧。

شريف: شكرا.

谢里夫：谢谢。

يوسف: أولا، تجهّز البرنامج.

优素福：首先，安装软件。

شريف: تمّ تركيبه.

谢里夫：好了。

يوسف: ثانيا، أدخل رقم التسجيل وكلمة المرور.

优素福：然后输入注册号和密码。

شريف: طيب.

谢里夫：好的。

يوسف: اختر الشخص الذي تريد الدردشة معه، وافتح عمود الحوار ، أدخل الكلمات التي تريد أن تقولها.

优素福：选择你要聊天的人，打开对话框，输入你想说的话就可以了。

شريف: شكرا. وهكذا، أستطيع أن أتبادل أطراف الحديث مع الأصدقاء على بعد آلاف أميال.

谢里夫：谢谢。这样就可以和千里之外的朋友聊天了。

يوسف: صدقت.

优素福：你说得对。

الكلمات الإضافية: **补充词汇:**

برنامج الرسائل الفورية	即时通信软件	موقع الانترنت	网站
أجهزة الكمبيوتر	电脑硬件	موقع شامل	门户网站
اختزان	存储	موقع الأخبار	新闻网站
جهاز الذاكرة	存储器	موقع الفيديو	视频网站
استدعاء الفهرس	显示目录	موقع تبادل اجتماعي	社交网站
تنفيذ البرنامج	执行程序	محرك البحث	搜索引擎
التحكم المبرمج	程序控制	برامج مكافحة الفيروسات	杀毒软件
كتابة البرنامج	编写程序	النطاق العريض	宽带
بايت	字节	رابط	链接
القرص المغناطيسي	磁盘	تنزيل	下载
الذاكرة	（电脑）记忆	الألعاب على الانترنت	网络游戏
عرض الكوارتز	液晶显示	تقنية المعلومات	信息技术

四、传真　4- الفاكس

الموظف: أهلا وسهلا، أي خدمة؟

职员：你好，有什么要帮忙的？

سعيد: أهلا بك، أريد أن أرسل الفاكس إلى مصر.

赛义德：你好，我想往埃及发一份传真。

الموظف: طيب، هات الملف.

职员：好的，请把文件给我。

سعيد: إليك.

赛义德：给你。

الموظف: ما هو رقم الفاكس؟

职员：请问传真号码是多少？

سعيد: صفر، صفر، اثنان، صفر، اثنان، واحد، اثنان، ثلاثة، أربعة، خمسة، ستة، سبعة. عفوا لو سمحت، إذا أردت أن أبعث الفاكس بنفسي، فكيف أفعل؟

赛义德：002021234567，请问，如果我自己发传真的话，怎么发呀？

الموظف: أولا، ضَعْ ورق الملف على جهاز الفاكس بالضبط.

职员：首先，把要传的文件正确放入传真机。

سعيد: وبعد ذلك؟

赛义德：然后该怎么办？

الموظف: تأخذ الميكروفون ، وتضرب رقم الفاكس الذي تريد إرساله، عندما تسمع صوت التذكير تضغط زر الإرسال فتتم عملية إرسال الفاكس.

职员：拿起话筒，拨传真号码，听到提示音后按发送键就可以了。

سعيد: شكرا. سأفعل كما تقول.

赛义德：谢谢。我照你说的做。

الكلمات الاضافية: **补充词汇：**

الوارد	传进来的	جهاز الفاكس	传真机
انحسار الورق	卡纸	ورق الفاكس	传真纸
إعادة	再装填	رقم الفاكس	传真号码
معدل التمييز	分辨率	برقية فوتوغرافية	传真电报
المسح	扫描	ميكروفون	话筒
الطلب	拨号	نغمة	拨号音
تركيب خرطوشة الغرافيت	装入墨盒	صفحة الغلاف	封面页
		وجهة لأسفل	正面朝下

第六章　　文化娱乐
الفصل السادس　　الفنون والترفيهية

一、看电影　　1- مشاهدة الأفلام

أسامة: ان الفيلم الجديد يعرض الآن في السينما، هل شاهدته؟
乌萨迈：有一部新影片正在电影院上映，你去看了吗？

خليفة: ما اسم الفيلم؟
哈里发：片名是什么？

أسامة: اسم الفيلم: هدّاف كرة السلة.
乌萨迈：片名是《大灌篮》。

خليفة: من هو بطل الفيلم؟
哈里发：谁是主演？

أسامة: ألا تعرف؟ هو تشو جيه لون، صنمك، تعبده كثيرا وهو النجم المفضل لك.
乌萨迈：你不知道啊？你崇拜的偶像，你喜欢的明星周杰伦。

خليفة: كنت مشغولا في هذه الأيام. لم أنتبه اليه.
哈里发：我最近比较忙，没注意到。

أسامة: فعلا أنك مشغول في هذه الأيام، لا تتعب نفسك كثيرا، خذ الراحة وشاهد الفيلم!
乌萨迈：是啊，你最近工作很忙，不要太累了，休息休息，去看看电影。

خليفة: من هو مخرج الفيلم؟
哈里发：是谁导演的啊？

أسامة: اسم المخرج تشو يان بينغ وهو من المخرجين المشهورين في تايوان.
乌萨迈：台湾著名导演朱延平。

خليفة: من هم الممثلون الآخرون في هذا الفيلم؟
哈里发：还有哪些演员？

أسامة: تساي تشوه يان وزنغ تشي وي ووانغ قنغ... إلخ، ان تمثيل الفيلم مشترك من نجوم برّ الصين الرئيسي وهونغ كونغ وتايوان.

乌萨迈：还有蔡卓妍、曾志伟和王刚等。大陆、香港、台湾三地明星联手演绎。

خليفة: أي نوع من الأفلام؟

哈里发：是什么类型的电影啊？

أسامة: فيلم كوميدي لحياة الشباب وهو يليق بنا كثيرا.

乌萨迈：青春喜剧片，很适合我们去看的。

خليفة: حسنا. أحب الكوميديا أكثر لأنه يجعل الانسان يخفف عنه تعب العمل و ملل الحياة.

哈里发：好，我比较喜欢看喜剧片，可以缓解工作、生活压力。

أسامة: نعم، ان الفيلم الكوميدي يأتينا بالغبطة والابتسام، فيقول القول المأثور الصيني قائلا، من يبتسم دائما يبق الشباب معه.

乌萨迈：对啊，喜剧片给我们带来欢欣和微笑。俗话说，笑一笑，十年少。

خليفة: متى ننطلق؟

哈里发：那我们什么时候去？

أسامة: نلتقي في الساعة الثامنة مساء عند باب السينما.

乌萨迈：晚上8点，电影院门口见。

خليفة: ما هو ثمن التذكرة؟

哈里发：票价是多少？

أسامة: قد اشتريت التذاكر. أكرمك.

乌萨迈：我已经买好票了，我请客。

خليفة: ألف شكر.

哈里发：非常感谢。

أسامة: لا كلفة بيننا. أنا مسرور بحضورك.

乌萨迈：客气什么啊。你能来我就很高兴啦。

اسماعيل: هل شاهدت الفيلم "بوق التجمع"؟

易斯马仪：你看电影《集结号》了吗？

محسن: بالطبع.

穆哈欣：看了。

اسماعيل: ما رأيك فيه؟

易斯马仪：觉得怎么样？

محسن: لا بأس به. قرأت كثيرا من مقالات الدعاية عن هذا الفيلم، وكنت أتطلع إليه كثيرا، ربما هذا السبب أنا غير مقتنع به. هل شاهدته؟

穆哈欣：一般吧，可能是看了很多宣传文章，期望太高了，反而容易不满足。你也看啦？

اسماعيل: نعم، شاهدته أمس. ورأيت انه فيلم مؤثر حتى بكيت. أريد أن أشاهده مرة أخرى.

易斯马仪：嗯，我昨天去看的，我觉得很感人，我都哭了，还想再去看一遍呢。

محسن: يبدوا أنك تحب الفيلم الوثائقي.

穆哈欣：看来你喜欢这种纪实片。

اسماعيل: نعم، أحب فيلما مؤثرا وفيه قصص حقيقية وواقيعية. وأنت؟

易斯马仪：是的，我喜欢看情节真实感人的电影。你呢？

محسن: أفضل فيلم المغامرة والفيلم الارهابي.

穆哈欣：我喜欢看惊险、恐怖片。

اسماعيل: أخاف من مشاهدة الأفلام من هذه الأنواع، لأنني لا أستطيع أن أنام في الليل بعد مشاهدتها.

易斯马仪：我可不敢看那类的片子，晚上会睡不着觉的。

محسن: يا لك من جبان.

穆哈欣：你胆子真小。

اسماعيل: أي نجم سينمائي تحب أكثر؟

易斯马仪：你最喜欢的影星是谁？

محسن: لا يوجد نجم معين، من يمثل جيدا في الفيلم، أحبه. وأنت؟

穆哈欣：没有固定影星，只要演得好我就喜欢。你呢？

اسماعيل: الممثل ليو ده هواه، أعتقد أنه ملك الفيلم بكل معنى الكلمة.

易斯马仪：刘德华，我觉得他是真正的影帝。

محسن: من هو المخرج الأحب اليك؟

穆哈欣：那你最喜欢的导演是谁？

اسماعيل: أحب المخرج المشهور فنغ شياو قنغ.

易斯马仪：我喜欢著名导演冯小刚。

محسن: لماذا؟

穆哈欣：为什么啊？

اسماعيل: كل الأفلام التى يخرجها مؤثرة وقريبة من حياتنا.

易斯马仪：我觉得他导演的电影都很贴近生活，很感人。

محسن: أي فيلم أحب اليك من أفلامه؟

穆哈欣：他的哪部电影你最喜欢？

اسماعيل: "الطرف الأول والطرف الثاني" و"الانتظار حتى النهاية" و"لا نهاية له"، كلها أفلام محبوبة الى.

易斯马仪：《甲方乙方》、《不见不散》、《没完没了》我都很喜欢。

محسن: وأنا كذلك، أعتقد أن التعاون بينه وبين قه يو وشيوي فان ممتاز.

穆哈欣：嗯，这几部片子我也很喜欢。我觉得他和葛优、徐帆的配合很完美。

اسماعيل: لعلهم يقدمون لنا أورع الأفلام في هذه السنة.

易斯马仪：嗯，希望他们今年还会拍出最精彩的电影。

补充词汇： **الكلمات الاضافية:**

الفيلم الرومانسي	爱情片	فيلم \ فيلم جـ أفلام	电影
الفيلم الحربي	战争片	معد \ منتج	制片人
كوميديا	喜剧	مخرج	导演
المأساة	悲剧	بطل جـ أبطال	主演
هوليوود	好莱坞	ممثل الدور الثانوي	配角
جوائز الأوسكار	奥斯卡奖	الفيلم الخيالي العلمي	科幻片
التأثيرات الخاصة	电脑特技	فيلم ارهابي	恐怖片
		فيلم وثائقي	文献片，纪录片

2- مشاهدة برامج التلفزيون 二、看电视节目

سناء: ماذا تفعلين في البيت بعد الدوام؟

萨娜：你一般下班回家都干什么啊？

هبة: لا شيء خاص. أعد الأطعمة وأغسل الأطباق وبعد ذلك أشاهد التلفزيون.

哈柏：没什么特定的事做，做饭，洗碗，然后就看看电视。

سناء: أي برنامج من البرامج تحبين؟

萨娜：你喜欢看什么电视节目？

هبة: برامج التسلية والترفيه أو المسلسل التلفزيوني، وأنت؟

哈柏：娱乐节目或者电视连续剧都爱看。你呢？

سناء: أنا مثلك، أشاهد كل حلقة من البرنامج "حسن الحظ 52 " الذي يشرف عليه لي يونغ، وهو مقدم معروف ومشهور.

萨娜：我也是，李咏主持的"幸运 52"我每期都看，他是一位著名主持人。

هبة: أرغب في مشاهدة ذلك البرنامج أيضا. ممكن أن نعرف كثيرا من المعلومات خلال مشاهدة هذا البرنامج.

哈柏：我也喜欢那档节目，可以在娱乐当中了解很多知识。

سناء: ما هو المسلسل الذي تشاهدينه في هذه الأيام؟

萨娜：你最近在看什么电视连续剧？

هبة: المسلسل له 32 حلقة يسمى "الكفاح" الذي يعرض في القناة المركزية الصينية، هل شاهدته؟

哈柏：最近中央台热播的 32 集电视连续剧《奋斗》，你看了吗？

سناء: طبعا، حول قصة الكفاح للشباب الذين ولدوا بعد عام 1980م ، أظن أنه مسلسل رائع يليق بنا كثيرا.

萨娜：看了看了，讲 80 后的年轻人奋斗的故事，我觉得很不错，很适合我们看。

هبة: أعتقد أنه رائع جدا، ممكن أن نستفيد منه كثيرا.

哈柏：我觉得这个电视剧很精彩，能让我们从中得到很多益处。

سناء: يبدو أنه يقص قصص حياتنا، وممكن أن نحصل منه على قوة السعي والمحاولة.

萨娜：这部电视剧好像是在讲述我们自己的故事，我们可以从中得到拼搏的动力。

هبة: مع الأسف الشديد انني لا أستطيع أن أشاهد كل المسلسلات، لأن زوجي يفضل أن يشاهد برنامج الرياضة.

哈柏：可惜我无法看全，我老公总喜欢看体育节目。

سناء: هذا أمر طبيعي، فكل رجل يحب برنامج الرياضة.

萨娜：这很自然，男人都喜欢体育节目。

هبة: ولكنه لا يترك أي برامج للرياضة مثل كرة القدم وكرة السلة وكرة الطاولة والكرة الطائرة وكرة الريش حتى المصارعة... إلخ.

哈柏：可他什么体育项目都不放过，足球、篮球、排球、乒乓球、羽毛球甚至拳击。

سناء: من الأحسن أن تشتري تلفازا آخر، وبذلك يمكنك أن تشاهدي المسلسل بينما يشاهد زوجك برنامج الرياضة.

萨娜：那最好你就再买一台电视，你们不就都能看啦。

هبة: فكرة جميلة، سأشتريه اليوم.

哈柏：好主意，我今天就去买。

ناصر: كم ساعة تقضيها في مشاهدة التلفاز؟

纳赛尔：你每天看多长时间电视？

كمال: منذ عودتي الي بيتي حتى النوم.

凯迈勒：从回家到睡觉基本都在看电视。

ناصر: الوقت طويل جدا. لماذا لا تفعل شيئا آخر؟

纳赛尔：时间够长的，怎么不干点别的？

كمال: أي شيء آخر يمكنني أن أفعل؟

凯迈勒：还能做什么啊？

ناصر: يبدو أن التلفاز يؤثر كثيرا على حياتنا اليومية. تصور أنه اذا انقطعت الكهرباء في الليل في يوم ما، فماذا تفعل؟

纳赛尔：看来电视对我们日常生活的影响还真够大的。你想象一下如果有一天晚上停电，你会干什么？

كمال: لم أفكر بعد. ماذا ستفعل؟

凯迈勒：我还真没想过。你会干什么啊？

ناصر: ممكن أن نتجول خارج البيت مع أفراد الأسرة، أو نلعب كرة الريش في الحديقة أو نتجاذب أطراف الحديث مع الأصدقاء أو نلعب الألعاب الورقية... الخ.

纳赛尔：可以和家人出去散散步啊，在公园打羽毛球啊，找朋友出来聊聊天，打个牌，都行啊。

كمال: ولكن أتعود أن أبقى في البيت وأقضي وقت الفراغ أمام التلفاز فلا أخرج في الليل.

凯迈勒：但是我都已经习惯天天晚上坐在电视机前打发时间了，懒得出门了。

ناصر:ألا ترى أن هذا هو تأثير سلبي علينا من التلفاز.

纳赛尔：这就是电视给我们造成的负面影响。

كمال: أنت على حق أن التلفاز هو سيف ذو حدين. يجعل حياتنا تكون ملونة متنوعة كما يحصر أساليبنا في الحياة.

凯迈勒：对啊，电视就像双刃剑，在丰富了我们闲暇生活的同时，也束缚了我们的生活方式。

ناصر: فعلا ان التلفاز يلعب دورا عظيما في حياتنا.

纳赛尔：电视的确在我们的生活中发挥着巨大的作用。

كمال: ممكن أن يزودنا بالمعلومات الواسعة ويوسع دائرة المعلومات.

凯迈勒：它可以使我们了解很多知识，扩大知识面。

ناصر: كما يكلفنا كثيرا من الأوقات حتى نهمل العمل والأصدقاء و أفراد الأسرة.

纳赛尔：同时也使我们花费很多时间看电视，而忽略了工作、朋友甚至家人。

كمال: فعلا، علينا أن نعرف هذا ونسعى لتقليل تأثيره السلبي.

凯迈勒：的确，我们应该意识到这一点，尽量减少电视对我们的不利影响。

ناصر: ولكن، لا يمكنني أن أترك المسلسل التلفزيوني الا أن أعرف نتيجة القصة النهائية، اذا بدأت أشاهد المسلسل من حلقته الأولى .

纳赛尔：可有时只要看了电视剧的第一集，就不想放下，总得看到结局才罢休。

كمال: وأنا كذلك، اذا فاتتني حلقة أشعر بأنه ينقصني شيء في حياتي.

凯迈勒：我也是，只要落下一集，生活中就像少了点什么。

ناصر: من الأحسن أن نختار أنسب المسلسلات التلفزيونية، لا نشاهد الا البرامج المفيدة أخلاقيا وعلميا.

纳赛尔：我们以后应该有选择地看电视剧，看那些思想好，能学到知识的有意义的电视剧。

كمال: هذا أحسن ، حتى نستطيع أن نفعل الأمور الأخرى إلى جانب مشاهدة التلفاز.

凯迈勒：这样最好，以便我们可以有时间做别的事。

الكلمات الاضافية: **补充词汇：**

جهاز التحكم عن البعد للتلفزيون	电视遥控器	تلفزيون LCD	液晶电视
القناة الفضائية	卫星频道	تلفزيون البلازما	等离子电视
مباشر \ بثّ حيّ	现场直播	قناة جـ قنوات	频道
التلفزيون الرقمي	数码电视	القناة المركزية الصينية /	中国中央
شبكة التلفزيون	网络电视	تلفزيون الصين المركزي	电视台
قنوات الكابل	有线电视	المسلسلات التلفزيونية	电视连续剧

广告	اعلان جـ اعلانات	闭路电视	الدوائر التلفزيونية المغلقة
新闻联播	اذاعة الأخبار بشكل مشترك		
综艺节目	برنامج الفنون المنوعة (المنوعات)		

三、文艺晚会（歌舞、京剧、相声和杂技）

3ـ الحفلة الفنية المسائية التي تحتوي على الأغنية والرقص وأوبرا بكين والحوار الهزلي والأوكروبات

مبارك: ماذا تستعد أن تفعل في أمسية اليوم الأخير قبيل حلول عيد الربيع؟

穆巴拉克：大年三十晚上你打算干什么？

يوسف: كالمعتاد، أشاهد برامج الحفلة المسائية للاحتفال بحلول عيد الربيع. وأنت؟

尤素福：没什么特别的，还像往年一样，看看春节晚会。你呢？

مبارك: أنا كذلك، أشاهد برامج الحفلة مع أهلي في البيت. أي برنامج تحبّ؟

穆巴拉克：我也打算在家和家人一起看春节晚会。你喜欢看什么节目？

يوسف: أحب برامج الحوار الهزلي والتمثيلية الكوميدية القصيرة، وأنت؟

尤素福：我比较喜欢相声、小品类的节目，你呢？

مبارك: أنا كذلك. وأي ممثل كوميدي تحب؟

穆巴拉克：我也是，你喜欢哪位喜剧演员？

يوسف: طبعا، تشاو بان شانغ، يتطلع المشاهدون عامتهم الى تمثيليته الكوميدية كل سنة.

尤素福：当然是赵本山啦，每年观众都期待看他的小品。

مبارك: تكون تمثيليته معبرة عن حياتنا الحقيقية وفيها كثير من الأضاحيك.

穆巴拉克：他的小品有很多笑料，也很贴近我们的生活。

يوسف: قيل إن عنوان تمثيليته الكوميدية القصيرة في هذه السنة "لا تنقصنا النقود".

尤素福：据说今年他小品的内容是："不差钱"。

مبارك: حقا؟ فعلينا أن نشاهدها فعلا.

穆巴拉克：是吗？那应该看看。

يوسف: أي برنامج تحبه بالاضافة الى المهزلة؟

尤素福：除了小品你还喜欢看什么节目？

مبارك: أحب برنامج الأغنية والرقص. فعلى اللجنة التنظيمية للحفلة أن تدعو بعض النجوم المشهورين من هونغ كونغ وتايوان.

穆巴拉克：歌舞类的节目我也很喜欢，晚会组委会应该多请一些香港、台湾的明星来演唱。

يوسف: يبدو أنك ترغب في الأغاني المتداولة بين الشباب.

尤素福：看来你喜欢听流行歌曲。

مبارك: ألا تحب أغاني الشباب؟

穆巴拉克：难道你不喜欢听流行歌曲吗？

يوسف: أنا أفضل الأغاني الشعبية أكثر، مثل أغاني المطربة سونغ زو يان..

尤素福：我更喜欢听民族唱法的歌曲，比如宋祖英的歌。

مبارك: لا شك أنها ستغني في الحفلة، لا تغيب كل سنة.

穆巴拉克：今年春晚肯定有她，她每年都参加的。

يوسف: إن مظهرها جميل وصوتها أجمل.

尤素福：她不但人长得很漂亮，嗓音更甜美。

مبارك: وأنا أفضل أن أشاهد البرامج البهلوانية أيضا، وأنت؟

穆巴拉克：我还喜欢看杂技类的节目，不知道你喜不喜欢？

يوسف: نعم، يعجبني كثيرا ممثلو البهلوانية بعرضهم الرائع. ويصفق لهم جميع المشاهدين بعد عرضهم تصفيقا حارا كل مرة.

尤素福：我也很喜欢，那些杂技演员表演得都很精彩，每次演完所有观众都热烈鼓掌。

مبارك: نعم، يقول المثل الصيني: الدقيقة الواحدة في منصة العرض تطلب من الممثلين أن يقوموا بالتدريبات عشر سنوات. فلا يستطيعون أن يقدموا لنا العرض الرائع الا ببذل مجهوداتهم الكبيرة.

穆巴拉克：是啊，俗话说"台上一分钟，台下十年功"，他们要付出多少努力才能给我们带来那么精彩的表演呀。

يوسف: ما هي البرامج الأخرى في حفلة هذه السنة؟

尤素福：今年晚会还会有什么节目？

مبارك: توجد أيضا الألعاب السحرية.

穆巴拉克：还会有魔术表演。

يوسف: يبدو أن الحفلة ستكون رائعة جدا.

尤素福：看来今年春节晚会很精彩啊。

مبارك: بالتأكيد أنها رائعة، فلا نضيع هذه الفرصة للمشاهدة.

穆巴拉克：肯定不错，千万不要错过哦。

فؤاد: سمعت أنّ فرقة الغناء والرقص بمدينة داليان تقيم المهرجان لعروض الأغنية والرقص في نادي الثقافة في هذه الآيام. هل شاهدتها؟

弗艾德：听说大连歌舞团最近正在文化俱乐部举办大型歌舞演出，你去看了吗？

فريق: نعم، أنا من هواة الغناء والرقص، فكيف أترك هذه الفرصة الفريدة؟

法立格：去了，唱歌跳舞是我的业余爱好，我怎么能错过这么好的机会呢？

فؤاد: كيف البرامج، رائعة أم لا؟

弗艾德：怎么样？精彩吗？

فريق: رائعة جدا.

法立格：精彩极了。

فؤاد: ما موضوعها الرئيسي وما أساليبها؟

弗艾德：是什么主题？什么形式？

فريق: الموضوع الجوهري هو "البحار والجبال والناس". تظهر البحار الواسعة مع الأمواج والجبال الخضراء كالرسوم والأشعار والناس النشيطون والكرام في مدينة داليان من خلال عرض دراما الغناء والرقص والرقصات والأغاني.

法立格：主题是《海·山·人》，通过歌舞剧、大型舞蹈、演唱等多种形式，展示了大连波澜壮阔的海、诗情画意的山和活泼好客的大连人。

فؤاد: كم قسما للعروض؟

弗艾德：晚会共分几部分？

فريق: للعروض ثلاثة أقسام. ويظهر القسم الأول البحار في داليان، ويحتوي على القطعتين من الرقص الجماعي ودراما غناء ورقص.

法立格：共分三部分，第一部分表现大连的海，包括两段集体舞和一段歌舞剧。

فؤاد: بم يتعلق دراما غناء ورقص؟

弗艾德：歌舞剧是讲什么的？

فريق: يحملنا دراما غناء ورقص إلى العالم الساحر تحت البحر حيث نرى نجم البحر وعشب البحر وصدف البحر حتى عروس البحر.

法立格：歌舞剧把我们带到了神奇的海底世界。我们看到了海星、海带、贝类还有美人鱼。

فؤاد: كيف القسم الثاني والثالث؟

弗艾德：第二部分和第三部分呢？

فريق: يعرض القسم الثاني الجبال الجميلة في داليان، والقسم الثالث لأهل داليان المتحمس.

法立格：第二部分表现大连秀美的山，第三部分展现热情的大连人。

فؤاد: يبدو أن المهرجان ممتع، أريد أن أشاهده أيضا.

弗艾德：看起来演出真的不错，我也想去看看。

فريق: يا لك من محظوظ. عندي تذكرتان زائدتان، سأهديك اياهما.

法立格：你真幸运，我这还有两张多余的票，送给你吧。

فؤاد: رائع جدا.

弗艾德：那真是太好了。

فريق: ولكن...

法立格：不过……

فؤاد: لكن ماذا؟

弗艾德：不过什么？

فريق: من اللازم أن تعرفني من يصاحبك؟

法立格：不过你要告诉我，你跟谁一起去看？

فؤاد: هاها، هذا السر.

弗艾德：呵呵，这可是秘密。

补充词汇：
الكلمات الاضافية:

小品	قطعة من التمثيليات القصيرة أو تمثيلية قصيرة مأثورة	京剧	أوبرا بكين
相声	الحوار الهزلي	舞蹈	الرقص
魔术	الألعاب السحرية	嘉宾	الضيوف الكرام الكبار
杂技	البهلوانية	舞台	الخشبة المسرحية

四、上网　　4- التصفح على شبكة الانترنت

هاشم: أود أن أشتري جهاز الكمبيوتر الجديد، هل يمكنك أن تقدم لي نصيحة؟

哈希姆：我想换一款新电脑，你能帮我参谋一下吗？

حسام: تريد الحاسوب المحمول أم الحاسوب المكتبي؟

侯萨姆：你想买笔记本电脑还是台式机？

هاشم: أريد الحاسوب المكتبي وأستخدمه في البيت فقط، حاسوبي القديم قد تعطل.

哈希姆：台式机，放在家里用。家里那台坏了。

حسام: بكم ثمن تستطيع أن تشتري؟

侯萨姆：想买多少价位的？

هاشم: حوالي ستة آلاف يوان.

哈希姆：大概 6000 元左右的吧。

حسام: ممكن أن تشتري الحاسوب الجيد جدا بستة آلاف يوان.

侯萨姆：现在 6000 块钱能买到配置相当不错的台式机。

هاشم: لا أعرف عن الحاسوب الا قليلا من حيث الماركة والجودة، أريد أن أستمع الى رأيك.

哈希姆：电脑的品牌和质量我了解得不多，想听听你的意见。

حسام: ليس فيه مشكلة. سأضع البيانات لك. ان أهم شيء للكمبيوتر هو جهاز المعالجة. والآن يستخدم معظم الكمبيوترات معالج inter المزدوج النواة.

侯萨姆：没问题，我给你列张表吧。对电脑来说最重要的是处理器，现在一般都是 Inter 双核的。

حسام: ثم قرص الصلب، G120 يكفي، والذاكرة G2 يكفي، وبطاقة الصوت وبطاقة الاظهار... ما رأيك في ذلك؟

侯萨姆：其次是硬盘，120G 的就够用了，内存 2G 的就行了，还有声卡、显卡……你看看这个配置怎么样？

هاشم: أوكي، سأشتري بنصائحك.

哈希姆：行，就照你列的去买。

حسام: كدت أنسى جهاز الفأر ولوحة المفاتيح.

侯萨姆：对了，差点忘了鼠标和键盘了。

هاشم: أحب ماركة لو جي لجهاز الفأر ولوحة المفاتيح.

哈希姆：鼠标和键盘我喜欢罗技的。

حسام: إن ماركة لوجي جيدة فعلا. ستة آلاف يوان تكفي لهذه التشكيلة فلنذهب الى مدينة المنتجات الالكترونية.

侯萨姆：罗技是个好牌子。行了，这个配置 6000 元钱应该没问题。咱们去电子城吧。

هاشم: هيا بنا!

哈希姆：走！

رعد: ماذا تفعل وأنت تجلس أمام الحاسوب كل اليوم؟

拉阿德：你在电脑前坐了一天，忙什么呢？

مشرق: ألعب اللعبة الجديدة على الانترنت وتعجبني كثيرا.

穆沙拉克：一款新网络游戏，很好玩的。

رعد: ما هي اللعبة التي تعجبك الي هذا الحد؟

拉阿德：什么游戏让你喜欢到这种地步？

مشرق: أنظر، يمكنك أن تلعب أي دور في اللعبة وتعمل أية مهنة تحبها و تشتري أي شيء تفضل.

穆沙拉克：你过来看。你可以在游戏中扮演各种角色，可以从事自己喜欢的职业，可以买自己喜欢的东西。

رعد: فعلا، هذا عالم خيالي.

拉阿德：这简直是一个虚拟的世界。

مشرق: نعم، تستطيع أن تحقق ما لا يمكنك التحقيق في الحياة الحقيقية.

穆沙拉克：是的，在现实生活中不能实现的愿望，可以通过网络实现。

رعد: ولكن هذا خيالي، وليس حقيقيا.

拉阿德：可那是虚拟的，不是真的。

مشرق: هذا صحيح.

穆沙拉克：是的。

رعد: من رؤيتي أنه توجد في اللعبة أضرار كثيرة.

拉阿德：我认为玩游戏有很多害处。

مشرق: تقصد من يكون مدمنا في اللعب.

穆沙拉克：你说的是沉迷玩网络游戏的人。

رعد: ولكن يصعب على الفتيان الشباب أن يتحكموا في أنفسهم اذا بدأوا بالألعاب.

拉阿德：可青少年一旦开始玩，就很难控制自己。

مشرق: أنت على حق. لذلك تصدر الحكومة كثيرا من اللوائح والأنظمة والاجراءات لتعزيز مراقبة شبكة الانترنت ووقاية الادمان في الشبكة مثل تحديد أوقات اللعبة.

穆沙拉克：你说的对，所以现在政府出台了很多规章和措施，加强网络监管，防止网络沉迷。比如限制游戏时间等。

رعد: لعلها تساعدنا.

拉阿德：但愿这能有帮助。

مشرق: علينا أن نعرف أن كل شيء له وجهان أو حدان، فان لعب لعبة الانترنت يغذي قدرة التفكير وتوفر حياتنا في وقت الفراغ.

穆沙拉克：我们应该知道任何事物都有两面性，适当的玩玩网络游戏可以锻炼思维能力，丰富课外生活。

رعد: الحقّ معك. لكل شيء حدان، ليس ذا وجه واحد مطلق.

拉阿德：你说的对，事物都有两面性，都不是绝对的。

مشرق: مثلا يعطينا الانترنت فوائد كثيرة فهو يجعل العالم صغيرا مما يجعل التبادلات والاتصالات أسهل.

穆沙拉克：就像网络吧，带给我们很多益处，它把世界变小了，使交流和沟通变得更加简便。

رعد: يمكننا أن نبحث به عن كل المعلومات ونكمل كثيرا من الأعمال في بيتنا مثل حجز التذكرة وشراء الأشياء.

拉阿德：使我们能够很方便的查找各种资料，能够足不出户就完成很多事情，诸如订票、购物等等。

مشرق: كما تزداد كثير من الجرائم الجديدة الشكل بما فيها قيام الغش على الشبكة.

穆沙拉克：但同时网络也滋生了很多新型的犯罪行为，如网络诈骗。

رعد: وهناك توجد كثير من مواقع الشبكة التي تنشر المحتويات غير السليمة وذلك يؤثر على نمو الشباب جسميا ونفسيا.

拉阿德：而且有很多内容不健康的网站，严重影响了青少年的健康成长。

مشرق: لذلك علينا أن نستعمل الجوانب الايجابية ونبعد عن الجوانب السلبية من شبكة الانترنت.

穆沙拉克：所以我们要尽量利用网络的积极面，避免消极面。

رعد: لعل الحكومة والدوائر المختصة تعزز الادارة وتجعل الشبكة تخدم الناس في أعمالهم ودراستهم على خير وجه وتبعد التأثيرات السلبية عن الناس.

拉阿德：希望政府和有关部门能够加强管理，使网络更好地为人们的工作和学习服务，避免网络对人们的负面影响。

补充词汇：			**الكلمات الاضافية:**
电脑	كمبيوتر \ حاسوب \ آلة الكترونية	软件	البرامج
台式电脑	كمبيوتر مكتبي	杀毒软件	برامج مكافحة الفيروسات
笔记本电脑	كمبيوتر محمول	光标	المؤشر
显示器	جهاز الشاشة	万维网	الشبكة العالمية
机箱	الصندوق	耳机	سمّاعة
主板	الشاسية	网卡	NIC
光驱	قرص مدمج	音箱	مكبر الصوت
硬盘	القرص الصلب	光盘	قرص مضغوط
声卡	بطاقة الصوت	投影仪	جهاز عرض
显卡	بطاقة الإظهار	打印机	آلة الطباعة
鼠标	جهاز الفأر \ آلة التحكم بالحاسوب	处理器	جهاز المعالجة
键盘	لوحة المفاتيح		

第七章　体育运动
الفصل السابع　الرياضة البدنية

1- أهمية الرياضة البدنية
一、体育运动的重要性

تامر: هل تقوم بالرياضة البدنية كل يوم؟

台米尔：你每天都进行体育锻炼吗？

جلال: لا، إنني مشغول في العمل وأود أن أستريح بعد الدوام.

贾莱勒：我工作太忙，下班就只想休息了。

تامر: هذا ضار لصحتك.

台米尔：这对你的身体很不好。

جلال: نعم، يظل يزداد وزني بعد الاشتراك في العمل ونومي ليس جيدا أيضا.

贾莱勒：是啊，工作后我的体重一直在增加，睡眠也不是很好。

تامر: إن الشغل كثير والوقت غير فاض، كل هذه حجج واهية، وان الحقيقة أنك كسلان، وليس لك رغبة في الرياضة.

台米尔：工作忙、没时间都是借口，只是你懒，不想做体育锻炼。

جلال: أنت على حق. أود أن أستريح على السرير وأشاهد التلفزيون عندما يكون الوقت في صالحه.

贾莱勒：你说的对，我有时间就想躺在床上看电视。

تامر: يمكنك القيام بالرياضة بشكل معقول فهي ترفع لياقتك البدنية وتزيد قدرة جسمك ضد الأمراض وتخفف تعبك و تحسن نومك.

台米尔：适当的体育锻炼可以提高你的身体素质，增强抵抗力，消除疲劳，改善睡眠。

جلال: أعرف ذلك ولكنني كسلان في القيام بها.

贾莱勒：这些道理我都懂，可就是懒得去做。

تامر: إن الرياضة هي أحسن الطرق لتحسين لياقتك البدنية فتكون رشيقا وشابا ونشيطا، ألا يعجبك هذا؟

台米尔：体育锻炼是改善你的身体素质的最好方法，坚持体育锻炼你就会变得苗条、年轻、活泼。难道这还不能让你动心吗？

جلال: ممكن أن أخفف وزني بالرياضة؟

贾莱勒：能让我瘦下来？

تامر: اختر نوعا تحبه من الألعاب الرياضية، ثم ضع خطة الممارسة وثابر عليها، فستنجح في تقليل وزنك.

台米尔：选一项自己喜欢的体育运动，制定一个锻炼计划，持之以恒，你就能成功减肥。

جلال: لا يوجد أي لعب أحبه، لأنني ضعيف في الألعاب الرياضية منذ صغري.

贾莱勒：我没有什么喜欢的体育项目，我的体育从小就不好。

تامر: يمكنك أن تشترك في احدى النوادي الرياضية وتعمل بطاقة خاصة لك لتقوية الجسم، وهناك مدرب خاص سيضع لك خطة خاصة للتمرينات المناسبة لبدنك.

台米尔：你可以参加一个体育俱乐部，办一张健身卡，俱乐部会有专门教练为你制订一套适合你体质的锻炼计划。

جلال: فكرة جميلة، هل عملت البطاقة؟

贾莱勒：好主意，你办卡了？

تامر: نعم، عملت البطاقة. ومما سيزودني بالرغبة في القيام بكافة التمرينات الرياضية.

台米尔：是的，我办了一张，这样可以促使我进行各种体育锻炼。

جلال: وممكن أن تقوم بالرياضة مع كثير من الناس، فتشعر بالفرح والثقة من خلال عملية التمرينات المتنوعة.

贾莱勒：你可以和大家一起锻炼，你会通过各种体育锻炼感到开心、增强信心。

تامر: وفي مركز تقوية الأجسام توجد العديد من الألعاب الرياضية والأجهزة والمعدات، فلا بد لك من أن تجد الأجهزة المناسبة لك.

台米尔：健身中心有各种各样的健身项目和健身器材，你一定能找到适合你的。

جلال: جميل، هل ممكن أن تصاحبني الى النادي لأتمتع بذوق القيام بهذه الألعاب اذا كان عندك وقت.

贾莱勒：好的，你什么时候有空陪我去体验一下吧。

تامر: فلنذهب اليه اليوم لأنه عندي وقت فاض.

台米尔：今天就去吧，今天我有空。

جلال: ولكن، ليس عندي ملبس رياضي.

贾莱勒：我还没有运动服呢。

تامر: لا بأس، ممكن أن أعير لك من ملابسي.

台米尔：没关系，我借你。

جلال: اذا، هيا بنا.

贾莱勒：那我们走吧。

补充词汇：   الكلمات الاضافية：

抵抗力	قدرة المقاومة \ قدرة الوقاية	运动鞋	أحذية رياضية
健身中心	مركز تقوية الأجسام	护腕	الشظايا
俱乐部	نادٍ جـ أندية	健身器材	أجهزة ومعدات لتقوية اللياقة
运动服	ملبس رياضي	跑步机	طاحون الدوس / جهاز التدويس

2- مباراة كرة القدم   二、足球比赛

وليد: ستقام مباراة كرة القدم اليوم بين فريق جامعتنا وفريق جامعتكم يا خالد.

瓦利德：今天你们学校和我们学校之间将进行一场足球比赛。

خالد: حقا؟ متى وأين؟

哈立德：真的吗？几点，在哪啊？

وليد: الساعة الرابعة عصرا في ملعب جامعتنا.

瓦利德：下午四点在我们学校操场上。

خالد: فلنذهب الى الملعب بسرعة فالساعة الآن الثالثة والنصف.

哈立德：那我们快走吧，现在已经三点半了。

وليد: هيا بنا.

瓦利德：我们走。

خالد: ها قد وصلنا، اللاعبون لم يحضروا الآن.

哈立德：我们到了，运动员们还没到呢。

وليد: ها هم يدخلون الملعب الآن، أنا سأشجع فريقي وأنت ستشجع فريقك.

瓦利德：他们正在入场，我将给我们校队加油，你也要给你们校队加油。

خالد: طبعا. ولكن الجو اليوم لا يصلح للعب.

哈立德：那当然了。但今天的天气不太适合踢球。

وليد: ان موعد المباراة لا يمكن تأجيله مهما كانت الظروف.

瓦利德：无论如何，比赛时间不能推迟。

خالد: أعتقد أن فريقنا سيفوز بهذه المباراة لأن في فريقنا اللاعب الممتاز واسمه حسن.

哈立德：我认为我们队会赢得这场比赛，因为我们队有一名非常优秀的球员，叫哈桑。

وليد: لا أوافق على رأيك، لأن مباراة كرة القدم لا تحتاج الى اللاعب الممتاز فحسب، بل تحتاج الى التعاون والتضامن بين كل اللاعبين.

瓦利德：我不同意你的观点，因为要在足球比赛中获胜不但需要优秀的运动员，还需要所有运动员之间的配合与合作。

خالد: أرأيت الهدف الذي قد سجله اللاعب حسن؟ انه رائع جدا.

哈立德：你看见刚才哈桑进的那个球了吗？真精彩。

وليد: ما أجمل الهدف. مبروك لكم.

瓦利德：这个进球真精彩，祝贺你们。

خالد: شكرا يا وليد.

哈立德：谢谢你！瓦利德。

وليد: انتهت المباراة و النتيجة ثلاثة مقابل اثنين، وفريقنا متفوق على فريقكم. وهذا يدل على صحة كلامي فإن أهم شيء في مباراة كرة القدم هو التعاون والتضامن.

瓦利德：比赛结束了，比分是3比2，我们队比你们队强，这就证明了我的话的正确性，在足球比赛中团结合作最重要。

خالد: أنا معك. لعل فريقنا سيفوز بالمباراة في المرة القادمة.

哈立德：我同意你的观点。但愿我们队在下次比赛中获胜。

补充词汇： الكلمات الاضافية:

足球赛	مباراة كرة القدم	角球	كرة الزاوية
犯规	مخالفة القواعد	任意球	من ركلة حرة
越位	تسلل	前锋	مهاجم
黄牌	البطاقة الصفراء	中场	منطقة الوسط
红牌	البطاقة الحمراء	后卫	مدافع \ (ظهير)
裁判	حكم ج أحكام \ حكّام	守门员	حارس مرمى
点球	ضربة الجزاء		

三、2008年北京奥运会   3- دورة الألعاب الأولمبية ببكين لعام 2008

(اتصل شوقي بصديقه العربي غيث في القاهرة من بكين.)

(北京的绍基与他在开罗的阿拉伯朋友厄伊斯联系。)

شوقي: آلو، السلام عليكم يا غيث.

绍基：喂，你好，厄伊斯。

غيث: وعليكم السلام يا شوقي، من زمان لم أرك، كيف حالك؟

厄伊斯：你好，绍基。好久不见了，你好吗？

شوقي: أنا بخير. وكيف أنت وأهلك؟

绍基：我很好。你和你的家人都好吗？

غيث: الحمد لله ، نحن بخير، شكرا.

厄伊斯：我们都很好，谢谢你。

شوقي: هل تعرف أن الصين قد نجحت في استضافة ألعاب الأولمبياد لعام 2008؟

绍基：你知道中国成功申办了 2008 年奥运会吗？

غيث: نعم، عرفته من خلال أخبار التلفاز، وأحب دميات السعادة الخمس كثيرا.

厄伊斯：是的，我从电视新闻上知道了，我非常喜欢那五个吉祥物。

شوقي: هل تقصد أولئك الطفلات الصغيرات تسمى بي بي وجينغ جينغ وهوان هوان وويينغ يينغ وني ني؟

绍基：你说的是贝贝、京京、欢欢、莹莹和妮妮这五个福娃吗？

غيث: نعم، وهن يعجبنني كثيرا عندما رأيتهن في التلفاز من المرة الأولى، هل ممكن أن تشتريها وترسلها الي؟

厄伊斯：是的，我第一次在电视上看到它们时就很喜欢它们，你能不能把它们买下来寄给我？

شوقي: لا، لا أريد ذلك.

绍基：不，我不想帮你买。

غيث: لماذا؟

厄伊斯：为什么啊？

شوقي: هل تعرف ما ترمز أسماء دميات السعادة الخمس؟

绍基：你知道这五个福娃的名字是什么意思吗？

غيث: لا أعرف.

厄伊斯：我不知道。

شوقي:هي ترمز الى الألفاظ الخمسة باللغة الصينية، معناها" بكين ترحب بك "، فبكين ترحب بحضورك، فتشتريها نفسك في بكين!

绍基：五个福娃的名字代表五个汉字，意思是"北京欢迎你！"所以，你还是自己来北京买吧。

غيث: وأنت تمازح معي هذه المرة، ألا تعرف أن القاهرة بعيدة عن بكين؟

厄伊斯：这回你跟我开玩笑了，难道你不知道开罗离北京很远吗？

شوقي: أنا جدي يا أخي, أريد أن أدعوك الى بكين لمشاهدة افتتاح الأولمبياد بعينك وقد نجحت في شراء تذكرتين لحفلة الافتتاح.

绍基：我是认真的，我想请你来现场观看北京奥运会的开幕式，我已经成功申购到了两张开幕式的入场券。

غيث : حقا؟ يا لك من صديق حميم! لماذا لم تقل لي من البداية؟ متى ستقام حفلة الافتتاح؟

厄伊斯：真的吗？你真是一个好朋友。你怎么开始不跟我说啊，开幕式是哪一天？

شوقي: اليوم الثامن من أغسطس لعام 2008. هل عندك وقت؟

绍基：2008 年 8 月 8 号，你有时间吗？

غيث: نعم: ان العطلة الصيفية لدينا طويلة كما عرفت.

厄伊斯：有时间，你知道我们的暑假时间很长。

شوقي: اذا، مرحبا بك ويمكنك أن تسكن معي في بيتي اذا رغبت في ذلك. وأبي وأمي يرحبان بك.

绍基：欢迎你！如果你愿意的话可以住在我们家。我父母都很欢迎你。

غيث: كم أنتم كرام ومتحمسون.

厄伊斯：你们太热情好客了。

شوقي: شيء بسيط لا يذكر يا أخي ، لن أنسى أبدا كيف ساعدتني عندما كنت أدرس في جامعة القاهرة.

绍基：别跟我客气，我永远也不会忘记我在开罗大学学习的时候你对我的帮助。

غيث: اذن ، سأحجز تذكرة الطائرة اليوم. التذكرة التي تحجز مبكرا تكون أرخص.

厄伊斯：那么我今天就去订机票了。订得越早越便宜。

شوقي: هذا من الأحسن، وأخشى أنه سيسافر الى بكين كثير من الناس من أنحاء العالم ، والتذكرة الى بكين ليست من سهولة شرائها.

绍基：这样最好了，我担心到时候会有很多外国人来北京观看奥运比赛，飞机票会不好买了。

غيث: أنت على حق، فلنتقابل في بكين.

厄伊斯：你说的对，我们北京见！

شوقي: أنتظر رؤيتك في بكين.

绍基：北京见！

مروان: هل شاهدت حفلة الافتتاح لأولمبياد بكين؟

麦尔旺：你看了北京奥运会的开幕式了吗？

وليد: نعم، انها حفلة دولية. شاهدتها على التلفاز في البيت، وأنت؟ سمعت أنك شاهدتها في الاستاد الوطني بالذات؟

瓦利德：看过了，那可是世界盛事，我是在家看的电视。听说你去国家体育场现场看的？

مروان: نعم، من حسن الحظ، نجحت في شراء التذكرتين للحفلة الافتتاحية.

麦尔旺：嗯，很幸运，我成功申购了两张开幕式入场券。

وليد: وإن مشاهدتك بأم عينيك لهي أفضل من أن تشاهدها على التلفاز.

瓦利德：去现场看一定比看电视感觉好吧。

مروان: بالتأكيد، هناك كثير من رؤساء الدول حضروا حفل الافتتاح، العدد هو الأكبر في التاريخ. ومن بينهم الرئيس الأمريكي جورج بوش ورئيس الوزراء الروسي فلاديمير بوتين.

麦尔旺：当然了。有很多国家的领导人出席了这场开幕式，是历史上出席人数最多的一次，其中有美国总统布什和俄罗斯总理普京。

وليد: الألعاب النارية عند الحفلة جميلة من شاشة التلفاز، ولابد أنها أجمل من مشاهدتها في ذات موقعها.

瓦利德：晚会的焰火从电视上看很漂亮，在现场看到的一定更美吧。

مروان: انها أضاءت سماء بكين في بداية الحفلة ثم أطلقت مرة بعد عرض كل فقرة فنية. وقد جرى في الحفلة عرض تاريخ وثقافة الصين على مدار خمسة آلاف عام.

麦尔旺：在晚会开始的时候和每场节目的结尾都会燃放焰火，他点亮了北京的夜晚。晚会展现了中国五千年的历史与文化。

وليد: كم متفرجا حضر الحفلة؟

瓦利德：有多少人观看了开幕式。

مروان: قيل ان عدد المتفرجين الذين حضروا الحفلة بالاستاد الوطني 91ألفا وتابعها أكثر من مليار متفرج من خلال شاشات التلفاز.

麦尔旺：据说现场观看人数为9万1千人，还有超过10亿的人在电视机前观赏了这场开幕式。

وليد: لا بد أن نسبة استقبال ومشاهدة التلفاز قد سجلت رقما جديدا .

瓦利德：那么它的收视率一定打破纪录了。

مروان: هي حفلة رائعة فريدة، ومخرجها العام هو المخرج الصيني الشهير تشانغ ييمو.

麦尔旺：这真是一场精彩绝伦的开幕式，总导演是著名的导演张艺谋。

وليد: وقد أظهر للعالم الثقافات القديمة الصينية بما فيها صناعة الورق والخطوط القديمة وسور الصين العظيم وفنون الأوبرا...الخ

瓦利德：这场晚会向世界展示了中国悠久的文化，其中包括造纸、书法、长城和戏剧艺术等。

مروان: هل تعرف أين تباع CD للحفلة؟ أريد أن أحفظها.

麦尔旺：你知道哪有卖开幕式光盘的吗？我要收藏它。

وليد: فكرتك فكرتي. هيا بنا إلى السوبرمركت.

瓦利德：我也想买一张，咱们一起去超市看看吧。

بحر: لم أرك هذه الأيام، أين كنت؟

巴海尔：几天不见了，你去哪了？

نجم: كنت أجلس في البيت كل اليوم لمشاهدة الألعاب الأولمبية.

纳吉姆：我整天都呆在家里看奥运比赛呢。

بحر : يا لك من هواة الرياضة.

巴海尔：你真是个体育运动爱好者。

نجم : لا، أنا أهتم بنتائج لاعبي بلادنا في ألعاب الأولمبياد.

纳吉姆：不是，我只是关心我国运动员在奥运会比赛中取得的成绩。

بحر: كيف نتائج بلادنا الآن؟

巴海尔：现在我们国家成绩怎么样？

الفصل السابع الرياضة البدنية 体育运动

نجم: اليوم هو اليوم الرابع من الأولمبياد.، وقد حصل فريقنا على عشر ميداليات ذهبية وأربع ميداليات فضية وميدالية برنزية واحدة.

纳吉姆：今天是奥运第四天，我国代表队已经取得了１０金、４银、１铜的良好成绩。

بحر : عظيم ! وهل الصين في المكانة الأولى في قائمة أو سمة الميداليات؟

巴海尔：了不起，中国现在是在奖牌榜的首位吗？

نجم : نعم ، وهي تسبق الفريق الثاني بميداليتين.

纳吉姆：是的，领先第二名两块奖牌。

بحر : من فاز بالميدالية الذهبية الأولى للصين؟

巴海尔：谁取得了中国本届奥运会的第一枚金牌？

نجم : هي تشن شيه شيا في رفع الأثقال بوزن 48 كيلوغراما للنساء .

纳吉姆：是陈燮霞，在女子48公斤级举重的比赛中。

بحر: كنت أظن دو لي ستفوز بتلك الذهبية في الرماية.

巴海尔：我还以为会是射击运动员杜丽呢。

نجم: كنت أظن ذلك أيضا. وشاهدت أداءها ، وهي بكت اثر فشلها في الرماية.

纳吉姆：我也是这么认为的，我还看了她的比赛，她在失败之后伤心地哭了。

بحر : لا بد أنها شعرت بالحزن الشديد.

巴海尔：她一定觉得很伤心。

نجم: نعم، ولكن هي قالت إنها ستبذل أقصى الجهود في السباق القادم في الأولمبياد.

纳吉姆：是的，但是她说她在下一届奥运会比赛中会尽最大的努力。

بحر : أتمنى لها نجاحا!

巴海尔：我希望她成功。

نجم : لا أشك في ذلك لأن الفشل أم النجاح.

纳吉姆：一定会的，因为失败乃成功之母嘛。

第八章　社会生活

الفصل الثامن　الحياة الاجتماعية

一、在市场和超市　1- في السوق والسوبرماركت

1)　في السوق

1. 在市场

(سمع الزوج والزوجة أنّ أحد المتاجر يجرى فيها الخصم للتسويق، فذهبا إلى المتجر لشراء السلع.)

（一对夫妻听说某商场正在进行打折促销，于是便到商场采购商品）

الموظّف: مرحبا بحضوركم.

营业员：欢迎光临！

الزوج: أريد شراء الملابس والأدوات الكهربائية المنزلية، فأين تُباع؟

丈夫：我们想买衣服和家电，请问怎么走？

الموظّف: ملابس الرجال في الطابق الثاني، وملابس النساء في الطابق الثالث والرابع، والأدوات الكهربائية في الطابق الخامس.

营业员：男装在2楼，女装在3楼和4楼，家电在5楼。

الزوج: وماذا يُباع في الطابق الأول؟

丈夫：那么1楼卖什么？

الموظف: مستحضرات التجميل والأحذية.

营业员：1楼卖化妆品和鞋。

الزوج: هل توجد سوبرماركت في متجركم؟

丈夫：你们这里有超市吗？

الموظف: نعم، عندنا. وهي في الطابق الأرضي الذي تحت الطابق الأول.

营业员：有。在地下一层。

1.1) شراء الحذاء

1.1 买鞋

الزوجة: لنرى أحذية أولا، وأريد شراء زوج من الصنادل.

妻子：咱们先去看看鞋吧，我想买双凉鞋。

الزوج: طيّب.

丈夫：好吧。

الزوجة: لو سمحت، أعطني ذلك الصندل.

妻子：请把那双凉鞋给我看看。

الموظف: تفضّلي، هذه آخر موضة في هذه السنة.

营业员：给，这是今年的新款。

الزوجة: يبدو أن شكله جيّد، وبأىّ جلد؟

妻子：看起来不错，什么皮的？

الموظف: جلد الغنم. ممكن أن تجرّبيها، وما المقاس يناسبك؟

营业员：羊皮的。你可以试一试，你穿多大码的鞋？

الزوجة: المقاس 36.5.

妻子：36 号半。

الموظف: إذن جرّبى هذا، ومقاسه 36.5.

营业员：那你试试这双吧，这双是 36 号半的。

الزوجة: هو ضيّق بعض الشيء، توجع قدمي.

妻子：有些紧，挤脚。

الموظف: مقاس هذا الصندل 37.5.

营业员：这双是 37 号半的，你试试。

الزوجة: هذا واسع، أكبر من مقياس قدمي بكثير.

妻子：太大了，不跟脚。

الموظف: جرّبى المقاس 37.

营业员：那你试试 37 号的吧。

الزوجة: مناسبا. يا عزيزي، ما رأيك؟

妻子：这双正合适。亲爱的，你觉得怎么样？

الزوج: شكله جميل، ولكن هل لونه قاتم قليلا؟

丈夫：样式很好，但颜色是不是有点深了？

الزوجة: نعم. لو سمحت، بدّل لي زوجا بلون أفتح قليلا؟

妻子：是的。请给我一双颜色浅一些的？

الموظف: حسنا. وأرى أنّ اللون الأزرق الفاتح يناسبك.

营业员：好。我觉得浅蓝色适合你。

الزوجة: إنّه جيّد جدّا! يا عزيزي، كيف هذا الزوج؟

妻子：确实很好。亲爱的，这双怎么样？

الزوج: حلو.

丈夫：很好。

الزوجة: طيّب، أريد هذا. كم ثمنه؟

妻子：那好，就这双了。多少钱？

الموظف: الثمن الأصلي أربعمائة يوان، ونقوم اليوم بالخصم والتخفيض إلى خمسين بالمائة، فالسعر الحالي مائتا يوان.

营业员：原价400元，今天打五折，现价200元。

الزوجة: أيكون الخصم أكثر من هذا؟

妻子：不能有更多的折扣吗？

الموظف: أنا آسف، لا يمكن أن يكون الخصم أكثر من هذا. ومن المؤكد أنّ سعرنا هو أرخص في المدينة كلها.

营业员：抱歉，不能了。我敢肯定，这是全市最低价了。

الزوجة: طيّب. أين أدفع الحساب؟

妻子：好吧。去哪儿交款？

الموظف: تفضّلي، ادفعي الحساب في قسم الحسابات، وهو في يسارك بعشرة أمتار.

营业员：请到收款台交款。它在你左边10米的地方。

الزوجة: طيّب. شكرا.

妻子：好的。谢谢。

(1.2) شراء الملابس

1.2 买衣服

الزوجة: يا عزيزي، عليك أن تشتري قميصا للصيف، فلنذهب إلى قسم القمصان لشرائه.

妻子：亲爱的，咱们去看看衬衣吧，你应该买一件夏天穿的。

الزوج: طيّب، لنصعد إلى الطابق الثاني.

丈夫：好的。咱们去二楼吧。

(في قسم الملابس الرجالية)

（在男装部）

الزوجة: يا عزيزي، أيّ قميص تفضّل؟

妻子：亲爱的，你喜欢哪一件？

الزوج: أفضّل هذا القميص باللون الأزرق الفاتح.

丈夫：我喜欢那件浅蓝色的。

الزوجة: يا سيد، من فضلك، ناولني ذلك القميص.

妻子：先生，请把那件衬衫拿给我。

الموظف: ما هو المقاس؟

职员：多大尺寸？

الزوج: يا عزيزتي، ما هو المقاس الذي يناسبني.

丈夫：亲爱的，我穿多大尺寸？

الزوجة: المقاس 42 يناسبه.

妻子：他穿 42 的。

الموظف: إذن، جرّب هذا القميص.

职员：那你试一试这件吧。

الزوج: هذا عريض بعض الشيء.

丈夫：这件有点大。

الموظف: أبدّل لك واحدا آخر بمقاس أصغر.

职员：那给你换一件瘦的。

الزوج: هذا ضيّق قليلا.

丈夫：这件稍微紧了些。

الموظف: طيّب، عرفت. خذ هذا القميص. هذا يناسبك بلا شك.

职员：我知道了，给你这件，一定合适。

الزوج: فعلا، هذا يناسبني. هل يعجبك هذا القميص، يا حبيبتي؟

丈夫：真的。这件适合我。亲爱的，你看好吗？

الزوجة: جيّد جدّا، وتصبح أوسم رجل.

妻子：很好，很帅气。

الزوج: حسنا، نأخذ هذا. ما هو الثمن؟

丈夫：那好，就买这件吧。多少钱？

الموظف: الأصل ثلاثمائة يوان، والتخفيض إلى سبعين بالمائة اليوم، السعر الحالي تسعون يوانا.

职员：原价 300 元，现在打 3 折，现价 90 元。

الزوجة: هذا رخيص جدا. يا حبيبي، كيف نشتري اثنين؟

妻子：挺便宜的，亲爱的，要不咱们买两件？

الزوج: ليس في حاجة، قمصاني كثيرة وكافية.

丈夫：不用了，我的衬衣已经够多了。

(في قسم الملابس النسائية)

（在女装部）

الزوجة: لنذهب إلى قسم الملابس النسائية، أريد شراء الفستان.

妻子：咱们去女装部看看吧，我想买一件连衣裙。

الزوج: حسنا.

丈夫：好的。

الزوجة: لو سمحت، هل يباع عندكم فستان؟

妻子：请问，你们这里有连衣裙吗？

الموظف: طبعا، عندنا أنواع مختلفة من الفساتين، تعالا معي.

职员：有的，我们这里有各种连衣裙，请跟我来。

الزوجة: هات لي هذا الفستان.

妻子：请把这条裙子拿给我看看。

الموظف: تفضّلي، هذا آخر موضة في هذه السنة.

职员：给你。这是今年的最新款式。

الزوجة: ممكن أن أجرّب؟

妻子：可以试穿吗？

الموظف: تفضّلي، الغرفة للتجريب هناك.

职员：当然。试衣室在那边。

(تدخل الزوجة غرفة التجريب ثم تخرج بفستان جديد.)

（妻子进试衣室然后穿着新裙子从试衣室里走出来）

الزوجة: يا عزيزي، ما رأيك؟

妻子：亲爱的，你觉得怎么样？

الزوج: جميلة للغاية!

丈夫：太漂亮了。

الزوجة: حقًا؟ لا تجاملني.

妻子：当真吗？别忽悠我呀。

الزوج: كلامي جادّ. أصبحت أحلى مع هذا الفستان.

丈夫：当真。你穿着这条裙子变得更漂亮了。

الزوجة: رأيك رأيي. ولكن أراه قصيرا قليلا.

妻子：我也觉得很漂亮。可是，我觉得有点短。

الموظف: طوله مناسب، إذا كان أطول فلا يناسبك ولا يكون جميلا.

职员：这个长度正合适，再长就不好看了。

الزوجة: طيب، آخذ هذا.

妻子：好吧，那就买这条吧。

1.3) شراء الأدوات الكهربائية

1.3. 买电器

الموظف: أهلا بكما. أيّ خدمة؟

职员：你好！有什么可以帮助你们的？

الزوج: نريد أن نشوف جهاز التلفزيون.

丈夫：我们想看一看电视机？

الموظف: حسنا. كم بوصة تريد؟

职员：好的。你想买多大的？

الزوج: كم بوصة لهذا التلفزيون؟

丈夫：这台是多大的？

الموظف: هذا اثنتان وأربعون بوصة.

职员：这台是42吋的。

الزوج: هل هذا التلفزيون هو تلفزيون البلازما؟

丈夫：这是等离子电视吗？

الموظف: لا، هذا تلفزيون بشاشة "ال سي دي" (LCD).

职员：不，这是液晶电视。

الزوج: وما هي الماركة؟

丈夫：这是什么牌子的？

الموظف: هذه ماركة "سوني" (SONY).

职员：这是索尼的。

الزوج: هل هو وارد من خارج البلاد؟

丈夫：是原装进口的吗？

الموظف: لا، هو مصنوع في الصين.

职员：不是，是国内制造的。

الزوج: هل هناك خصم لهذا التلفزيون؟

丈夫：现在能打折吗？

الموظف: نعم. وإذا تشتري أيّ نوع من التلفزيون فسنعطيك الخصم والهدية.

职员：能。现在买任何电视都可以打折并且赠送礼品。

الزوج: هل يمكنك أن ترشّح لنا ماركة؟

丈夫：你能推荐一款吗？

الموظف: وأقترح عليك أن تشتري هذا التلفزيون. من الممكن أن نخفض عشرة بالمائة له، ونعطيك جهاز "دي في دي".

职员：我推荐这一款。可以打9折，并且赠送一台DVD机。

الزوج: الصورة واضحة والصوت واضح. لو سمحت، هل هذا التلفزيون هو أجهزة تلفاز رقمية عالية الوضوح؟

丈夫：看起来挺清楚，声音也清晰。请问是高清数码电视吗？

الموظف: نعم.

职员：是的。

الزوج: هل مشغل أسطوانات "دي في دي" هو مشغل أسطوانات بلوري (BLUE-RAY)؟

丈夫：DVD 是蓝光的吗？

الموظف: لا، هو مشغل "دي في دي" العادي.

职员：不是，是普通的。

الزوج: ما ثمنه بعد التخفيض.

丈夫：打完折多少钱？

الموظف: خمسة عشر ألف يوان.

职员：15000 元。

الزوج: يا حبيبتي، ما رأيك؟

丈夫：亲爱的，你觉得怎么样？

الزوجة: أنت تقرّر، لا أعرف كثيرا عن الأدوات الكهربائية.

妻子：你来决定吧，我不太懂电器。

الزوج: حسنا، أشتري هذا التلفزيون.

丈夫：那好。就买这一台吧。

الزوج: أودّ أن أشاهد الكومبيوتر لأنّ كومبيوتر المكتب ليس سهلا للتنقل والحمول فأريد أن أشتري كومبيوترا محمولا.

丈夫：我想去看看电脑，台式电脑太不方便了，我想买台笔记本电脑。

الزوجة: طيّب، هيّا بنا.

妻子：好啊，咱们去吧。

الزوج: هذا الكومبيوتر جميل، ما التكوين له؟

丈夫：这台电脑挺漂亮的，什么配置？

الموظف: وحدته المعالجة المركزية من طراز "CORE2" ثنائية نواة، وتبلغ سرعته 2.0 جيغا، الذاكرة 1 جيغا، سعة الأسطوانة 160 جيغا، ذاكرة العرض 256 ميجا.

职员：这台电脑的 CPU 是"酷睿 2"双核处理器，主频 2.0G，内存 1G，硬盘 160G，而且是 256M 的独立显存。

الزوج: حسن التكوين، ما هي الماركة التجارية؟

丈夫：配置也不错啊，是什么牌子的？

الموظف: الماركة "Lenove-Thinkpad".

职员：是"联想 — Thinkpad"。

الزوج: كيف جودتها؟

丈夫：质量好不好？

الموظف: يمكن القول إنها أفضل كمبيوتر من نوعية.

职员：可以说是质量最好的电脑。

الزوج: كم ثمنه؟

丈夫：价钱是多少？

الموظف: 25000 يوان.

职员：25000 元。

الزوج: يا سلام! غال جدا.

丈夫：天啊，这也太贵了。

الموظف: نعم، هي أغلى من غيرها. هناك كمبيوترات أخرى بالماركات الأخرى، وأثمانها أرخص.

职员：是啊，是比较贵。这里有其他品牌相同配置的电脑，便宜不少。

الزوج: ممكن أن توصى بعضا منها لي؟

丈夫：你能为我推荐几个吗？

الموظف: طيب. ها هي "HP"، ثمنه 13000 يوان. ها هي DELL، ثمنه 14000 يوان. وتكوينهما مثلما تراه قبل وقت.

职员：好的，这台是惠普的，13000 元；这台是戴尔的，14000 元；它们的配置和你刚才看的那台基本相同。

الزوج: أظن أن HP جيد، ما رأيك يا حبيبتي؟

丈夫：我觉得这台惠普的不错，亲爱的，你觉得呢？

الزوجة: ليس عندي مانع إذا تعتقد أنه جيد.

妻子：你觉得好就行了。

الزوج: كيف الخدمات بعد البيع؟

丈夫：售后服务怎么样？

الموظف: كن مطمئنا، نصلح لكم أي خلل بالمجان لجهاز شامل خلال سنة، ولقطاعات الخيار المحورية خلال سنتين، وأما القطاعات الأخرى فنصلحها حسب اللوائح الوطنية المحددة.

职员：请您放心，整机保修 1 年；关键部件保修 2 年；其他的部分按照国家规定执行。

الزوج: هل يمكن الخصم؟

丈夫：能打折吗？

الموظف: غير ممكن. ولكن ممكن أن نعطيكم هدايا، منها فأر وحقيبة لحفظ الحاسوب وقرص صلب نقال.

职员：不能，但是可以赠送礼品，包括一个鼠标、一个电脑包和一个移动硬盘。

الزوج: حسنا، سنشتري هذا.

丈夫：好的，那就买这个了。

الزوجة: اشترينا كثيرا من البضائع وقد لا يكفي المال.

妻子：我们今天买了太多东西了，钱不够了。

الزوج: لا تقلق يا حبيبتي، ونستطيع أن ندفع بالتقسيط.

丈夫：没关系，我们可以分期付款。

الموظف: القيمة الإجمالية لكل مشترياتكم تسعة وثلاثون ألف وخمسمائة يوان.

职员：你们购买的商品总共 39500 元。

الزوج: هل من الممكن أن ندفع بالتقسيط؟

丈夫：可以分期付款吗？

الموظف: طبعا. ادفعا أولا عشرة آلاف يوان، والباقي يدفع خلال سنة إعفاءا عن دفع الفوائد.

职员：当然。先付 10000 元，剩下的一年内付清，并免息。

الزوج: تفضل، هذه عشرة آلاف يوان.

丈夫：给，这是 10000 元。

الموظف: من فضلك، أكتب اسمك ورقم البطاقة الشخصية ورقم التلفون والتوقيع في أسفل زاوية الاستمارة اليمنى.

职员：请在分期付款单上填上你的名字、身份证号和电话，并在右下角签名。

الزوج: (بعد التوقيع) إليك الاستمارة.

丈夫：（签字后）给您单子。

الموظف: شكرا، وبعد استلام النقود كل شهر، سوف نرسل لكم الإيصال.

职员：谢谢。每个月收到钱后，我们都会给你们寄收据的。

الزوج: حسنا.

丈夫：好的。

الموظف: لو سمحت، اكتب عنوان بيتكم لنا، وسوف نوصل البضائع إليه.

职员：请留下你们家的地址，我们会把货送到你们家的。

الزوج: شكرا، مع السلامة.

丈夫：谢谢。再见。

补充词汇:		الكلمات الإضافية:	
显像管电视	تلفزيون أنبوب أشعة القطب السالب	电风扇	مروحة كهربائية
投影仪	جهاز العرض	自动烤面包机	محمصة أوتوماتيكية
家庭影院	المسرح المنزلي	电饭煲	طاهية الأرز الكهربائية
录像机	جهاز الفيديو	吹风机	مجفّف
录音机	مسجل / ريكوردر	空调	مكيف الهواء / كنديشن
照相机	كاميرا	电熨斗	مكواة كهربائية
冰箱	ثلاجة ج ثلاجات	电加热器	سخانة كهربائية
冰柜	مبرد / مجمد	天线	أريال

2- في السوبرماركت

2. 在超市

الزوجة: لنذهب معا الى السوبرماركت لشراء بعض البضائع.

妻子：你和我去超市买些东西吧。

الزوج: اذهبي بنفسك.

丈夫：你自己去吧。

الزوجة: خذني بالسيارة ونحتاج إلى كثير من الأشياء في البيت.

妻子：你开车带我去吧，家里需要很多东西。

الزوج: طيب.

丈夫：好吧。

(في السوبرماركت)

（在超市里）

الزوجة: الخيار لكل كيلوغرام بثلاثة يوانات، وهذا رخيص، فلنشتر بعضا.

妻子：黄瓜3元钱一公斤，挺便宜的。咱们买些吧。

الزوج: حسنا.

丈夫：好。

الزوجة: ليس في المنزل كثير من الطماطم، فلنشتر بعضا؟

妻子：咱家西红柿也不多了，顺便买些吧。

الزوج: كما تشائين.

丈夫：好吧。

الزوجة: أذهب لشراء لحوم البقر وخذ هذه الأشياء إلى الموظف الخاص لوزنها وبعد ذلك نلتقي في قسم بيع اللحوم.

妻子：我去卖肉的地方买些牛肉，你去称重处称重，一会儿去那边找我。

الزوج: حسنا.

丈夫：好的。

(في قسم بيع اللحوم)

(在卖肉的地方)

الزوج: أ تم شراء ما تريدين؟

丈夫：你买好了吗？

الزوجة: اشتريت خمسة كيلوغرامات من لحم البقر، وأريد شراء لحم الغنم أيضا.

妻子：我买了5公斤牛肉，我还想买些羊肉。

الزوج: جيد. أحب لحم الغنم.

丈夫：好的，我喜欢吃羊肉。

الزوجة: أعرف ذلك يا حبيبي. لذا أريد شراء لحم الغنم أكثر.

妻子：我知道，所以我想多买些。

الزوج: هل تريدين شراء أشياء أخرى؟

丈夫：你还要买其它东西吗？

الزوجة: بعض الفواكه.

妻子：再买些水果。

الزوج: أحب التفاح.

丈夫：我想吃苹果。

الزوجة: حاضر. وأريد شراء بعض البرتقال وبرتقال أبو السرّة ويوسف الأفندي.

妻子：好的，我还想买些橙子、脐橙和桔子。

الزوج: كيف البطيخ؟

丈夫：西瓜要不要？

الزوجة: هل تستطيع أن تحمل كل هذه الأشياء؟

妻子：你能拿得了这么多东西吗？

الزوج: ما فيه مشكلة. أنا رجل كل رجل.

丈夫：没问题，我是男子汉。

(في قسم الحسابات)

(在收银台)

الموظفة: هل كل هذه الأشياء لكم؟

收银员：这些都是您的东西吗？

الزوج: نعم.

丈夫：是的。

الموظفة: هل تريد كيسا بلاستيكيا؟

收银员：您需要塑料袋吗？

الزوج: كيسا كبيرا من فضلك، وكم ثمنه؟

丈夫：给我一个大塑料袋，多少钱。

الموظفة: خمسة قروش.

收银员：5 毛钱。

الزوج: أريد كيسين كبيرين.

丈夫：我要两个袋子。

الموظفة: إجمالي القيمة مائتان وأربعة وثلاثون يوانا.

收银员：一共是 234 元。

الزوج: هل من الممكن أن أستخدم بطاقة الائتمان؟

丈夫：可以刷卡吗？

الموظفة: ممكن.

收银员：可以。

الكلمات الإضافية:

补充词汇：

طست جـ طسوت	脸盆	معلّبات	罐头
كنكة / غلاية قهوة	咖啡壶	علبة السردين	沙丁鱼罐头
مقراض	指甲刀	فواكه معلبة	罐头水果
مقصّ	剪刀	الوزن القائم	毛重
سحاب / زمام منزلق	拉链	الوزن الصافي	净重
الشامبو	洗发水	الوزن المطروح	皮重
نكاشة جـ نكاشات	牙签	زنوبيا	雪茄
زيت الطعام	食用油	القهوة السريعة الذوبات	速溶咖啡
زيت الفول السوداني	花生油	البنّ	咖啡豆
زيت الذرة	玉米油	دجاجة طازجة	鲜鸡
زيت السمسم	芝麻油	دجاجة مثلّجة	冻鸡
زيت الزيتون	橄榄油	لحوم مثلّجة	冻肉
صلصة طماطم	番茄酱	فودكا	伏特加
صلصة فول الصويا	酱油	كوكتيل	鸡尾酒
خلّ	醋	سائل مائع التصحيح	修正液
مربّى	果酱	مثلّث الرسم	三角板

圆规	بيكار جـ بياكر	泡菜	طرش
	الفرجال القوسيّ	一打	دستة\درزن\دزينة
复印纸	أوراق التصوير	零钱	فكة جـ فكات
宣纸	ورق الرسم الصيني	袋子	كيس جـ أكياس
埃及纸草纸	الأوراق البردية	篮子	سلة جـ سلال
毛巾	فوطة / منشفة	价目表	قائمة الأسعار
肥皂	الصابون	发票	فاتورة جـ فواتير

二、在理发馆   ـ2 في صالون الحلاقة

1) في صالون الحلاقة للرجال

1. 在男士理发馆

الموظف : مرحبا ، هل لي أن أسأل ما يمكن أن أفعله لك؟

职员：您好，请问有什么可以帮您的吗？

الزبون : أريد الحلاقة.

顾客：我想理发。

الموظف : أي حلّاق تفضل؟

职员：你希望找哪位师傅？

الزبون : هذه هي أول مرة أقوم بالحلاقة عندكم ، فهل من الممكن أن ترشّح لي حلاقا؟

顾客：我这是第一次来你们店理发，你能帮我推荐一下吗？

الموظف : ممكن. أي موديل تفضل؟

职员：可以。请问您希望理什么发型？

الزبون : ما أنواع الموديلات عندكم؟

顾客：你们这里能理什么发型？

الموظف : طالما تريد أي موديل، يمكننا أن نفعله لك

职员：只要您想要的我们都能理。

الزبون : أريد موديل قصير.

顾客：我想理寸头。

الموظف : حسنا. تعال معي.

职员：好的。请跟我来。

الزبون : حاضر ، شكرا لكم.

顾客：好的，谢谢。

الموظف : قبل الحلاقة نساعدكم على غسل الشعر ، ثم نقوم بالحلاقة ، هكذا ستكون الحلاقة جيدة.

职员：先洗头吧，然后再理发，这样效果好。

الزبون : أوكي.

顾客：好的。

(وبعد غسل الشعر)

（洗完头后）

الموظف : تفضل، تعال معي ، وها هو سيد وانغ ، هو ماهر في موديل قصير.

职员：请跟我来，这位是王师傅，他理寸头很在行。

الزبون : أهلا وسهلا.

顾客：你好。

الحلاق : مرحبا بكم. تفضل موديل قصير؟ أطول أو أقصر؟

理发师：你好。你想理寸头吗？长一些还是短一些？

الزبون : أريد أقصر.

顾客：我希望短一些。

الحلاق : طيب. ولكن اعتقد أن الشعر على جانبي الرأس يمكن أن يكون أطول ، حتى يناسب شكل وجهكم.

理发师：好的。不过我觉得两侧可以稍长些，这样和您的脸型相配。

الزبون : أحسنت ، وليس عندي مانع.

顾客：好的，就听你的。

(بعد عشرين دقيقة)

（二十分钟后）

الحلاق : خلاص. أنظر بنفسك، أعجبك شغلي؟

理发师：理好了。您自己看看满意吗？

الزبون : جيد جدا. ولكن هل الشعر في الوسط أطول قليلا؟

顾客：挺不错的。不过中间是不是有些长啊？

الحلاق : سوف أعدل وأخفف الشعر.

理发师：我再修一修，打薄一些。

الزبون : شكرا لك.

顾客：谢谢。

(وبعد خمس دقائق)

（五分钟后）

الحلاق : أنظر بنفسك، ما رأيك بعد التعديل؟

理发师：您看看这次怎么样？

الزبون : ممتاز. وأعجبني هذا الشكل كثيرا. تسلم يدك.

顾客：很好。我很满意。你的手艺真棒。

الحلاق : شكرا لكم ، وتعال معي، اغسل شعرك مرة أخرى.

理发师：多谢夸奖。请跟我来再洗洗头。

الزبون : حاضر.

顾客：好的。

الموظف : هل تفضل الكريم المغذّ للشعر؟

职员：您要打护发素吗？

الزبون : نعم ، فمن الأفضل أن تستخدم الكريم المضاد للقشر.

顾客：可以，最好是去头屑的。

الموظف : لا توجد مشكلة.

职员：没问题。

الحلاق : هل تفضل تجفيف شعرك؟

理发师：要吹干吗？

الزبون : تفضّل، هل يمكنك أن تعطيني الهلام للشعر؟

顾客：好的，能不能给我打上啫喱？

الحلاق : طبعا ، هذا أمر ضروري.

理发师：当然，这是必须的。

الزبون : شكرا لك. بكم؟

顾客：谢谢你。多少钱？

حلاق : مجموعة 20 يوانا ، ادفع النقود عند الموظّف بالباب.

理发师：一共 20 元，请到门口交款。

الزبون : أوكي. ومع السلامة.

顾客：好的。再见。

الحلاق : مع السلامة. أهلا وسهلا بكم مرة أخرى.

理发师：再见。欢迎您再来。

2) في صالون الحلاقة للسيدات (أو في كوافير الحلاقة والتجميل)

2. 在女士理发馆（或在理发美容馆）

الموظف: مرحبا بكم. تريدين الحلاقة؟

职员：欢迎光临。你要理发吗？

الزبونة: نعم. أريد مكواة، كم موديلا تعملون؟

顾客：是的。我想烫发，你们这里能做哪些发式？

الموظف: عشرة وأكثر. مثلا طويل عادي وكنيش طويل وأسد... الخ.

职员：十几种。比如披肩式、长波式、狮头式等等。

الزبونة: ما هو الموديل الشائع الآن؟

顾客：现在最流行的是什么？

الموظف: الكنيش الطويل شائع جدا. ولكن لكل امرأة ذوقها، بالإضافة إلى ذلك من الضروري أن الموديل يناسب الميزات الذاتية، هذا مهم.

职员：长波式比较流行。但是每个人都有自己的审美，另外也要符合个人的特点，这很重要。

الزبونة: أريد الكنيش الطويل، هل هذا يناسبني؟

顾客：那我想做长波式，适合我吗？

الموظف: سوف يساعدك الحلاق.

职员：理发师会帮你的。

الزبونة: شكرا.

顾客：谢谢。

الموظف: ها هو الحلاق تشانغ، هو ماهر في المكواة.

职员：这位是张师傅，他擅长烫发。

الزبونة: السيد تشايغ، أهلا وسهلا. أريد الكنيش الطويل، ممكن؟

顾客：张师傅，你好。我想做长波式，可以吗？

الحلاق: ما فيه مشكلة. فلنبدأ الآن.

张师傅：没问题。现在就开始吧。

الزبونة: أوكي. أريد صبغ الشعر أيضا.

顾客：好的。我还想染一下头发。

الحلاق: ما اللون الذي يعجبك؟

张师傅：你喜欢什么颜色？

الزبونة: أسمر قاتم.

顾客：我想要深棕色。

الحلاق: حاضر. نعمل المكواة أولا، ثم نصبغ الشعر.

张师傅：好的。咱们先烫发，再染发。

الزبونة: سمعت أن صبغ الشعر يّضُرُّ بالشعر، صحيح أم لا؟

顾客：我听说染发会损坏头发，是这样吗？

الحلاق: نصبغ الشعر بأفضل مواد الصبغ، فلن يضر بالشعر.

张师傅：我们这里使用的是最好的染发剂，不会损坏头发。

الزبونة: إذن، أصبغ الشعر. كم الوقت الذي يستغرق؟

顾客：那我就染一下吧。要多久才能做好？

الحلاق: ساعتين تقريبا.

张师傅：大概两个小时。

(بعد الساعتين)

（两个小时后）

الحلاق: خلاص. هل هذا يعجبك؟

张师傅：做好了。你看看满意吗？

الزبون: جيد جدا، ولكن موج التجعيد أقصر من ما تصورت.

顾客：挺好的，不过这个波浪比我想象的短。

الحلاق: هذا طبيعي. سينبسط بعد الأيام.

张师傅：这是正常的。过几天才会完全展开。

الزبونة: كم يوما يحتفظ الشعر بالموديل.

顾客：这个发式能维持多久啊？

الحلاق: حوالي ثلاثة شهور.

张师傅：三个月左右。

الزبونة: شكرا لك.

顾客：谢谢你。

الحلاق: عفوا. أنا مسرور بخدمتك.

张师傅：不客气，很高兴为您服务。

الزبونة: كم الثمن؟

顾客：多少钱？

الحلاق: مائتا يوان.

张师傅：一共 200 元。

الزبونة: إليك النقود. مع السلامة.

顾客：给你。再见。

الحلاق: مع السلامة. مرحبا بك مرة أخرى.

张师傅：再见。欢迎下次光临。

补充词汇: **الكلمات الإضافية:**

剃刀	موس جـ أمواس	汗毛	شعر الجسم
刀片	شفرة جـ شفرات	腋毛	شعر الإبط
推子，刮脸刀	محلقة جـ محلقات	脱毛剂	جموش أو نورة
梳子	مشط التسريح	护发素	كريم مغذ للشعر
剪刀、剪子	مقص	口红	قلم حمرة أو أحمر شفاه
吹风机	مجفف الشعر	指甲油	دمام الظفر
卷发器	مصفف الشعر	染发水（膏）	صبغ أو ضبغة الشعر جـ صبغات
修眉	تسوية الحواجب	发卡	دبوس أو فورشينة
直发	موديل سائح	胡须	لحية
卷发	كنيش أو مجعد	按摩	التدليك
辫子	ضفيرة جـ ضفائر		

三、在书店 3- في المكتبة

عدنان: هل تود أن تذهب معي اليوم إلى المكتبة لشراء بعض الكتب؟

阿德南：你愿意今天和我一起去书店购书吗？

ناصر: بالصدفة، أنا أريد شراء الكتب أيضا، فلنذهب معا.

纳赛尔：真巧，我也去购书，咱们一块儿去吧。

عدنان: هل تعرف أن المختارات من شعر أدونيس نشرت في الصين؟

阿德南：你知道阿多尼斯的诗选集在中国出版了吗？

ناصر: سمعت ذلك، وأعرف أنك تريد شراءها. ولكن لا أهتم بالشعر.

纳赛尔：听说过，而且我知道你想买。不过，我对诗歌不太关注。

عدنان: ما الكتاب الذي ترغب في قراءته؟

阿德南：那你对什么书感兴趣？

ناصر: أرغب في قراءة الروايات.

纳赛尔：我对小说比较感兴趣。

عدنان: الروايات الصينية أم العربية؟

阿德南：中文的还是阿文的？

ناصر: كلاهما. أحب روايات نجيب محفوظ.

纳赛尔：都很有兴趣，我喜欢马哈福兹的小说。

عدنان: هو أديب عظيم، ونال جائزة نوبل، صحيح؟

阿德南：马哈福兹是一名伟大的文学家，还获得过诺贝尔奖，对吗？

ناصر: صدقت. نشرت روايته ((أولاد حارتنا)) في الصين أخيرا، وأريد شراءها للقراءة.

纳赛尔：是的，最近他的小说《我们街区的孩子》在中国出版了，我想买来看看。

عدنان: شيء جميل. هل يمكنني أن أستعيرها للمطالعة بعد الانتهاء من قراءتها.

阿德南：太好了，你看完后能借我看看吗？

ناصر: ممكن، طبعا.

纳赛尔：当然可以。

(في المكتبة)

（在书店）

الموظف: مرحبا بكما. أي خدمة؟

职员：欢迎光临，有什么需要帮助的吗？

عدنان: أريد شراء مختارات من شعر أدونيس، اسمها ((عزلتي حديقة)).

阿德南：我想买一本阿多尼斯诗集选，名字是《我的孤独是一座花园》。

الموظف: طيب، لأبحث عنها. هل تريد كتبا أخرى؟

职员：好的，我帮您查查。还买其它书吗？

ناصر: أريد رواية، اسمها ((أولاد حارتنا)).

纳赛尔：我想买一本小说，叫做《我们街区的孩子》。

الموظف: طيب.

职员：好的。

عدنان وناصر: شكرا لك.

阿德南和纳赛尔：谢谢。

الموظف: وجدت. ولكن ((أولاد حارتنا)) ليست مخزونة الآن، وهل من الممكن أن تأتي مرة أخرى في الأسبوع القادم؟

职员：查到了，不过《我们街区的孩子》现在缺货，您下周再来可以吗？

ناصر: وسأكون مأمورا في الأسبوع القادم. أرجو أن أشتريها في أسرع وقت ممكن.

纳赛尔：下周我要出差，我希望尽快买到。

الموظف: إذن، يمكنك أن تترك رقم هاتفك النقال ما إن اقتنيناها حتى أستطيع أن أخبرك.

职员：那么您留一下您的手机号码吧，到货了我立刻通知您。

ناصر: جيد. شكرا جزيلا.

纳赛尔：好的，非常感谢。

补充词汇： الكلمات الإضافية:

ذكريات\مذكرات	回忆录	العلم الإنساني	人文科学
موسوعة جـ موسوعات	百科全书	العلم الاجتماعي	社会科学
أعمال أدبية	文学作品	العلم الطبيعي	自然科学
النقد الأدبي	文学批评	الرواية العلمية الخيالية	科幻小说
أدب الأطفال	儿童文学	رواية التجسس	侦探小说
ديوان شعر(قصائد)	诗集	رواية الحب (الرواية الغزلية)	爱情小说
قصيدة جـ قصائد	诗词	الرواية الكلاسكية	古典小说
الأعمال الصوتية والفيلمية	音像作品	قصص فروسية	武侠小说
قاموس إلكتروني	电子词典	مقتطفات أدبية	文摘
كتاب الكتروني	电子书	ترجمة الإنسان	传记

四、在饭店 4- في المطعم

1) في المطعم الصيني

1. 在中餐馆

ماجد: يا علي، هل أنت فاض مساء اليوم؟ أودّ أن أكرمك لأكل الأطعمة الصينية.

马吉德：阿里，今天晚上有空吗？我请你吃中国菜。

علي: جميل. في أي ساعة؟

阿里：好啊，几点？

ماجد: الساعة السادسة مساء اليوم، ممكن؟

马吉德：晚上六点，怎么样？

علي: ليس عندي مانع.

阿里：没问题。

ماجد: أودّ أن أكرمك بالأطعمة سي تشوان. هل تعجبك الأطعمة المفلفلة الحارة؟

马吉德：我请你吃川菜吧。你喜欢吃辣的吗？

علي: لا تعجبني، أحب الأطعمة الخفيفة.

阿里：不太喜欢，我喜欢清淡的食物。

ماجد: إذن، لنأكل أطعمة شانغهاي، ستعجبك كثيرا.

马吉德：那我们吃上海菜吧，你会喜欢的。

علي: طيب. شكرا.

阿里：好的。谢谢。

(في المطعم)

（在餐厅）

الجرسون: مرحبا بكم. تفضلا بالدخول. هل حجزتم الغرفة؟

招待：欢迎光临，请进。你们有预定吗？

ماجد: لا. هل هناك مكان خال؟

马吉德：没有，还有位置吗？

الجرسون: نعم، يوجد. تعالا معي.

招待：有，请跟我来。

ماجد: أوكي.

马吉德：好的。

الجرسون: إليك قائمة الأطعمة، تفضلوا، اطلبوا.

招待：这是菜单，请点菜。

ماجد: يا علي، هل تحب الدجاج بالبقسماط؟

马吉德：阿里，你喜欢吃香酥鸡吗？

علي: كما تشاء.

阿里：听你的。

ماجد: نطلب الدجاج بالبقسماط والسمك المطبوخ بالبخار والقرنبيط مع الفطر الطازج وشوربة الغاريفون.

马吉德：那我们要一份香酥鸡，一份清蒸鱼，一份鲜菇菜花和一碗银耳汤。

الجرسون: طيب.

招待：好的。

ماجد: وطاستين من الأرز أيضا.

马吉德：还要两碗米饭。

الجرسون: ماذا تشربان، الخمر أم البيرة؟

招待：你们喝些什么？啤酒还是白酒？

ماجد: نحن مسلمون لا نشرب الخمر.

马吉德：我们是穆斯林，不喝酒。

الجرسون: عفواء عندنا العصير البرتقالي، ممكن؟

招待：对不起。我们有橙汁，可以吗。

ماجد: ممكن. يا علي هل تحتاج إلى الشوكة والسكين؟

马吉德：好的。阿里，你需要刀叉吗？

علي: لا داعي. أستطيع أن آكل بالعودين.

阿里：不用，我已经学会用筷子了。

社会生活 الحياة الاجتماعية الفصل الثامن

(بعد انتهاء العشاء)

（用餐后）

ماجد: يا أخي، الحساب، من فضلك.

马吉德：服务员，结账。

الجرسون: هل أعجبكم طعم الأطعمة؟

招待：饭菜合您的口味吗？

ماجد: ممتاز، نشكركم على الخدمات.

马吉德：很好，谢谢你的服务。

الجرسون: لا شكر على واجب. كلها مائة وسبعة وعشرون يوانا جماعة.

招待：不用谢，应该的。一共 127 元。

ماجد: إليك الفلوس.

马吉德：给你钱。

الجرسون: شكرا، مرحبا بحضوركم مرة ثانية.

招待：谢谢，欢迎再次光临。

ماجد: إن شاء الله.

马吉德：希望如此。

2) في المطعم الإسلامي

2. 在清真餐厅

علي: يا ماجد، أكرمتني المرة السابقة بالأطعمة الصينية، ما رأيك أن أكرمك بالأطعمة العربية مساء اليوم؟

阿里：马吉德，上次你请我吃中国菜，今晚我请吃阿拉伯菜怎么样？

ماجد: لا كلفة بيننا.

马吉德：不要这么客气啊。

علي: نحن صديقان حميمان. إتفقنا.

阿里：咱俩是好朋友嘛。就这么定了。

ماجد: طيب. شكرا.

马吉德：好的，谢谢你。

(في المطعم الإسلامي)

（在清真饭店里）

ماجد: تتمتع الزينات فيها بالميزات العربية.

马吉德：这里的布置很有阿拉伯的特色啊。

علي: نعم، هو مطعم عربي حقيقي، اسمه "ألف ليلة وليلة".

阿里：是啊，这是正宗的阿拉伯餐厅，叫做一千零一夜。

ماجد: جميل، يمكنني أن أذوق أطعمة عربية حقيقية.

马吉德：太好了，可以尝尝正宗的阿拉伯菜了。

علي: إذن، لا بد منك أن تأكل الطعام أكثر.

阿里：那你今晚一定要多吃啊。

ماجد: بالتأكيد.

马吉德：一定。

علي: اقرأ قائمة الأطعمة، اختر أطعمة تعجبك.

阿里：你看看菜单吧，点自己喜欢吃的。

ماجد: اخترها أنت، أفضّل ما تحب وأنت صاحب.

马吉德：你点吧，客随主便。

علي: طيب.

阿里：好的。

(بعد انتهاء العشاء)

（用餐后）

ماجد: الأطعمة العربية لذيذة شهية.

马吉德：阿拉伯菜真好吃。

علي: أنا مسرور بما قلت. ما الميزات للأطعمة العربية من رأيك؟

阿里：听你这么说我很开心。你觉得阿拉伯菜有什么特点？

ماجد: ألوانها الرئيسية هي السمك ولحم البقر ولحم الغنم، وطبخها عن طريق الشواء، صحيح؟

马吉德：以鱼和牛羊肉为主，通过烧烤进行烹调。对吗？

علي: صحيح، أنت ذكي جدا.

阿里：你真聪明。

ماجد: طبخ الأطعمة العربية سهل أم لا؟

马吉德：阿拉伯菜好不好做？

علي: لست ماهرا في ذلك، ستعلّمك زوجتي عندما تأتي إلى بيتي المرة القادمة.

阿里：这个我不在行，下次你来我家做客，我让我夫人教你。

ماجد: جيد، إتفقنا.

马吉德：好的，一言为定。

علي: إتفقنا. وقد دفعت، فيمكن أن نروح.

阿里：一言为定。我已经结账了，我们走吧。

ماجد: طيب. شكرا لك على حفاوتي.

马吉德：好的，谢谢你请我吃饭。

علي: لا شكر، لا تكليف بيننا.

阿里：不用客气。

الكلمات الإضافية: **补充词汇：**

شاورمة	烤肉夹面包	خبز صيني	馒头
كسكس	麦片粥	أرز مقلي بالبيض	蛋炒饭
نبيذ	葡萄酒	محشي جـ محاشيات ومحاشيّ	包子
المشروبات الغازية	汽水	مكرونة	意大利面（通心粉）
المياه المعدنية	矿泉水	شعرية	面条
فواكه مسكرة	果脯	بيض مقلي	煎蛋
شوكولاتة	巧克力	بيض مسلوق	煮蛋
لبّان / علكة	口香糖	البيض المقلي مع الطماطم	西红柿炒鸡蛋
قند جـ قنود	冰糖	دجاج محمر	红烧鸡
زيوت نباتية	植物油	سمك بالخلّ والسكّر	糖醋鱼
دهن وشحم	动物油	لحم البقر مع البطاطس	土豆烧牛肉
لبن / حليب	鲜奶	بط بكين المشوي	北京烤鸭
لبن الزبادي	酸奶	فول مدمّس	焖蚕豆
حليب جاف	奶粉	سلطة جـ سلطات	沙拉
بوفيه	快餐店	جبن فول الصويا	豆腐
كانتين\مطعم عام	公共食堂	شوربة صافية	清汤
حانوت	小食品店	شوربة الأرز	稀饭，粥
غداء (عشاء) غير رسمي	便餐	مقانق	香肠
وجبة محددة (لونا وسعرا)	份饭	سندويش جـ سندويشات	三明治
طبق محلي	风味菜	زبدة	黄油
حفلة شاي	茶话会	مربي جـ مربيات	果酱
مأدبة\وليمة	宴会	بسكويت	饼干
حفلة كوكتيل	鸡尾酒会	خيار مخلل	酸黄瓜
وجبة الرحلة	野餐	بلطية	尼罗河桂鱼（鲈鱼）

五、拜访做客 5- تبادل الزيارات

1) زيارة صديق

1. 拜访朋友

خالد: السلام عليكم، يا جاسم، مرحبا بك.

哈立德：贾西姆，你好！欢迎你！

جاسم: وعليكم السلام، كيف حالك؟

贾西姆：你好！你好吗？

خالد: الحمد لله، أنا بخير، وأنت؟

哈立德：感谢真主，我很好！你呢？

جاسم: وأنا كذلك، شكرا.

贾西姆：我也很好，谢谢！

خالد: تفضل، اجلس. تفضل، اشرب الشاي.

哈立德：请坐，请喝茶。

جاسم: شكرا. مبروك لتنتقل إلى البيت الجديد. وهو جميل جدا.

贾西姆：谢谢。恭喜你乔迁新居，新家真漂亮。

خالد: شكرا. أعتقد أن البيت أهم مكان في الحياة، لذلك أركّب وأزيّن المنزل بشكل جيد.

哈立德：谢谢。我认为家是生活中最重要的地方，所以一定要装修布置得好一些。

جاسم: أنت على حق. كم مساحة المنزل؟

贾西姆：你说的对。这房子有多大？

خالد: حوالي مائة وعشرين مترا مربعا.

哈立德：大概 120 平米。

جاسم: هل له ثلاث غرف وصالتان؟

贾西姆：是三室两厅吗？

خالد: صدقت. لنتجول معا.

哈立德：没错，我带你看看吧。

جاسم: حسنا.

贾西姆：好的。

(بعد العودة إلي الصالة)

（回到客厅）

خالد: ما رأيك في المنزل؟

哈立德：感觉怎么样？

جاسم: عظيم! يبدو أنك تبذل الجهود والهموم الكثيرة في تزيين بيتك الجديد.

贾西姆：太棒了！看得出来你花了很多心思装修新房。

خالد: نعم، هذا أتعبني كثيرا.

哈立德：是的，不过也很辛苦。

جاسم: لماذا ليست زوجتك موجودة في البيت؟

贾西姆：你夫人怎么不在家呀？

خالد: ذهبت إلى السينما تشاهد الفيلم مع البنت.

哈立德：她和女儿去电影院看电影了。

جاسم: أين تشتغل الآن؟

贾西姆：你夫人在哪儿工作？

خالد: في مكتب البريد.

哈立德：她在邮局工作。

جاسم: كم ولدا عندكم؟

贾西姆：你有几个孩子？

خالد: ما عندنا غيرها، وهي مدلّلة جدّا.

哈立德：只有一个女儿，很娇气。

جاسم: كم عمرها؟

贾西姆：女儿多大了？

خالد: عمرها ست سنين. ستلتحق بالمدرسة الابتدائية.

哈立德：六岁了，就快要上小学了。

جاسم: أسرتك أسرة سعيدة.

贾西姆：真是个幸福的家庭啊。

خالد: شكرا. كم فردا في أسرتك؟

哈立德：谢谢！你家里几口人？

جاسم: ثلاثة أفراد. أبي وأمي وأنا.

贾西姆：三口人，我爸爸、我妈妈还有我。

خالد: كم عمر أبيك وأمك؟

哈立德：你爸爸、妈妈多大年纪了？

جاسم: كلاهما اثنتان وخمسون سنة.

贾西姆：我爸爸、妈妈都是 52 岁。

خالد: ماذا تشتغلان؟

哈立德：他们从事什么工作？

جاسم: أبي موظف يعمل في احدي المؤسسات من القطاع العام. أما أمي فهى متقاعدة.

贾西姆：我爸爸在国企做职员，我妈妈已经退休了。

خالد: أسرتك أسرة سعيدة أيضا.

哈立德：你的家庭也是一个幸福的家庭。

جاسم: شكرا!! الوقت متأخر، أستأذنك.

贾西姆：谢谢！时间不早了，我该告辞了。

خالد: ألا تبقى وقتا أكثر؟

哈立德：不多呆一会儿吗？

جاسم: لا، وقد أزعجتك.

贾西姆：不了，打扰你了。

خالد: بالعكس، أنا مسرور بمجيئك.

哈立德：恰恰相反，你来我很高兴。

جاسم: سوف أزورك إذا وجدت الفرصة، عن إذنكم.

贾西姆：有机会我再来拜访你。我走了。

خالد: طيب. مع السلامة.

哈立德：好的。再见。

جاسم: مع السلامة.

贾西姆：再见。

2) زيارة خبير عربي

2. 拜访阿拉伯专家

(في حرم الجامعة)

（在校园里）

خالد: مساء الخير، يا أستاذ.

哈立德：老师，晚上好！

الخبير: مساء الخير.

专家：晚上好。

خالد: كيف حالك؟

哈立德：你好吗？

الخبير: الحمد لله، أنا بخير، وأنت؟

专家：赞美真主，我很好，你呢？

خالد: أنا كذلك. وصلت إلي الجامعة قبل أيام قليلة، وأود أن أرافقك في التجول، ممكن؟

哈立德：我也很好。您刚到我们学校没几天，我想陪你转转可以吗？

الخبير: رائع جدّا. أريد أن أتمشى الآن.

专家：那太好了，我正想散步。

خالد: إذن، أودّ أن أكون دليلا لك.

哈立德：那我就当您的向导吧。

الخبير: شكرا جزيلا.

专家：非常感谢。

خالد: هل تعوّدت الحياة في مدينة داليان؟

哈立德：您现在适应大连的生活了吗？

الخبير: لم أتعودّها في البداية، ولكنني الآن بدأت أتعودها بشكل متحسّن، أرى أنني سأتعودها تماما مع مرور الأيام.

专家：开始时不太习惯，可是现在好多了，我想过段时间就会完全适应了。

خالد: كيف الجو هنا؟ هل تعودّته؟

哈立德：这里的天气怎么样，您适应吗？

الخبير: الجو هنا معتدل ولطيف.

专家：天气很好，温和宜人。

خالد: كيف وجدت الإقامة؟

哈立德：住得怎么样呢？

الخبير: مرتاح. الشقة كبيرة، فيها غرفتان للنوم وصالة، تكفي لعائلتي كلها. الأجهزة الكهربائية والأثاث كاملة. زوّدتنا الجامعة بالكومبيوتر والنطاق العريض. أشكر جامعتكم.

专家：很舒畅。房间很大，两室一厅，足够我们一家人居住。家电、家具都很齐全。学校还给我准备了电脑和宽带。感谢你们学校。

خالد: لا شكر على الواجب. شف، يا أستاذ، مبنى الإدارة أمامنا، والمكتبة وراءنا، وعلى اليسار مبنى التعليم عن طريق الأجهزة الإلكترونية، وعلى اليمين مبنى التدريس.

哈立德：不用谢，应该的。老师，你看。我们前面是办公楼，后面是图书馆，左边是电教楼，右边是教学楼。

الخبير: كل المباني جميلة جدا. هل هذه المباني جديدة؟

专家：很漂亮的建筑。这些是新建的吗？

خالد: نعم، هنا حرم الجامعة الجديد، انتهى من البناء قبل أيام قليلة.

哈立德：是的，这里是我们的新校区，刚刚建成不久。

الخبير: كم أستاذا وطالبا في الجامعة؟

专家：学校里有多少教师和学生？

خالد: فيها ألف أستاذ وموظف وثمانية آلاف طالب تقريبا.

哈立德：有大约 1000 名教职工和 8000 名学生。

الخبير: عدد الأساتذة والطلبة غير قليل.

专家：学校规模不小。

خالد: نعم، الأساتذة فيها مجدون، والطلبة فيها مجتهدون.

哈立德：是的，而且老师们都非常认真，学生们也很用功。

الخبير: أنا مسرور بأن أكون أستاذا للتعليم فيها.

专家：我很高兴能够到这里来教书。

خالد: يسرنا أن تأتي إلى الجامعة لتدريس اللغة العربية لنا.

哈立德：我们也很高兴您能来教我们阿拉伯语。

الخبير: شكرا على تعريفك عن أحوال الجامعة.

专家：感谢你向我介绍了学校的情况。

خالد: عفوا، مع السلامة.

哈立德：不客气。再见。

الخبير: مع السلامة.

专家：再见。

补充词汇: **الكلمات الإضافية:**

مفتاح	钥匙	أثاث	家具
مظلة	雨伞	طاولة	桌子
شمسية	阳伞	مائدة	饭桌
مقياس الحرارة	温度计	درج	书桌
منشفة	毛巾	مكتب	写字台
صابون	肥皂	مقعد	凳子
مشط	梳子	كرسي	椅子
مرآة	镜子	أريكة	沙发
ورقة الحمّام	手纸	دولاب الكتب	书柜
معجون الأسنان	牙膏	رفّ الكتب	书架
فرشة الأسنان	牙刷	مشجب	衣架
عطر	香水	بساط	地毯
كريم	擦脸霜	مكنسة كهربائية	吸尘器
ملعقة	汤匙	وسادة	枕头
صحن	盘子	شَرْشَفٌ جـ شَرَاشِفُ	床单
طبق	碟子	لحاف	被子

社会生活 الحياة الاجتماعية الفصل الثامن

蚊帐	ناموسية	餐巾	منديل
窗帘	ستار	牙签	خلال
灯	مصباح	锅	قدر
锁	قفل		

六、修理 6- الإصلاح

1) إصلاح الأدوات الكهربائية

1. 修理电器

المصلح: أهلا بك، أي خدمة؟

技师：你好，请问有什么可以帮您的？

الزبون: أهلا بك، وتلفزيون بيتي مُعَطَّلٌ، أود أن تصلحه.

顾客：你好，我家的电视坏了，想让你给修理一下。

المصلح: طيب، متى اشتريته؟

技师：好的，请问你是什么时候买的？

الزبون: حوالي قبل نصف السنة.

顾客：大概半年之前。

المصلح: إذن، التلفزيون في حدود فترة ضمان الإصلاح، نستطيع أن نصلحه مجّانا.

技师：那还在保修期内，我们可以免费维修。

الزبون: شكرا.

顾客：谢谢。

المصلح: ما هو الخلل بالضبط؟

技师：确切有些什么毛病？

الزبون: ما ظهرت الصور.

顾客：没有图像了。

المصلح: في حاجة إلي أن تترك التلفزيون في المعمل للفحص والإصلاح، سوف أعطيك الإيصال.

技师：需要你把电视机放在修理铺进行检查和修理，我会给您开一张收据。

الزبون: كم يوما سيتم الإصلاح؟

顾客：几天能修好？

المصلح: الأقصى لمدة يومين.

技师：最多两天时间。

الزبون: حسنا، شكرا.

顾客：好的，谢谢。

المصلح: عفوا.

技师：不用谢。

2) إصلاح الكومبيوتر

2. 修理电脑

الموظف: ما هي المشاكل في الكومبيوتر؟

职员：你的电脑有什么问题？

الزبون: الصوت عال عندما يعمل الكومبيوتر، وغالبا ما يغلق تلقائيا.

顾客：电脑工作的时候声音很大，经常自动关机。

الموظف: أساعدك للفحص.

职员：我帮你检查一下。

الزبون: شكرا.

顾客：谢谢。

الموظف: الخلل في المروحة، الكومبيوتر في حاجة إلى استبدالها بالمروحة الجديدة.

职员：是风扇的问题，需要换一个新的。

الزبون: كم ثمنها؟

顾客：要多少钱？

الموظف: مائة وخمسون يوانا.

职员：150元。

الزبون: كم الوقت لإصلاحها؟

顾客：多久能修好？

الموظف: سريع جدا، نصف ساعة يكفي.

职员：很快的，半小时就行了。

الزبون: جيد.

顾客：好的。

3) إصلاح السيارة

3. 修理汽车

الزبون: أهلا بك. صدمت سيارتي قليلا، هي في حاجة إلى الإصلاح.

顾客：你好，我的汽车被撞了一下，需要修理。

الموظف: دعني أفحصها.

职员：让我看看。

الزبون: شديد؟

顾客：严重吗？

الموظف: ليس شديدا، في حاجة إلى ملء الطلاء.

职员：不严重，只是需要补一下漆。

الزبون: أليس هناك عطلات أخرى؟

顾客：没其它问题？

الموظف:لا توجد، علي الفكرة، هل اشتريت التأمين للسيارة؟

职员：没有。顺便问一下，你的车投保了吗？

الزبون: أمّنتها، هذه بطاقة التأمين.

顾客：投保了，这是保险卡。

الموظف: حسنا، ستدفع شركة التأمين تكليف الإصلاح.

职员：好的，保险公司会支付修理费用的。

الزبون: متى ستنتهي من الإصلاح؟

顾客：什么时候能修好？

الموظف: تأخذ السيارة بعد يومين.

职员：两天之后你来取车吧。

الزبون: طيب، شكرا.

顾客：好的，谢谢。

الكلمات الإضافية: **补充词汇：**

وصلة قبس	插头	دائرة تكامل	集成电路
البنزين	汽油	ستار فروري	荧光屏
الديزل	柴油	صمام الكتروني	电子管
الزجاج الأمامي	挡风玻璃	سلك المصهر	保险丝
مساحة الزجاج	雨刷器	قناة	频道
اشارة الوقوف	停车信号灯	مفتاح الاستماع	放音键
اشارة الانعطاف	转弯信号灯	مفتاح الإيقاف	停止键
لوحة الأجهزة	仪表板	مؤشر	指示灯
عجلة القيادة	方向盘	مفتاح التوقف المؤقت	暂停键
دواسة الخانق	油门	سماعة	耳机

دواسة الفرامل	刹车	مكبر الصوت	扩音器
دواسة فصل الحركة	离合器踏板	التيار المتردد	交流电
محرّك أو موتور	发动机	التيار المباشر	直流电
صندوق السرعة	变速器	كابل	电缆
السرعة الأولى	一档	سلك جـ أسلاك	电线
الحركة الخلفية	倒档	مصباح عادي	白炽灯
وضع محايد	空档	مصباح الفلوريد	日光灯
نظام الفرامل	制动系统	مأخذ أو قابس	插座

7- في البنك　七、在银行

1) فتح الحساب وعمل الودائع

1. 开户和存款

الموظف: أهلا وسهلا!

职员：你好！

الزبون: أهلا بك! هل من الممكن أن أفتح الحساب الجاري؟

顾客：你好！我可以开一个活期账户吗？

الموظف: يا مرحبا! تفضّل، املأ استمارة الايداع هذه وبيّن المبلغ الذي تريد إيداعه وزوّدني باسمك وعنوانك ورقم هاتفك؟

职员：好的。请填张存款单，写明要存的数额以及你的姓名、地址和电话号码。

(بعد إتمام ملء الاستمارة)

（填写完存款单后）

الزبون: إليك الاستمارة.

顾客：给你表格。

الموظف: أودّ أن أشاهد بطاقتك الشخصية لأؤكّد معلومات حسابك لأنّنا بدأنا تنفيذ نظام الاسم الكامل الحقيقي.

职员：我需要看一下你的身份证，以便核实你的账户信息，因为我们现在实行实名制。

الزبون: تفضّل هذه هي البطاقة الشخصية (الهوية الشخصية).

顾客：给你身份证。

الموظف: شكرا.ما المبلغ الذي تريد إيداعه؟

职员：谢谢！你想存多少钱？

الزبون: أريد إيداع ثلاثمائة يوان لحسابي الشخصي.

顾客：我想在我的户头上存 300 元。

الموظف: طيب. هل تريد أن أعمل لك كارت الائتمان؟

职员：你想办理一张信用卡吗？

الزبون: نعم. هل هناك إجراءات أخرى؟

顾客：是的。还需要其他手续吗？

الموظف: نعم. عليك أن تملأ هذه الاستمارة.

职员：是的。请填写这份表格。

(بعد ملء الإستمارة)

（填表之后）

الزبون: لقد ملأتها، تفضّل ها هي الاستمارة.

顾客：我填好了，给你表格。

الموظف: ادخل الرّقم السّري.

职员：请你设置密码。

الزبون: حاضر.

顾客：好的。

الموظف: خُذْ دفتر التوفير والكارت والبطاقة الشخصية، وهل تحتاج إلى خدمة أخرى؟

职员：给你存折、信用卡还有身份证。你还需要其他服务吗？

الزبون: لا. وشكرا لك.

顾客：不。谢谢！

الموظف: نحن في خدمتكم ومستعدّون لمساعدتكم.

职员：为您效劳，随时为您服务。

2) سحب الأموال

2. 取款

الموظف: مرحبا بك!

职员：你好！

الزبون: مرحبا! أودّ أن أسحب المال من حسابي.

顾客：你好！我想取款。

الموظف: هات دفتر توفيرك من فضلك، ما المبلغ الذي تريد أن تسحبه؟

职员：请把存折给我。你想取多少钱？

الزبون: مائتا يوان.

顾客：两百元。

الموظف: ولكن في حسابك مائتا يوان فقط. هل تريد إلغاء الحساب؟

职员：你的账户里只有200元了，你想销户吗？

الزبون: نعم.

顾客：是的。

الموظف: هاك استمارة سحب الأموال.

职员：给你取款单。

الزبون: كيف أملأ هذه الاستمارة؟

顾客：这张单子怎么填写？

الموظف: أكتب هنا اسمك والمبلغ الذي تريد أن تسحبه ورقم البطاقة الشخصية.

职员：在这儿写上你的名字、取款的数额和身份证号码。

الزبون: حسنا... إليك الاستمارة. وماذا بعد ذلك؟

顾客：好的……给你表格，还有别的手续吗？

الموظف: هات بطاقتك الشخصية، من فضلك.

职员：请把你的身份证给我。

الزبون: تفضّل هذه هي البطاقة الشخصية.

顾客：给你身份证。

الموظف: ها هي. تفضّل النقود والبطاقة الشخصية. هل هناك خدمة أخرى؟

职员：好了。给你钱和身份证。还需要其他的服务吗？

الزبون: لا. ومتشكّر جدّا.

顾客：不，非常感谢。

الموظف: أنا مسرور بخدمتك. ومرحبا.

职员：很高兴为你服务。再见。

الزبون: مع السلامة.

顾客：再见。

3) تصريف العملة

3. 兑换货币

الموظف: أهلا وسهلا!

职员：你好！

الزبون: أهلا بك! عندي عملة سورية، هل من الممكن أن تصرف لي بعض الدولارات؟

顾客：你好！我有些叙利亚货币，可以给我换些美元吗？

الموظف: نعم. وكم تريد؟

职员：当然，你想换多少？

الزبون: عندي خمسة آلاف ليرة سورية.

顾客：我有5000叙镑。

الموظف: خمسون ليرة سورية للدولار الواحد. فإنّ أموالك تساوي مائة دولار.

职员：50 叙镑换 1 美元，你的钱可以换 100 美元。

الزبون: إنه قليل جدّا! هذا السعر غير مقبول.

顾客：太少了，怎么这么低！

الموظف: ولكن هذا السعر هو السعر الرسمي لدينا.

职员：但是这个价格是官价。

الزبون: عفوا، أريد أن أسألك سؤالا، هل هذا السعر يختلف على مختلف الأوقات؟

顾客：对不起，我想问个问题，汇价由于时间不同而不同吗？

الموظف: بالتأكيد. فإنّ كل دقيقة تختلف فيها العملات حسب الظروف الإقتصادية.

职员：那是一定的，由于经济情况的不同，汇价时刻都在变化。

الزبون: حسنا. اصرف لي مائة دولار. وهاك خمسة آلاف ليرة سورية.

顾客：好吧。给我换 100 美元，给你 5000 叙镑。

الموظف: تفضل، هذه مائة دولار.

职员：这是 100 美元，请收好！

الزبون: أنا أشكرك جدّا.

顾客：非常感谢你！

الموظف: لا شكر على واجبى وأنا مستعدّ في خدمتك.

职员：不客气！随时为你服务！

4) اقتراض الأموال

4. 贷款

الموظف: أهلا وسهلا!

职员：你好！

الزبون: أهلا بك! هل من الممكن أن أقترض أربعمائة يوان من البنك.

顾客：你好！我可以从银行贷款 400 元吗？

الموظف: ممكن. وهل عندك الرهن؟

职员：可以。你有抵押物吗？

الزبون: نعم. وأودّ أن أرهن الأسهم.

顾客：有的。我想用股票作抵押。

الموظف: طيب. ونحن في الحاجة الى وثائق التأكيد واملأ هذه الاستمارة.

职员：好的。我们需要你的证明文件，并填写这张表格。

الزبون: واليك الوثائق. وكيف أملأ هذه الاستمارة؟

顾客：给你文件。这张表格怎么填？

الموظف: اكتب هنا اسمك وعنوانك والمبلغ الذي تريد أن تقترضه.

职员：请在这里填上你的姓名、地址和你要贷款的数额。

الزبون: هاك الاستمارة.

顾客：给你表格。

الموظف: عفوا. لا تستطيع أن تقترض إلا مائتي يوان.

职员：对不起，你只能贷款 200 元。

الزبون: هذا غير مقبول. ولماذا؟

顾客：不会吧，为什么？

الموظف: إذا تقترض المال بالأسهم كالرهن فمبلغ القروض أقلّ من خمسين بالمائة لقيمة الأسهم السوقية.

职员：因为银行规定，用股票作抵押，贷款额最多为股票市值的 50%。

الزبون: أوكي. أقترض مائتي يوان فقط.

顾客：好吧。我只贷款 200 元。

الموظف: إليك مائتي يوان.

职员：给你 200 元。

الزبون: شكرا لك.

顾客：谢谢！

الموظف: لا شكر على واجبي. نحن في خدمتك.

职员：不用谢！我们为你服务。

5) تحويل الأموال

5. 汇款

الموظف: مرحبا بك. أيّ خدمة؟

职员：欢迎您！您需要什么服务吗？

الزبون: أريد تحويل الأموال إلى مدينة شانغهاي.

顾客：我想汇款到上海。

الموظف: هل عند الْمُرْسَلِ اليه الحساب الجاري في مصرفنا؟

职员：收款人在我行有活期账户吗？

الزبون: نعم، عنده الحساب.

顾客：有的。

الموظف: طيّب. تفضّل، املأ إستمارة حوّالة، وهات بطاقتك الشخصية.

职员：那好，请您填写汇款单，并出示您的身份证。

الزبون: كيف أملأ هذه الإستمارة؟

顾客：汇款单怎么填？

الموظف: أكتب هنا اسم المُرْسَلِ اليه، ورقم حسابه، والمبلغ الذي تريد أن ترسله اليه، ورقم هاتفه.

职员：在这里写上收款人的姓名、账号、您要汇出的金额和他的电话号码。

الزبون: هاك الاستمارة والنقود والبطاقة الشخصية، وما مبلغ رسم التحويل؟

顾客：给您汇款单、钱和身份证。汇费是多少？

الموظف: رسم التحويل واحد بالمائة من المبلغ الذي تريد أن ترسله، وهات خمسة يوانات من فضلك.

职员：汇费是汇款额的1%，请您再给我5元。

الزبون: إليك النقود. وهل من الممكن أن تحوّل نقودي له بأسرع وقت؟

顾客：给你钱。您能否用较快的方式汇过去？

الموظف: طبعا، ممكن. وأظنّ أن النقود ستصل إلى حسابه خلال ساعتين.

职员：当然。我想大概两个小时就能到帐。

الزبون: هذا جيّد جدّا.

顾客：太好了。

الموظف: والآن انتهت كلّ الإجراءات. وهل أنت من خدمة أخرى؟

职员：好了，都办理完了。你还需要其他服务吗？

الزبون: لا. وشكرا جزيلا.

顾客：不用了。非常感谢！

الموظف: لا شكر على واجبي. ومرحبا بك.

职员：不用客气，欢迎再来！

补充词汇： **الكلمات الإضافية:**

身份证	البطاقة الشخصية (بطاقة الهوية)	流动资金	سيولة نقدية
户口本	دفتر الأسرة	金价	سعر الذهب
活期存款	الودائع الجارية / الودائع تحت الطلب	金条、金块	سبائك الذهب
	إيداع عند الطلب / إيداع حرّ	金融市场	سوق مالية
定期存款	الودائع الثابتة / الودائع لأجل / ودائع زمنية / الإيداع الثابت	证券交易所	بورصة الأوراق المالية
		纸币	عملة ورقية
零存整取	الودائع الثابتة بالتقسيم	硬币	عملة مسكوكة / نقود معدنية
本金	أصل	零钱	فكة النقود / قطع النقود الصغير
利息	فائدة	人民币	العملة الشعبية الصينية (رين مين بي)
透支	سحب على المكشوف	元	يوان

商业银行	البنك التجاري	角	جياو جـ جياوات
中央银行	البنك المركزي	分	فين جـ فينات
国际银行	البنك الدولي (البنك الدولي للإنشاء والتعمير)	美元	دولار جـ دولارات
		美分	سنت جـ سنتات
储蓄银行	البنك الادّخاري	英镑	جنيه استرليني
进出口银行	بنك التصدير والاستيراد	先令	شلن جـ شلنات
投资银行	البنك الاستثماري	便士	بنس جـ بنسات
信用证	خطاب الاعتماد	欧元	يورو
保函	خطاب الضمان	日元	يان ياباني
支票	الشيك	卢布	روبل
汇率	سعر الصرف	埃镑	جنيه مصري
汇费	رسم التحويل	皮亚斯（百分一埃镑）	قرش جـ قروش
外币	عملة أجنبية		
现钞	عملة نقدية	第纳尔	دينار جـ دنانير
流通货币	نقود متداولة	迪拉姆	درهم جـ دراهم
硬通货币（硬通货）、外汇	عملة صعبة	菲勒斯	فلس جـ فلوس
		里亚尔	ريال
		里拉（叙镑）	ليرة

社会生活　第八章　الفصل الثامن　الحياة الاجتماعية

第九章　医疗卫生

الفصل التاسع　الطب والصحة

一、看病就诊　1- زيارة الطبيب

(في حجرة الدرس)

（在教室）

مشير: يا سامي، أنت شاحب الوجه، يبدو أنك مريض.

穆希尔：赛米，你脸色不好，你生病了吧。

سامي: لا شيء، لم أحس إلا بوعكة. احتمال أن يكون برد قد أصابني.

赛米：没事。我只是有点不舒服。可能是着凉了。

مشير: لا أعتقد ذلك. أراك تتألم، يجب عليك أن تذهب الى الطبيب. اسمح لي أن أرافقك.

穆希尔：我看不是。我看你挺难受的，应该去看医生。走吧，我陪你去。

(في قسم التسجيل)

（在挂号处）

مشير: من فضلك، سجلْ لصديقي في قسم الباطنية، وها هي بطاقته الصحية.

穆希尔：麻烦你帮我的朋友挂一个内科，这是他的医疗卡。

الموظف: عفوا، إن رسم التسجيل جنيه واحد، وعليك دفعه أولا.

挂号员：挂号费一镑，请先付。

سامي: نعم، تفضل.

赛米：好的，这是一镑钱。

الموظف: خذ بطاقتك وملفّ العلاج وانتظر في عيادة الباطنية.

挂号员：拿着你的医疗卡和病历，去内科门诊等候。

(في عيادة الباطنية)

（在内科门诊）

الطبيب: مما تشكو؟

医生：你哪里不舒服？

سامي: أشعر بوجع في رأسي وتعب في جسمي. أنفي مسدود، وعندي المُخاط، وشهيتي مفقودة.

赛米：我觉得头疼，浑身乏力，鼻塞，流鼻涕，不想吃东西。

الطبيب: منذ متى؟

医生：什么时候开始的？

سامي: منذ يومين تقريبا. قد تناولت الأسبرين ولكن لم يفعل.

赛米：差不多两天前吧。我吃了阿司匹林但是不管用。

الطبيب: دعني أقس لك الحرارة أولا. تفضل ضع الترِمومتر تحت إبطك. هل يتألم حلقومك؟

医生：我先给你测一下体温。把体温计放在腋下。嗓子疼么？

سامي: قليلا.

赛米：有一点。

الطبيب: افتح فمك وخفّض لسانك، وقل " آه--- "، نعم، تتورم الحنجرة. هل تكح؟

医生：嘴张大，说"啊——"，压低舌头……嗯，嗓子肿了。咳嗽么？

سامي: في الليل فقط. ويخرج من فمي بلغم لزج بعد الكحة.

赛米：只在夜里咳嗽，还有浓痰。

الطبيب: هاتني الترمومتر الآن. تسع وثلاثون درجة. عندك حمّى. فك الأزرار لأكشف لك القلب والرئة. (يقوم الطبيب بفحص سامي بالسماعة.) تحتاج إلى أخذ صورة الأشعة وإجراء تحليل الدم. ادفع رسم الفحص أولا وارجع إلي بعد أن تظهر النتائج.

医生：现在把体温计给我吧。39 度。你发烧了。把扣子解开，我听听心肺。（医生用听诊器给赛米检查。）你需要拍个片子，验一下血。先交费，检验结果出来后再回来找我。

(بعد نصف ساعة)

(半小时后)

سامي: طلعت النتائج وتفضل بالمشاهدة.

赛米：结果出来了，请您看看。

الطبيب: صورتك نظيفة، تدل على سلامة القلب والرئة. ولكن عندك زيادة كريات الدم البيضاء، الأمر الذي يؤكد على التهاب اللوزتين. لا تقلق، مرض بسيط، أصبت بالزكام. ما رأيك أن أكتب لك الحقن؟ هل عندك حساسية ضد البنسلين؟

医生：片子没什么问题，说明心肺都正常。但是你的白血球偏高，可以确定是扁桃体发炎了。别担心，就是一般的感冒。我给你开几针怎么样？你对青霉素过敏吗？

سامي: نعم، لا يصلحني البنسلين. وبالإضافة إلى ذلك، ليس عندي وقت لزيارتكم كل يوم لأخذ الحقن يا دكتور، لأن العمل يشغلني في هذه الأيام. هل من الممكن أن ترشدني إلى الدواء فقط؟

赛米：是的，我不能打青霉素。还有，我没有时间每天来您这里打针，大夫，这几天工作挺忙的。我可以吃药么？

الطبيب: ممكن، سأكتب لك بعض الأُثرُومايْسِين لإزالة الالتهاب، وأقراص تخفيف الحمى، ومشروب الكحة.

医生：可以。我给你开一些红霉素消炎药，还有退烧药和止咳药水。

سامي: شكرا جزيلا يا دكتور.

赛米：太谢谢您了，大夫。

الطبيب: تناول الدواء في موعده وهو كالآتي مرتين كل يوم للأُثرُومايْسِين، وثلاث مرات للمشروب، وقرصين من تخفيض الحمى حين ترتفع درجة حرارة جسمك على شرط أن تتناوله أقل من ست أقراص في حدود يوم. وبالإضافة إلى ذلك، تناول الماء الدافئ بأكبر حجم ممكن. وعليك أن تزورني اذا لم يُخفَّف من مرضك بعد أسبوع.

医生：按时吃药，红霉素一天两次，止咳药水一天三次，如果发热就吃两片退烧药，但是一天不能超过六片。还有，尽量多喝温水。如果一周后病症还是不见减轻就再来找我。

سامي: طيب، وشكرا جزيلا.

赛米：我知道了，大夫，多谢您了。

补充词汇：

الكلمات الإضافية:

流感	افلونزا	感染	تلوُّث الجرح
着凉	نزلة البرد	一氧化碳中毒/煤气中毒	تسمُّم بأول أُكسِيد الكَرْبوُن/ الغاز
流鼻血	نزيف الأنف	瘫痪	الشلل
耳鸣	طَنِين الأذن	半身不遂	الشلل النصفي
便秘	الإمساك	全瘫	الشلل التام
腹泻	الإسهال	帕金森震颤	شلل الرُعاش
腹胀	انتفاخ البطن	血栓	الجُلْطة الدموية
恶心	غَثَيانٌ	脑出血	نزيف الدماغ
呕吐	تَقَيُّؤ	失去意识	فقد الوعي
化脓	تقيح	关节炎	التهاب المفاصل
肺炎	التهاب رئوي	风湿	الروماتزم
支气管炎	التهاب الشعب	忧郁症	المألِنخُولِيا
急性气管炎	التهاب القصبات الهوائية الحاد	抑郁	الكآبة

انفصام الشخصية	精神分裂	الرَبْو	哮喘
أعراض المرض	症状	غَيْبُوبة، يُغْمَىَ عليه	昏迷
التشخيص النهائي	确诊	الصداع النصفي	偏头痛
المُغَذِّي	点滴，吊瓶	السن المُسوَّس، تسوُّس الأسنان	蛀牙，龋齿
الحقنة الشرجية	灌肠剂	فقر الدم، أنِيمية	贫血
الابرة العضلية	肌肉注射	داء السكر	糖尿病
الإبرة في الوريد	经脉注射	ارتفاع سكر الدم	高血糖
التخدير الجزئي	局部麻醉	انخفاض سكر الدم	低血糖
التخدير الكلي	全身麻醉	داء الكلب	狂犬病
الانتكاسة	旧病复发	سوء الهضْم	消化不良
افلونزا الطيور	禽流感	قُرْحَة المَعِدَة	胃溃疡
أيدز	艾滋病	قرحة الاثني عشر	十二指肠溃疡
سارس	SARS（非典）	التهاب الزائدة الدوُدية	阑尾炎
افلونزا الخنزير	猪流感	استئصال الزائدة الدودية	阑尾切除

٢- في الصيدلية　二、在药房

(في المسكن)

（在宿舍）

منير: كيف حالك في هذه الأيام يا أخي؟ هل تَحَسَّنْتَ؟

穆尼尔：哥们儿，最近几天怎么样？好些了吗？

سامي: شكرا على عنايتك بي. لقد زالت عني الحمى، وتخففت عني الكحة، ولكني ما زلت أشعر بفتور شديد.

赛米：多谢你对我的关心。我退烧了，咳嗽也好多了，但还是感觉乏力。

منير: تحتاج إلى راحة تامة وعليك أن تتناول الأدوية باستمرار وفي موعدها.

穆尼尔：你需要好好休息，继续按时服药。

سامي: أنت على حق، ولكن ستنتهي الأدوية التي أخذتها. هل توجد صيدلية قريبة منا؟

赛米：你说的对。但是药快吃完了。咱们附近有药店吗？

منير: بجانب مسكننا صيدلية تعمل لـ24 ساعة. دعني أصاحبك اليها الآن.

穆尼尔：咱们宿舍附近就有一家 24 小时营业的药店，我现在陪你去吧。

(في الصيدلية)

（在药店）

منير: ها هي الصيدلية الحكومية، تباع فيها أدوية متنوعة وليست باهضة الثمن.

穆尼尔：这是家国营药房，出售各种药品，价格也不贵。

سامي: جميل. إنها كبيرة شاملة. ولكن صعب علينا أن نجد ما نطلب.

赛米：太好了。药房很大药也很全。可是我们找到我们要的药很费劲啊。

منير: لا تقلق يا أخي، تباع الأدوية في الأقسام الخاصة حسب تبويبها، كمنضدة أدوية الجهاز الهضمي، ومنضدة أدوية الجهاز التناسلي، ومنضدة أدوية الجهاز التنفسي... الخ.

穆尼尔：别担心，不同的药品在不同的分区卖，像消化系统药品柜台、生殖系统药品柜台、呼吸道药品柜台等等。

سامي: أ تباع مواد التجميل في الصيدلية أيضا؟ هذا مختلف عن ما في الصين.

赛米：化妆品也在药店卖啊？这跟我们中国可不一样。

منير: ها هي منضدة الأدوية ضد الالتهاب. لنسأل الصيدلي.

穆尼尔：这是消炎药柜台，让我们问问药剂师。

سامي: السلام عليكم، أريد الأَثْرُومايْسِين.

赛米：你好，我想买红霉素。

الصيدلي: يعتبر الأَثْرُومايْسِين من أدوية الوصفة الطبية، هل عندك الوصفة الطبية ؟

药剂师：红霉素是处方药，你们有医生的处方吗？

سامي: نعم، تفضل ها هي.

赛米：有，给你。

الصيدلي: فكم علبة تحتاج اليها؟

药剂师：要几盒？

سامي: كم يوما تكفيني علبة واحدة؟

赛米：一盒能吃几天？

الصيدلي: في كل علبة ثمانية أقراص لأربعة أيام. يمكنك أن تشتري علبة أولا.

药剂师：每盒八片够四天的。你可以先买一盒。

سامي: نعم، أعطني علبة واحدة.

赛米：好吧，给我一盒。

الصيدلي: ها هي ورقة الحساب، ادفع الحساب في المحاسب، ثم ارجع إليّ.

药剂师：这是收款单，请到收银处交钱，然后再回来。

منير: عفوا، ولو سمحت، أين منضدة الأدوية ضد الكحة وإزالة الحمى؟

穆尼尔：麻烦您问一下，咳嗽药和退烧药在哪个柜台？

الصيدلي: إنها مقابل هذه المنضدة.

药剂师：就在这个柜台对面。

سامي: شكرا على اشارتك.

赛米：谢谢你的指点。

(عند الخزانة أو مكان الحسابات)

（在收银台）

سامي: إليك الورقة. وكم الحساب؟

赛米：给你单据。多少钱？

المحاسب: مائة جنيه. هل ستدفع الأموال نقدا أم عن طريق بطاقة الرعاية الصحية؟

收银员：一百镑。付现金还是划医保卡？

سامي: نقدا، وتفضل.

赛米：现金。给。

المحاسب: ها هو المبلغ الباقي والإيصال.

收银员：这是找零和收据。

(عند المنضدة)

（在柜台）

سامي: تفضل ها هي ورقة الإيصال.

赛米：给你收据。

الصيدلي: جيد. تفضل، هذا ما تطلبه من الأدوية، ونتمنى لكم الشفاء العاجل. هل تعرف ساعات تناول الدواء؟ إنها مطبوعة على ظهر التغليف.

药剂师：好的，给，这是你要的药，祝您早日恢复健康。你知道服药时间吗？就印在包装背面。

سامي: نعم، عرفتها، قد أخبرني الطبيب في الوصفة. وشكرا.

赛米：是的，我知道，医生在处方里告诉我了。谢谢。

الكلمات الإضافية:

补充词汇：

كَبْسُولة	胶囊	الأدوية الأجنبية	进口药
مَرْهَم، دِهان	软膏	الأدوية المحلية	国产药
فيتامين	维他命	المُنوِّم	安眠药
ضمادة	绷带	قطرة العين	眼药水
شاش	纱布	قطرة الكلُورُومايْسين	氯霉素眼药水
القطن الطبي	医用棉花	كحول اليُود	碘酒
قطن كحولي	酒精棉	الأنسُولِين	胰岛素
لاصق طبي	创可贴	فوارازُولِيدُون، كوَنَدِين	痢特灵
بوضيدون مُرْهَم	碘酒膏 povidone Iodine	بَرْبَرِين	黄连素

بَراسِيتول / براسيتامُول	扑热息痛	مِيكْرِيكْرُوم، الدواء الأحمر	红药水
بُلاسْتَرْ	医用胶布	بَنَفْسَجِيّ، جَنْطِيان، الدواء الأزرق	紫药水

3- العملية الجراحية والعلاج المقيم في المستشفى　三、手术与住院

(جرح حسن في حادثة المرور، اتصل زميله أمين بالإسعاف ورافقه إلى المستشفى بسيارة الإسعاف)
（哈桑在交通事故中受伤了，他的同事艾敏叫了救护车并陪他进了医院）

الدكتور: ما الذي أصابه؟

医生：他受了什么伤？

أمين: صدم حسن بسيارة.

艾敏：哈桑被一辆车给撞了。

الدكتور: اطمئن، سنتخذ اجراءات العلاج المناسبة له.

医生：别担心，我们会对他采取适当的治疗处理。

الممرضة: فقد الجريح دماء كثيرة وأُغمي عليه.

护士：病人大量失血已经昏迷。

الدكتور: زوديه بغطاء الأوكسيجين، قومي بالفحوصات الأولية للجريح، اقطعي نزيف الدم، وقيسي ضغط دمه ونبضات قلبه، وقومي بتصوير جرحه وافحصي فصيلة دمه واستعدي لنقل الدم له.

医生：上氧气罩，先对伤者进行初步检查，止血，测量血压和脉搏，给伤口拍片子，验血型，准备输血。

الممرضة: ينخفض ضغط دمه وتزداد دقات قلبه بدرجة كبيرة، عظام قدمه اليمنى متهشمة، وتم تجهيز غطاء الأوكسيجين، والآن يمكنه التنفس. وفصيلة دمه بي.

护士：他的血压下降，心跳骤然加剧，右脚骨折，氧气罩已戴好，呼吸恢复，血型为B型。

الدكتور: أعدي غرفة العمليات. أنقلي الجريح إلى غرفة العمليات وهيئي لي لوازم العملية حالا.

医生：准备好手术室。送伤者进手术室，马上准备手术。

أمين: هل اصابة زميلي بالغة؟ هل الأمر خطير؟

艾敏：我同事的伤严重吗？情况危险吗？

الدكتور: لا تقلق، سنبذل كل جهودنا لإنقاذه، ونرجو منك أن تنتظر خارج غرفة العمليات.

医生：别担心，我们会尽一切努力来抢救的，希望你在手术室外等候。

(عندما ينتظر أمين نتيجة العملية بقلق واضطراب، جاء والدا حسن)
（当艾敏在焦急不安地等待手术结果时，哈桑的父母赶到了）

أم حسن: أين ولدي؟ هل هو بسلامة؟

哈桑母亲：我的孩子呢？他没事吧？

أمين: لا بأس به يا عمتي، قد دخل حسن إلى غرفة العمليات، وتجري العملية له الآن، اطمئني، علينا أن نثق بالأطباء.

艾敏：没事，阿姨，哈桑进手术室了，现在正在为他做手术。放心吧，我们应该相信医生。

أبو حسن: يبدو أنك أنت أحضرت حسنا إلى المستشفى، وشكرا جزيلا يا ولدي، لقد أنقذت حياته.

哈桑父亲：就是你把哈桑送到医院的吧，太感谢你了孩子，你救了他的命。

أمين: لا شكر على واجبي يا عمي.

艾敏：叔叔，这是我应该做的。

أبو حسن: كيف وقعت الحادثة؟ قل لنا بالتفاصيل يا ولدي.

哈桑父亲：车祸怎么发生的？跟我们细说说，孩子。

أمين: كننا نذهب حسن وأنا إلى السوبرماركت، وعندما عبرنا الشارع، صدم حسن بسيارة تقاد بسرعة جنونية. قد بدأ رجال شرطة المرور يبحثون عن سبب الحادثة وقبضوا على السائق.

艾敏：哈桑和我本来是去超市的，当我们过马路时，哈桑被一辆超速行驶的汽车撞倒了。交警已经开始调查事故的原因并逮捕了司机。

أم حسن: ومصيباه! لا بد له أن يلتفت يمينا ويسارا قبل عبور الشارع.

哈桑母亲：飞来横祸！他过马路之前应该左右看看啊。

(بعد ساعة، انتهت العملية، وأخرج الطبيب والممرضات حسنا من غرفة العمليات على السرير المتحرك)

（一个小时以后，手术结束。医生和护士把哈桑从手术室中推出来）

أم حسن: كيف أحوال ابني الآن يا دكتور؟ هل هو بخير؟

哈桑母亲：大夫，我的孩子怎么样？他还好吗？

الدكتور: اطمئني يا سيدة، لا توجد خطورة على حياته، ولكن أصيب بارتجاج في المخ وتهشم في عظام قدمه اليمنى، بالإضافة إلى جرح واسع عميق في ساقه اليسرى، لقد أنهينا النزيف وأتممنا تخييط جرحه، وتجبير قدمه بالجبس.

医生：放心吧，夫人，他已经脱离生命危险了，但是有脑震荡，右脚骨折，左腿创口较大较深，我们已经为他止血并缝合了伤口，并给他的脚打了石膏。

أبو حسن: هل يحتاج إلى الإقامة في المستشفى؟

哈桑父亲：他需要住院吗？

الدكتور: بالطبع، لا بد له البقاء في المستشفى للمراقبة من قبلنا حتى تكون أحواله مستقرة.

医生：当然，他必须留院观察直到状况稳定。

أبو حسن: نعم، عرفت يا دكتور. سأعمل إجراءات الإقامة وأدفع الحساب المترتب عليه.

哈桑父亲：好的，我知道了，大夫。我去交住院费和其他相关费用。

الكلمات الإضافية: **补充词汇:**

سرير المريض	病床	بنك الدم	血库
الطعام الخاص للمريض	病号饭	إدارة المستشفى	院部
غرفة المريض	病房	جناح خاص للطوارئ	急诊部
اكتئاب	抑郁	غرفة الإنعاش	急救室
مُغَذٍّ	吊瓶，点滴	غرفة العمليات	手术室
النِقالة	担架	غرفة التعقيم	消毒室
صورة شُعائية	X光片	غرفة العناية المركَّزة	重症监护室
تصلب شرياني	动脉硬化	مدير المستشفى	院长
تجلط تاجّي / مرض القلب التاجي	冠心病	طبيب مسؤول	主治医生
انسداد القلب / احتشاء عضلة القلب	心肌梗塞	كبير الجراّحين	外科主任
رسم القلب الكهربائي	心电图	طبيب متمرّن	实习医生
تسارع دقّات القلب	心动过速	طبيب نفساني	心理医生
عدم انتظام نبضات القلب	心律不齐	طبيب التخدير	麻醉师
مغص القلب / ذبحة صدرية	心绞痛	تضميد الجرح/ الضمادة	包扎伤口
نزيف المخ	脑溢血	تغيير الضِمادة	换药
فقر الدم / أنيمية	贫血	تخيط الجرح / خِياطة	缝合
نقصان السكر في الدم / نقص	低血糖	سحب الخيط	拆线
سكّر الدم		الكُزاز	破伤风
مرض البول السكري	糖尿病	إسعاف / إسعافات أولية	急救
ورم حميد	良性肿瘤	نقل الدم / الأوكْسيِجين	输血/输氧
ورم خبيث / سرطان	恶性肿瘤/癌	التنفُّس الاصطناعي	人工呼吸
جهاز (نظام) الغدد الصمّاء	内分泌系统	غطاء الأوكسيجين	氧气罩
		أجور التأمينات للإقامة في المستشفى	住院押金

四、探望病人　٤- عيادة المريض

(يذهب محمد ومنصور لعيادة زميلهما حسن في غرف المرضى ، ويسألان الممرضة عن رقم العنبر الذي يقيم فيه الآن)

（穆罕默德和曼苏尔去病房探望他们的同事哈桑，现在他们在询问护士病房号码）

الممرضة: ومتى دخل صديقكم هذا المستشفى؟

护士：你们的朋友什么时候入院的？

محمد: قيل قبل يومين تقريبا، جرح في حادثة المرور.

穆罕默德：听说大概是两天前，他是在车祸中受伤的。

الممرضة: حسنا، ستجدونه في غرفة رقم 201 عند نهاية هذا الممر، وعلى يدك اليمنى ولكن أرجو منكم أن تكونوا هادئين معه ولا تطيلوا الكلام معه، اذ يحتاج المريض الى الراحة التامة.

护士：好的，他住在走廊尽头右手边的201房间，希望你们保持安静不要跟他说太多话，因为病人需要充分的休息。

منصور: نعم يا آنسة، وشكرا لكم.

曼苏尔：好的小姐，谢谢您了。

(داخل غرفة المريض)

（在病房里）

منصور: السلام عليكم يا حسن، كيف حالك الآن؟

曼苏尔：你好，哈桑，你现在怎么样？

حسن: شكرا لكم وعلى مجيئكم، أنا تحسّنت كثيرا، اجلسا بقربي.

哈桑：谢谢你们来看我，我现在好多了，挨着我坐吧。

محمد: جئنا لنطمئن عليك. هذه الأزهار والفواكه هدية متواضعة منا لك.

穆罕默德：我们不放心所以来看看你。这些鲜花和水果是给你的，小小礼物不成敬意。

حسن: يا لها من الورود الجميلة! شكرا لكما، لماذا تكلفون أنفسكم يا أحبابي.

哈桑：多么美的玫瑰啊！谢谢你们，干嘛这么破费啊。

منصور: لا كلفة بين أصدقاء حميمين. كيف جرحك الآن؟ ابشرنا ماذا قال عنك الطبيب.

曼苏尔：好朋友之间就别客气了。你的伤现在怎么样了？告诉我们医生怎么说的？

محمد: يبدو أن الجرح واسع. كم غرزة أخاطها الطبيب لجرحك؟

穆罕默德：伤口看来挺大的，缝了几针啊？

حسن: ثماني غرزات. قال الدكتور المسؤول إن جرح ساقي لم يكن خطيرا وسيشفى بسرعة. وبعد خمسة أيام سيتم سحب الخيط اذا لم يتلوث الجرح.

哈桑：缝了八针。主治医生说我腿上的伤不重，很快就会痊愈，五天后如果不感染就可以拆线了。

منصور: كيف أصبحت قدمك المتهشمة؟ هل ما زالت مؤلمة؟

曼苏尔：你骨折的脚怎么样了？还疼吗？

حسن: بعد العملية الجراحية، وبعد أن انتهى التخدير مفعوله من قدمي، شعرت بوجع شديد لفترة طويلة. ولكن الآن لم يكن الجرح مؤلما بشدة.

哈桑：手术后脚上的麻药过劲儿后很疼，还疼了好久，但现在不那么疼了。

محمد: متى ستشفى نهائيا وتستطيع المشي كالعادة؟

穆罕默德：什么时候能彻底康复像以前一样走路啊？

حسن: قيل إن تهشم قدمي خطير نسبيا، فيحتاج شفاؤها الى شهرين على الأقل. وكل ما أشعر به تعب فقط.

哈桑：据说脚上的骨折有点严重，至少需要两个月恢复吧。现在就是感觉累。

محمد: هذا شيء طبيعي. نرجو منك ألا ترهق نفسك أو تعرّضها للبرد وألا تغضب.

穆罕默德：这很正常。我们希望你别过度劳累，不要着凉，也不要着急上火。

منصور: ولا تهمل التغذية المطلوبة والراحة الكافية.

曼苏尔：也别忘了加强必要的营养，还要保证充分的休息。

حسن: نعم، عرفت، شكرا على عنايتكم الجميلة. سأحافظ على صحتي، كل ما أقلق عليه هو عملي، إن المشروع الذي أشرف عليه لم يتم حتى الآن.

哈桑：是啊，我知道，谢谢你们的好意。我会小心身体，我现在担心的就是工作，我负责的那个项目现在还没有结束。

منصور: لا ترهق نفسك في العمل، سنساعدك على إجراء المشروع وإنجازه في موعده.

曼苏尔：别为工作费神了，我们会帮你把项目进行下去并按时结项。

حسن: اذن أعتمد عليكم.

哈桑：那我就拜托你们了。

محمد: الأهم ألا تتكلم ولا تفكر كثيرا للحفاظ على صحتك، هل تحتاج الى شيء ما لكي نحضره لك في المرة القادمة؟

穆罕默德：最重要的就是你别说太多也别想太多。有没有什么东西需要我们下次带给你的？

حسن: عندي كل ما أحتاج إليه، بل أرغب في رؤيتكم وبقية أصدقائي دائما.

哈桑：我什么都不缺，就是想看到你们和所有的朋友们。

منصور: اذا سنحت لنا الفرصة، نزورك في الحال.

曼苏尔：一有机会我们就马上来看你。

محمد: نستأذنك، ونرجو منك أن تستريح جيدا، وخذ بالك من نفسك، واتصل بنا والطبيب في كل ما تحتاج اليه.

穆罕默德：告辞了，希望你好好休息，注意自己的身体，有什么需要就联系我们和医生。

منصور: ونتمنى لك الشفاء العاجل وتبشّرنا به. مع ألف سلامة يا صديقي.

曼苏尔：希望你早日痊愈让我们放心，请多保重。

الكلمات الإضافية: **补充词汇：**

قسم الأمراض العصبية والنفسية	精神科	مستشفى عام	综合医院
قسم الأمراض الجلدية	皮肤科	مستشفى مختصّ	专科医院
قسم المجاري البولية	泌尿科	مستشفى من القطاع العام (حكومي)	公立医院
مختبر التحليلات المرضية	检验科	عيادة خاصة	私人诊所

外科	قسم الجراحة	骨科	قسم العظام والكسور
耳鼻喉科	قسم أمراض الأذن والأنف والحنجرة	隔离病房	غرفة معزولة
眼科	قسم أمراض العيون	化验员	محلّل
牙科	قسم الأسنان	验尿/验血/验便	تحليل البول / الدم / البِراز
放射科	قسم الأشعة، قسم السونار والموجات الصوتية	阳性	ايجابية
妇产科	قسم أمراض النساء والولادة	阴性	سلبية
整形外科	قسم الجراحة التجميلية		

五、中医疗法   5- العلاج الصيني التقليدي

خالد: أنت شاحب الوجه. ما أحوالك؟ هل أنت تشعر بتعب؟

哈立德：你的脸色不好，怎么了？感到不舒服么？

مهيب: نعم، لم أنم جيدا في هذه الليالي، فلا أستطيع أن أركز على دراستي وعملي نهارا.

穆希布：是的，这些天我晚上睡不好，白天无法专心学习工作。

خالد: ما الأمر؟ هل تشكو من الأرق؟

哈立德：怎么回事？你失眠了？

مهيب: نعم، قد انتابني الأرق المزمن لفترات طويلة. وجربت المنومات المتنوعة، وأتناولها الآن أكثر من الماضي، ولكنها لم تأخذ مفعولها.

穆希布：是啊，我老是睡不好觉，试过好多安眠药，现在越吃越多，但是都没什么用。

خالد: لا ينفعك تناول المنوم لفترات طويلة، لما لا تجرب العلاج الصيني التقليدي؟ فإن له فعالية رائعة في علاج كثير من الأمراض المستعصية التي لا يعالجها الطب الغربي، مثل الروماتيزْم والأمراض النسائية والفالج والشلل، والأمراض العصبية وإزالة الوجع.

哈立德：老吃安眠药对你不好，你为什么不试试中医疗法呢？它对很多西医治不好的疑难杂症都有奇效，比如风湿、妇科病、偏瘫和小儿麻痹，还有神经疾病和止痛。

مهيب: يا سلام! فأخبرني عن هذا العلاج العجيب من فضلك.

穆希布：天啊！请跟我说说这种神奇的疗法。

خالد: يرجع تاريخ العلاج الصيني التقليدي الى ما قبل أكثر من ألفي سنة. يشخص الطبيب المريض بأربعة أساليب بما فيها الرؤية، والسمع والشم، والسؤال، ولمس الجزء غير السليم وجسّ النبض.

哈立德：中医疗法已经有两千多年的历史了。医生通过望、闻、问、切四种途径对病人进行诊断。

مهيب: لا يستخدم الطب الصيني التقليدي أدوية كيميائية، بل يستخدم الأعشاب الطبية، فلا بد أن يكون هذا العلاج طبيعيا ولا يؤذي جسم الانسان.

第九章 الفصل التاسع   الطب والصحة 医疗卫生

穆希布：中医不使用化学药剂，而是用草药，所以一定很天然不伤身。

خالد: صدقت يا أخي، وإن للعقار الطبي الصيني تأثيرات إضافية سلبية أقل حيث يستخدم في علاج كثير من الأمراض المزمنة عادة.

哈立德：你说的对，中草药对人的副作用较小，常用于治疗多种慢性病。

مهيب: قد سبق لي أن سمعت عن الإبر الطبي الصيني. ولكن لا أعرف كيف يعالج الطبيب المريض بالإبر. هل هو مؤمن؟

穆希布：我听说过针灸。但我不明白医生怎么用针来给病人治病。安全吗？

خالد: لا تخاف يا أخي، لا يؤدي علاج الإبر إلى النزيف أو الألم، لا يشعر المريض إلا بالانتفاخ والنملية أو الصدمة الكهربائية الخفيفة.

哈立德：别担心，针灸不疼也不会引起出血，病人只会感觉到涨、麻或者是轻微的触电感。

مهيب: عجيب! كيف يشفي المريض بهذه الإبرة القصيرة؟

穆希布：真神！这么一小根针就能把病治好了？

خالد: حسب نظرية الطب الصيني التقليدي، يشابه جسم الانسان شبكة القنوات التي تسري فيها طاقة الانسان ودمه. اذا يتخلل سريانهما، يحدث الوجع أو الأعراض الأخرى للإنسان. اذا حدث خلل في عضو من أعضاء الجسم أو اختلت وظائفه، يغرز الطبيب الإبرة داخل نقطة معنية تصل العضو غير السليم لإزالة الخلل وإعادة وظيفة العضو الطبيعية.

哈立德：根据中医理论，人体就像气血通道遍布的网络。如果气血流动受阻，人体就会出现疼痛或其它症状。如果人体的某个器官出了毛病或者是功能紊乱了，医生就在与患处相关的穴位上施针以消除病症，让器官恢复正常。

مهيب: اذا هل أفهم من كلامك أن وظائف الإبرة الطبية هي إزالة الوجع وتنشيط الأعصاب والدورة الدموية مما يحقق تحسين وظائف أعضاء الجسم؟

穆希布：那么我是不是可以这样理解你的话，针灸的功效在于祛除疼痛，提神活血，从而改善机体功能？

خالد: تدهشني قدرة فهمك القوية!

哈立德：你的理解力真是惊人！

مهيب: أما التدليك الطبي الصيني، فهو عبارة عن تدليك الجسم لإراحته بعد الاستحمام، أليس كذلك؟

穆希布：那么中医推拿就是在浴后的一种放松按摩么？

خالد: كلا، بل هو نوع من علاجات الطب الصيني التقليدي، يدلك الطبيب مريضه يدويا لتخفيف وجع العضلة وتوتر العصب وما الى ذلك من أمراض أنظمة التحرك والأعصاب والهضم.

哈立德：不是的，推拿是一种中医疗法，医生用手为病人按摩以减轻肌肉疼痛、神经紧张以及其它运动、神经和消化系统的病症。

مهيب: والله العظيم، إن العلاج الصيني التقليدي كنز الطب الصيني القديم ووراثة أجداد الشعب الصيني العاقل!

穆希布：天啊，中医疗法真是古代中华医学的宝库，是智慧的中国祖先留给后人的财富。

خالد: كلامك صحيح، أما في عصرنا اليوم، فيستخدم العلاج الصيني التقليدي في تخفيف الضغط وتقليل الوزن وتقوية الجسم وتجميل النساء والحفاظ على الحياة الصحية الطبيعية وما إلى ذلك من المجالات الواسعة.

哈立德：你说的没错。如今，中医普遍应用于减压、减肥、强身健体、美容和保持自然健康的生活状态等其它广阔领域。

مهيب: اذن يصبح العلاج الصيني التقليدي كنزا طبيا لجميع العالم العصري.

穆希布：这么一来中医就是属于当今全世界的医学宝库了。

خالد: أنت على حق، قد انتشر العلاج الصيني التقليدي من الصين إلى مختلف دول العالم، ولقيت الترحيب والاستحسان من قبل أهاليها.

哈立德：你说的没错，中医已经从中国传至世界各地，得到了各国人民的欢迎与赞誉。

مهيب: لا بد أن أجرب هذا العلاج العجيب!

穆希布：我一定要试试这种神奇的疗法！

补充词汇: الكلمات الإضافية:

神经衰弱	الانهيار العصبي	中枢神经系统	الجهاز العصبي المركزي
关节炎	التهاب المفاصل	太阳穴	الصُّدْغ
理疗	العلاج الطبيعي/ الفيزيائي	食疗	العلاج الغذائي
磁疗	العلاج بالمغناطيسي	药酒	الخمر مع الأعشاب الطبية
电疗	العلاج بالصدمة الكهربائية	刮痧	علاج التهاب الأمعاء الحاد بتدليك عنق المريض أو صدره أو ظهره بقطعة نقدية أو زر مبلل بالماء أو بالزيت النباتي
按摩	التدليك		
推拿	العلاج اليدوي، التدليك الطبي		
针刺穴位	نقطة الوخز	中草药	عقار ج عقاقير
捻针	فتل / إبرام / تدوير الإبرة	西药	الأدوية الكيماوية، أدوية الطب الغربي
艾草	الشيح	复方药	الأدوية المركبة
火罐	كأس النار		

6- في مركز الفحص الطبي والحجر الصحي   六、体检免疫

(عند الاستعلامات)

(在问询处)

الدكتور: إلى أية دولة ستسافر؟

医生：你要去哪个国家？

وليف: إلى مصر.

瓦立夫：去埃及。

الدكتور: وما نيتك في سفرتك هذه؟ هل من أجل السياحة أم العمل أم الدراسة؟

医生：出国目的是什么？旅游，工作还是学习？

وليف: سأطلب العلم من جامعة القاهرة.

瓦立夫：我要去开罗大学学习。

الدكتور: هل تناولت الطعام أو شربت الماء صباح اليوم؟

医生：今早吃饭喝水了吗？

وليف: لا، ذهبت إلى هنا خالي المعدة.

瓦立夫：没有，我是空腹来的。

الدكتور: جيد. أعطني ثلاث صور شخصية بعدم لبس قبعة بحجم بوصتين، وجواز سفرك.

医生：好的。给我三张两寸免冠照片和你的护照。

وليف: نعم، تفضل.

瓦立夫：好的，给您。

الدكتور: ها هي استمارات الفحص الطبي، تفضل بامتلاء بيانات معلوماتك ودفع الرسوم المطلوبة عند المحاسب في جناح القاعة الشرقي.

医生：这些是体检表，请填上你的个人信息，并在大厅东侧的收款处缴费。

(قد أتم وليف دفع الرسوم وعاد إلى الاستعلام)

（瓦立夫交完费回到问询处）

وليف: قد دفعت الرسوم يا دكتور، وهل يمكنني أن آخذ الفحص الطبي الآن؟

瓦立夫：大夫，我已经交费了，现在能体检吗？

الدكتور: نعم، اذهب إلى غرف الفحص المختلفة لإجراء الفحص وأخذ اللقاحات.

医生：可以，去各个体检室体检和注射疫苗吧。

وليف: إلى أين سأذهب أولا؟

瓦立夫：我先去哪？

الدكتور: في الطابق الأول، يقاس الطول والوزن وضغط الدم ونبض القلب ويجري تحليل الدم والبول بشكل روتين، وتصوير رسم القلب وفحص حاستي البصر والسمع وأعضاء الجسم والجلد والأحشاء.

医生：在一楼，测量身高、体重、血压和心跳，化验血常规尿常规，做心电图，检查视力、听力、四肢、皮肤和内脏。

وليف: وهل أحتاج إلى أخذ اللقاح؟

瓦立夫：我需要接种疫苗吗？

الدكتور: نعم، ستأخذ لقاح الكوُليرا ولقاح الحمى الصفراء إذا أردت السفر إلى مصر.

医生：是的，去埃及你要接种霍乱和黄热病疫苗。

وليف: هل هذا الفحص مطلوب من قبل جانب مصر أم الصين؟

瓦立夫：是埃及要求的还是中国？

الدكتور: إن نظام التلقيح منفذ في كل دولة، إذا سافرت بدون التلقيح الذي تطلبه حكومة الدولة التي تسافر إليها، فإنها لن تُسمح لك بالدخول. وبالإضافة إلى ذلك، إن التلقيح يساعدك في الحفاظ على صحتك وصحة مواطني الدولة التي تسافر إليها.

医生：每个国家都实行接种制度，如果你去一个国家，却没有接种该国要求接种的疫苗，那你就不会被允许入境。而且接种疫苗能帮你和你的目的国人民保持健康。

وليف: كم ستستمر معي فاعلية اللقاح؟

瓦立夫：疫苗有效期是多久啊？

الدكتور: لقاح الكوُليرا ساري مفعوله لمدة ثلاث سنوات، ولقاح الحمى الصفراء عشر سنوات.

医生：霍乱疫苗有效期三年，黄热病有效期十年。

وليف: وما هي نصائحكم لي يا دكتور بعد التلقيح؟

瓦立夫：大夫，接种完要注意些什么吧？

الدكتور: استرح جيدا ولا تقم بالرياضة البدنية العنيفة ولا تتناول أطعمة مهيِّجة ولا تشرب الخمر ولا تدخن.

医生：好好休息，不要做剧烈运动，不要吃刺激性食物，不要吸烟饮酒。

وليف: ومتى يمكنني أن أحصل على الشهادة الصحية لرحلتي هذه؟

瓦立夫：什么时候能拿到健康证书呢？

الدكتور: بعد أربعة أيام من أيام العمل.

医生：四个工作日后。

وليف: إن وقتي ضيق، هل من الممكن أن آخذها في أقل من ذلك؟

瓦立夫：我赶时间，能早点拿到吗？

الدكتور: نعم، ممكن، نقدم الخدمة العاجلة. يمكنك أن تأخذها بعد ظهر اليوم على شرط زيادة رسم الخدمة العاجلة.

医生：可以，我们提供加急服务。你只要付加急服务费下午就可以拿到。

وليف: شكرا على إرشادكم.

瓦立夫：谢谢您的指点。

补充词汇： الكلمات الإضافية:

中华人民共和国	مصلحة الدولة لفحص الدخول	身高	طول الجسم
出入境检验	والخروج والحجر الصحي	体重	وزن الجسم
检疫局	لجمهورية الصين الشعبية	血压	ضغط الدم

ضغط الدم المرتفع	高压（收缩压）
ضغط الدم المنخفض	低压（舒张压）
فحص البصر	视力检查
لوحة العلامات لفحص البصر	视力检查表
الغدة الدرقية	甲状腺
العمود الفقري	脊柱
الفقرات العنقية	颈椎
الفقرات القطنية	腰椎
الفقرات العصعصية ،الفقرات العجزية	尾椎
أطراف الجسد	四肢
الأطراف العليا	上肢
الأطراف السفلى	下肢
فحص المختبر	化验室检查
فحص أشعة أكس	X光检查
فحص السونار، الكشف الفوق صوتي	B超（超声波检查）
الفحص بجهاز سي تي	X线电子计算机断层扫描检查（CT）
الفحص بجهاز الذبذبة المشتركة النووية والمغناطيسية	核磁共振扫描检查（MRI）
المركز الوطني لصحة السفر التابع لمصلحة الصحة والحجر الصحي ببكين	北京卫生检疫局 国家旅行保健中心
الشهادة الصحية للسفر الدولي	国际旅行健康证书 (health certificate or international traveller)
الكتاب الأصفر	黄皮书
شهادة التلقيح	接种证书
مَصْل الدم	血清
لقاح الجدري	牛痘疫苗
لقاح ب. س. ج	卡介苗
سريان مفعول اللقاح	疫苗有效期
الجنسية	国籍
الجنس (الذكر والأنثى)	性别（男，女）
فصيلة الدم	血型
حمى التيفوُس	斑疹伤寒
حمى الرجوع	回归热
شلل الأطفال	小儿麻痹
تيفوئيد	伤寒
مضاعفات المرض	病情加剧
المرض الخطَر	重症

7- الوقاية من الأمراض　七、预防疾病

محمد: السلام عليكم يا أخي العزيز، سمعت أنك ستسافر إلى مصر للدراسة.

穆罕默德：你好啊哥们儿，听说你要去埃及留学了？

إسماعيل: نعم، سأسافر بعد أسابيع.

易司马仪：是啊，过几周我就走了。

محمد: المناخ في مصر مختلف عن مناخنا اختلافا كبيرا. فلا بد لك أن تحافظ على الصحة.

穆罕默德：埃及的气候和我们这里差别很大，你一定要注意身体。

إسماعيل: شكرا على عنايتك بي، سأخفف الملابس في الحرارة وأزيد منها في البرودة.

易司马仪：谢谢你的关心，我会随着冷热添减衣服的。

محمد: فضلا عن ذلك، عليك أن تحتفظ بالعادات الصحية الجيدة.

穆罕默德：还有，你应该保持良好的卫生习惯。

إسماعيل: بما يقصد كلامك؟

易司马仪：你指的是什么？

محمد: تنتشر بعض الأمراض المعدية من خلال اللمس، فلا بد أن تغسل يديك قبل الأكل وبعد قضاء الحاجة، وتقلّم أظافيرك دائما.

穆罕默德：有些传染病就是通过接触传播的，所以饭前便后要洗手，还要勤剪指甲。

إسماعيل: كلامك صحيح يا أخي، سأنتبه إلى نظافتي الشخصية.

易司马仪：你的话很对，我会注意个人卫生的。

محمد: وبالإضافة إلى ذلك، عليك أن تنتبه الى نظافة الطعام أيضا اذ أن الأطعمة الفاسدة أو الوسخة قد تسبّب لك وجع البطن أو الإسهال حتى التسمم. إن جو الدول العربية حار جدا، فلا تتناول الأطعمة الفاسدة والماء غير النظيف.

穆罕默德：此外，你也要注意饮食卫生，因为变质或不洁的食品可能会让你腹痛，拉肚子，甚至是食物中毒。阿拉伯国家天气炎热，不要吃坏了的食物和不干净的水。

إسماعيل: بالتأكيد، ولن آكل الأطعمة إلا بعد أن أفحصها بانتباه.

易司马仪：当然了，我只有在仔细检查过食物之后才会吃的。

محمد: نعم، لا شك أن الدراسة في دولة غريبة شاقة جدا، لا تنس أن تأكل الفواكه والخضروات الكافية لتقوية مَناعتك ضد الأمراض. ومن الأفضل أن تغمس الفواكه في الماء وتضع معه الملح لإزالة المبيد الحشري، أو تغسلها بالمنظفات.

穆罕默德：对了，在一个陌生的国度学习肯定特别艰苦，别忘了多吃些瓜果蔬菜来增强抵抗力。最好把水果浸泡在盐水里去除农药或者是用洗涤剂来清洗。

إسماعيل: سأتذكر اقتراحك. وسأضع الأطعمة بعيدة عن الذباب.

易司马仪：我会记住你的建议的。我不会让苍蝇落在吃的东西上的。

محمد: ولا تأكل الأطعمة في مطعم غير معتمد عليه أو بلا رخصة الأداء.

穆罕默德：也别在不合格的或无照的餐馆吃饭。

إسماعيل: عرفت يا أخي. تنتقل بعض الأمراض مثل الملاريا والتهاب الكبد A الفيروسي من خلال أكل الطعام أو الاحتكاك المباشر مع المرضى.

易司马仪：我知道，像疟疾、甲型肝炎之类的传染病都是通过与病人同餐或与病人直接接触传染的。

محمد: نعم، إذا أصيب شخص بأي مرض معد، يجب علينا أن نوصله إلى المستشفى الخاص فورا للعزل الطبي والعلاج.

穆罕默德：对，如果有人得了传染病，我们应该马上送他去专门的医院进行隔离和治疗。

إسماعيل: ذكّرني كلامك بانتشار السارس، أعتقد أن نظافة البيئة هامة جدا، ألم تنتشر بعض الأمراض الوافدة من خلال التنفس؟ عندما ينتشر السارس بصورة خطيرة، يدعو الطبيب إلى فتح النوافذ لتجديد الهواء.

易司马仪：你的话让我想起了非典，我认为环境卫生很重要。一些传染病不就是通过呼吸传染的吗？当非典肆虐时，医生就号召大家开窗换气。

محمد: بلا شك، من الأحسن أن تقوم بتنظيف غرفة النوم وحجرة الدرس دائما، وتغير مفروشات السرير دائما وتنشرها تحت أشعة الشمس للوقاية من أمراض الجهاز التنفسي المعدية، وخاصة الانفلونزا في الشتاء.

穆罕默德：没错，你最好经常打扫寝室和教室卫生，常换床单被罩并把它们在阳光下晾晒以防止呼吸道传染病，特别是冬天的流感。

إسماعيل: اطمئن علي يا أخي، سأقوم بالرياضة البدنية كل يوم في جامعة القاهرة لتقوية جسمي والحفاظ على صحتي.

易司马仪：放心吧哥们儿，在开罗大学我会每天进行体育锻炼来增强体质，保持健康。

محمد: فكرة جميلة. تعتبر الرياضة البدنية وقاية ايجابية تُكسب الإنسان المناعة ضد الأمراض.

穆罕默德：好主意。体育运动是对于疾病的积极防御，能增强人体的免疫力。

إسماعيل: نعم، قال المثل، إن درهم وقاية خير من قِنْطار علاج. سأفعل كل ما ينفع جسمي وصحتي. اطمئن علي يا أخي العزيز.

易司马仪：是啊，俗话说，未雨绸缪，防胜于治。我会尽量保持身体健康。放心吧哥们儿。

补充词汇： **الكلمات الإضافية:**

传染病	مرض مُعْدٍ	废纸篓 / 垃圾箱	سلّة المُهْملات
自来水	ماء الحنفية	纸巾	مِنْدِيل ورقي
水净化	عملية تصفية المياه	通风换气	تجديد الهواء، تهوية الغرفة
蚊子	بعوض / ناموس	新鲜空气	هواء نقي / منعش
蟑螂	صُرْصُور ج صراصير	污浊空气	هواء فاسد
害虫	حشرات ضارة	二氧化碳	ثاني أوكسيد الكربون
肺结核	تدرّن رئوي	乙肝	التهاب الكبد B
吐痰	بصَق يبصُق بصْقا	消毒水	مطهر

第十章　传统节日

الفصل العاشر　الأعياد التقليدية

1- عيد الربيع (اليوم الأول من الشهر الأول في التقويم القمري الصيني)

一、春节（农历正月初一）

هنية: قد حل عيد الربيع الصيني يا أستاذ ياسر، عيد سعيد!

海妮娅：亚西尔老师，中国的春节到了。过年好啊！

ياسر: عيد سعيد، وكل عام وأنت بخير! سمعت أن عيد الربيع أهم عيد صيني تقليدي، هل هو كذلك؟

亚西尔：过年好！我听说春节是中国最重要的传统节日，是这样吗？

هنية: نعم. إن عيد الربيع يوافق اليوم الأول من الشهر الأول في التقويم القمري الصيني، ويعتبر أكثر عيدا مهيبا احتفالا حارا به بين الشعب الصيني.

海妮娅：是啊。春节在每年中国农历的正月初一，是中国民间最隆重、最热闹的一个节日。

ياسر: هل يشير عيد الربيع إلى إقبال الربيع؟

亚西尔：春节代表着春天的来临吗？

هنية: يرجع تاريخ عيد الربيع إلى جذور القدم ويبدأ ويتطور من حركات (نشاطات) التضحية التي قام بها الصينيون القدماء لعبادة اللآلهة وذكرى الأسلاف عند نهاية العام القديم وبداية العام الجديد. ولا يخفى أن العيد يشير إلى حلول الربيع الجديد وبداية دورة جديدة من التنبيت والقطاف (الحصاد). فمنذ مائات آلاف سنة، يحتفل الشعب الصيني بهذا العيد احتفالا باهجا.

海妮娅：春节的由来历史悠久，最早起源于古人年头岁尾的祭神祭祖活动。当然了，春节也意味着新的春天即将来临，新一轮的播种和收获又要开始，所以千百年来，中国人民都欢天喜地的庆祝这个节日。

ياسر: شاهدت أن الأهالي يستعدون للعيد منذ أيام مبكرة، وكل أسرة مشغولة بالتسوق. هل هذا عادتكم؟

亚西尔：我看到人们早早地就开始准备过节了，家家都忙着上街采购，这是你们的习俗吗？

هنية: نعم. إن حركات عيد الربيع مختلفة متنوعة. يعتبر اليوم الثالث والعشرين من الشهر الأخير في التقويم القمري الصيني بداية السنة الجديدة التمهيدية بحيث بدأت كل أسرة تقوم بالأعمال التمهيدية الكثيرة لاستقبال السنة الجديدة حتى اليوم الثلاثين أي اليوم الأخير من السنة التقليدية الصينية. ومن هذه الأعمال تنظيف الغرف، وشراء البضائع للاحتفال بالسنة الجديدة وإعداد الأطعمة المختلفة اللذيذة والملابس الجديدة...الخ.

海妮娅：是啊。春节的年俗活动丰富多彩。每年的农历腊月二十三日就是小年，从这一天到三十日，也就是农历年的最后一天，家家都要为过年做好多准备工作，比如说打扫卫生、购置年货、准备各色食物、添置新衣服等等。

ياسر: رأيت كثيرا من الصور والجمل على الأوراق الحمراء الملتصقة بالأبواب. أعتقد أنه من عاداتكم وتقاليدكم أيضا؟

亚西尔：我看到很多人家门上都贴了红纸字画，这个也是你们的风俗吧？

هنية: نعم. نكتب تمنياتنا وآمالنا للسنة القادمة على الأوراق الحمراء ونلصقها بجانبي الأبواب. كما نسميها شعارات (ملصقات) عيد الربيع. ونلصق الصور المتلونة بالأبواب والنوافذ لإثارة الجو السعيد المبارك.

海妮娅：是的。我们在红纸上写上对新年的寄语贴在大门两边，这也叫春联；我们在门窗上张贴色彩鲜艳的年画，来渲染吉祥喜庆的节日气氛。

ياسر: وهل يعتبر هذا العيد عيد تجمع شمل أفراد الأسرة أيضا؟ رأيت جميع الطلبة يسرعون إلى بيوتهم للعيد بعد بداية العطلة الشتوية.

亚西尔：这个节日也是个家庭团聚的节日吧？我看到学生们放了寒假以后都急着回家去过年了。

هنية: أنتم على حق. إن عيد الربيع عيد تجمع شمل الأقرباء، ولا بد من كل أفراد الأسرة أن يعودوا إلى البيت قبل اليوم الأخير من السنة القديمة في التقويم القمري الصيني لاحتفال بالسنة الجديدة، وهم يجلسون معا ويتحدثون معا ويأكلون معا ويشربون معا، ينتظرون إقبال السنة الجديدة ويتمتعون بالسعادة العائلية.

海妮娅：您说得对。春节是亲人团聚的日子，家里所有的成员都要腊月三十前回家过年，一起吃喝玩乐，一起等待新年的来临，共享天伦之乐。

ياسر: أعرف أنه لا بد منكم أن تأكلوا جياوتسي حينذاك. كما استلمنا هدية السنة الجديدة ليلة أمس من قبل جارنا الصيني – الجياوتسي اللذيذ.

亚西尔：我知道，这个时候你们还一定要吃饺子。昨晚我们也收到了中国邻居送来的新年礼物——美味的饺子。

هنية: إنكم خبير معلومات الصين! نعم، من عادات الشماليين أكل الجياوتسي في الليلة الأخيرة من السنة القديمة في التقويم القمري. أما في جنوبي الصين، يأكلون الناس خبزة السنة الجديدة. يشير الجياوتسي إلى تبادل السنة القديمة والسنة الجديدة، وتمثل خبزة السنة الجديدة إلى حلوة الحياة في السنة الجديدة وتقدمها.

海妮娅：您真是个中国通啊！是的，北方除夕人们有吃饺子的习俗，而南方则要吃年糕。饺子代表更岁交子，年糕则代表新一年的生活甜甜蜜蜜，步步高升。

ياسر: ولعبنا اللعبة النارية مع أصدقائنا الصينيين ليلة أمس، وكان الجو مفعما بالحيوية. وهل يعتبر هذه اللعبة

أسلوبا من أساليب الاحتفال بإقبال السنة الجديدة أيضا؟

亚西尔：昨晚我们也和中国朋友们一起放鞭炮了，非常热闹。这也是庆祝新年来临的一种方式吧？

هنية: نعم، كلما دق جرس السنة الجديدة، تبدأ كل أسرة اطلاق الألعاب النارية لترحيب إقبال السنة الجديدة، مع أن "نيان" أي السنة الجديدة في الأسطورة الصينية القديمة تعتبر حيوانا وحشيا، وقصد إطلاق الألعاب النارية هو طرد الشياطين والغيلان.

海妮娅：是啊，每当新年的钟声敲过，家家户户都开始放鞭炮，迎接新一年的到来。不过在中国古代传说里，年是一种可怕的怪物，放鞭炮，最初是为了驱赶妖魔鬼怪。

ياسر: يكون اليوم يوما أولا من السنة الجديدة، هل ينتهي عيد الربيع بعد اليوم؟

亚西尔：今天是新年的第一天，今天过去之后春节就算结束了吗？

هنية: طبعا لا. من اليوم الثاني من السنة الجديدة، تبدأ كل أسرة زيارة الأقرباء والأصدقاء لإرسال التمنيات إليهم في السنة الجديدة ولتبادل الهدايا بينهم. ستعود البنات المتزوجات إلى بيت أمهاتهن مع أزواجهن وأولادهن. بالإضافة إلى ذلك، كما ستقوم حركات رقص الأسود والتجول في مهرجان المعبد...الخ. ولا ينتهي عيد الربيع إلا بعد عيد الفوانيس أي اليوم الخامس عشر من السنة الجديدة.

海妮娅：当然没有啦。从年初二开始，家家户户就开始走亲访友，互相拜年，互赠礼物。结了婚的女儿要和丈夫子女一起回娘家。还有舞狮子、逛庙会等庆祝活动，一直到正月十五元宵节过后，春节才算真正结束了。

ياسر: هذا مقبول. قد عمل كل واحد بجد واجتهاد لسنة كاملة، لا بد منا أن نقوم بالاستراحة للجسم وبالتسلية والترفيه عن النفس حتى نستقبل العمل والحياة في السنة الجديدة.

亚西尔：对啊，大家工作辛苦了一年，要好好的休息娱乐，放松身心，以迎接新一年的工作和生活。

الكلمات الإضافية: **补充词汇：**

الليلة الأخيرة من السنة القديمة في التقويم القمري \ الأمسيّة الأخيرة	除夕	موسم ذكرى الآلهة والأجداد وعبادتهم	祭神祭祖时节
		تجدد الأشياء والظواهر	万象更新
السهر لانتظار السنة الجديدة	熬夜守岁	الزرع في الربيع والحصد في الخليف	春种秋收
		دفأ الربيع وتفتح الزهور	春暖花开
مال الاحتفال بزيادة عمر الأولاد	压岁钱	تنظيف الرماد	扫尘土
وجبة تجمع كل أفراد الأسرة	团圆饭	السنة الجديدة التمهيدية	小年
التسليم والتحية بمناسبة اقبال السنة الجديدة	拜年	إلصاق لفظ" فو" (البركة) بشكل انقلاب	倒贴福字
		جو مبارك	喜庆气氛

2- عيد الفوانيس   二、元宵节

مريم: أنظروا، يا أستاذ ياسر، ما أجمل الفوانيس المتلونة في حفلة عيد الفوانيس!

玛利亚：亚西尔老师，您看，元宵灯会上的花灯多么美丽啊！

ياسر: نعم يا بنتي. هل التفرج على الفوانيس من عادات عيد الفوانيس وتقاليده؟

亚西尔：是啊，我的孩子。赏灯是元宵节的风俗吧？

مريم: صحيح. في عيد الفوانيس، يحب كل بيت أن يرفع فانوسين من اللون الأحمر الزاهي على جانبي بابه، وتقوم حفلة الفوانيس على الشارع، ويجري ويلعب الأولاد مع فوانيسهم المصنوعة بأيديهم في الأحياء والأزقة وهم مسرورون وسعداء.

玛利亚：是的。元宵节时各家各户都喜欢在门前点上一对红灯笼，街上总会举行灯会，孩子们也提着自制的灯笼走街串巷，非常开心。

ياسر: كما على الفوانيس كلمات كثيرة. وماذا تقول؟

亚西尔：这些灯笼上还写了很多字呢，说的是什么呢？

مريم: هي ألغاز الفوانيس. يكتب الناس الألغاز على الفوانيس، ومن يخمن جوابها يحصل على الجائز. فالتمتع بالفوانيس وفك الألغاز على الفوانيس هما احد التقاليد.

玛利亚：那是灯谜。人们把谜语写在灯笼上，猜中的人会得到奖品。看花灯，猜灯谜，也是元宵节的风俗之一。

ياسر: تقليد ممتع! ومع الأسف الشديد، لا أعرف اللغة الصينية كثيرا ولا أستطيع أن أفكّها. آه، تطلق الألعاب النارية على الأمام.

亚西尔：真是有趣的风俗啊，可惜我的中文不好猜不出来。啊，前面有人在放烟花。

مريم: نعم، يعد عيد الفوانيس يوما أخيرا للاحتفال بالسنة الجديدة، وستطلق كل أسرة الألعاب النارية الباقية قبل نهاية اليوم. بعد عيد الفوانيس، ينتهي الاحتفال.

玛利亚：是的，元宵节是过年的最后一天，各家各户春节没放完的烟花都会在这天放完。过完元宵节，这个年才算是过完了。

ياسر: إن المناظر الليلية في عيد الفوانيس منيرة ومتلونة وسحرية. هل يأكل الناس الأطعمة التقليدية للاحتفال بالعيد أيضا؟

亚西尔：元宵节的夜景真是五光十色，美不胜收。这个节日人们是不是也要吃些传统食物来庆祝呢？

مريم: أنتم على حق. في هذا اليوم، تأكل كل أسرة "يوان شياو" حيث نطلق عيد يوان شياو على عيد الفوانيس أيضا. يسمى هذا الطعام "تانغ يوان" في جنوبي الصين إذ يكون شكله كرويا ويمثل تجمع شمل الأسرة وانسجامها.

玛利亚：没错。这一天，家家户户都要吃元宵，这也是元宵节名字的由来。南方也管这种食物叫汤圆。它的形状是圆的，代表着团圆和睦。

ياسر: أعتقد أن شمل الأسرة وانسجامها يعد أعلى سعي وأمنية في التقاليد الصينية حيث تشير معظم الأطعمة التقليدية إلى هذا المعنى.

亚西尔：我感觉中国的传统把家庭的团圆和睦作为最美好的追求和愿望，所以很多传统食品都代表着这个含义。

مريم: أنتم خبير الصين! نعم، نهتم نحن الصينيين بقيمة تكوين الأسرة، ونعتقد أن نجاح كل الأعمال على أساس انسجام الأسرة. يكون الوقت متأخرا، لنرجع إلى البيت لأكل "يوان شياو" معا!

玛利亚：您真是个中国通啊！是的，我们中国人很注重家庭，讲求家和万事兴。时间不早了，咱们一起回去吃元宵吧！

الكلمات الإضافية: **补充词汇：**

حشو	馅儿	فانوس متدور	走马灯
رقص الأسد	耍狮子	فانوس زَيْني	宫灯
الرقص على الكعب المطول	踩高跷	الأرز الغروى	糯米
رقص القاربة	划旱船	معجون الفول الأحمر	豆沙
رقص يانغقو	扭秧歌	الزعرور	山楂
دق الصنوج وقرع الطبول	敲锣打鼓	السكر الأبيض	白糖

ج- عيد قارب التنين 三、端午节

خالد: عيد سعيد يا أستاذ ياسر! أزوركم لأقدم لكم "تسونغ تسي".

哈立德：节日快乐，亚西尔老师！我给您送粽子来了。

ياسر: عيد سعيد. اليوم عيد قارب التنين، أليس كذلك؟

亚西尔：节日快乐。今天是中国的端午节，是吗？

خالد: نعم. عيد قارب التنين عيد تقليدي قديم، يرجع تاريخه إلى ما أكثر من ألفي سنة.

哈立德：是啊。端午节是一个古老的传统节日，有 2000 多年历史了。

ياسر: نحتفل بهذا العيد تذكارا لشاعر مشهور في القدم، هل هذا صحيح؟

亚西尔：我们过端午节是为了纪念一位古代的著名诗人，是吗？

خالد: نعم، اسمه تشوي يوان، يعد شاعرا رومانسيا عظيما ورجلا سياسيا نابغا وانطرد بسبب الاختلاف السياسي. عندما رأى غزو العدوان لوطنه، غمر نفسه في نهر ميلوا حزينا تضحية بنفسه لحفظ ولائها لوطنه. كان يوم موت تشوي يوان اليوم الخامس من الشهر الخامس في التقويم القمري الصيني، فبدأ الناس الاحتفال بعيد قارب التنين في هذا اليوم كل سنة تذكارا له.

哈立德：是的，他的名字叫屈原，是伟大的浪漫主义诗人，也是一位杰出的政治家，因为在政治上受到排挤而被流放。在他看到自己的祖国被侵略后，怀着悲愤的心情投汨罗江自尽以身殉国。屈原逝世的那一天正好是农历五月初五，以后人们就在那一天过端午节纪念他。

ياسر: وما العلاقة بين هذا العيد وقارب التنين؟

亚西尔：那端午节跟龙舟又有什么关系呢？

خالد: في الأسطورة، بعد انغمار تشوي يوان، أسرعت العامة الى انقاذه من النهر بالقوارب حيث تشكل تقليد إقامة مسابقة قوارب التنين في العيد.

哈立德：传说屈原投江后，百姓们争先恐后的划船赶去江上救他。后来就形成了在端午节这天举行划龙舟比赛的风俗。

ياسر: ولماذا تأكلون "تسونغ تسي" والبيض في هذا العيد؟

亚西尔：那为什么在端午节要吃粽子和鸡蛋呢？

خالد: بعد موت تشوي يوان، كانت العامة حزينة وذهبت الى شاطئ النهر لإلقاء النظرة الأخيرة. وبعضهم أخرج خبز الأرز والبيض ورماها في النهر وأمل أن الأحياء النهرية تأكل هذه الأطعمة بدلا من جسم تشوي يوان حيث تقلد الآخرون به. وهذا السبب الذي نأكل النوعين من الأطعمة له في هذا العيد.

哈立德：屈原逝世后，百姓哀痛异常，纷纷涌到江边去凭吊屈原。有人拿出饭团、鸡蛋等食物丢进江里，希望让鱼龙虾蟹吃饱了，不要去咬屈原的身体。人们见后纷纷仿效。这就是端午节吃这两种食物的由来。

ياسر: هل توجد عادات أخرى في عيد قارب التنين؟

亚西尔：端午节还有其他习俗吗？

خالد: في العيد، يعلّق كل بيت العشب العطري على الباب، ويحمل الأولاد الكيس العطري مع العِطارة والعقّار فيه، الأمر الذي يلعب دور طرد الدودة والوقاية من المرض. في الحقيقة، يكون العيد عيد الصحة من القدم الى الآن، نظرا لأن الجو يتحول حارا يوما بعد يوم، وتبدأ الديدان والفيروسات تتنشط من حيث علينا أن نحفظ صحة البيئة والجسم.

哈立德：在端午节，各家各户会把香草挂在门上，小孩子会佩戴荷包，里面放着一些香料草药，这些都能起到驱虫防病的作用。所以端午节实际上是自古相传的卫生节，因为天气渐暖，各种蚊虫病菌都开始猖獗了，所以要搞好卫生清洁工作。

ياسر: رأيت كثيرا من الأولاد يربطون خمسة خيوط متلونة حول الرسخ والكاحل، ولماذا؟

亚西尔：我看到很多小孩子都在手腕脚踝上系上五彩线，这个是为了什么？

خالد: يقصد ربط الخيوط المتلونة على الأولاد بتمنية الأمن والبركة لهم. وحسب التقاليد، سيرفعون الخيوط في المطر الأول بعد العيد لتسير مع المطر، الأمر الذي يمثل سير الأزمة والمرض مع المطر.

哈立德：在儿童的身上系五彩线有保佑儿童平安吉祥之意。按风俗，孩子们会在端午节后的第一场雨后解下五彩线让它顺水流走，代表着把灾难病痛也顺水流走了。

ياسر: تكون التقاليد والعادات الصينية القديمة متنوعة وممتعة.

亚西尔：中国古老的传统民俗真是丰富多彩。

补充词汇：   **الكلمات الإضافية：**

楚辞	شعر مملكة تشو	红枣	تمر أحمر
楚国	مملكة تشو	莲蓉	معجون حب اللوتس
春秋战国	عصر الربيع والخليف وعصر الممالك المتحاربة (الدويلات المتحاربة)	艾蒿	آخوا، العقار العطري
		菖蒲	تشانغ بو، العقار العطري

3- عيد الخريف الأوسط   四、中秋节

ذكية: عيد الخريف الأوسط سعيد، يا أستاذ ياسر!

宰凯雅：亚西尔老师，中秋节快乐！

ياسر: عيد سعيد يا بنتي! هل عيد الخريف الأوسط عيد تقليدي صيني أيضا؟

亚西尔：节日快乐，我的孩子！中秋节又是中国的另一个传统节日吗？

ذكية: نعم، يقبل عيد الخريف الأوسط في اليوم الخامس عشر من الشهر الثامن من التقويم القمري الصيني، أي في وسط الخريف من كل سنة، حيث تطلق على هذه التسمية. كما هو في ليلة البدر، فنطلق عليه عيد البدر أيضا.

宰凯雅：是的。中秋节正好是中国农历八月十五日，处在每年中秋，故因此得名。这一天也正是满月出现的日子，所以，我们也把它翻译成满月节。

ياسر: آه، هكذا.

亚西尔：噢，原来如此。

ذكية: أنظروا الى هديتي لكم، خبزة البدر.

宰凯雅：您看，我给您送月饼来了。

ياسر: ألف شكر. هل يأكل الصينيون خبزة البدر دائما في عيد الخريف الأوسط؟

亚西尔：太感谢了。每到中秋节，中国人都要吃月饼么？

ذكية: نعم، تعد خبزة البدر من الأطعمة التقليدية في هذا العيد، وتمثل خبزة البدر المدورة البدر المدور على السماء.

宰凯雅：是的，月饼是中秋节的传统食物。圆形的月饼，就像天上圆圆的满月。

ياسر: آه، هكذا. يا لها من متعة عظيمة عندما تجلس في الفناء ليلة عيد البدر وأنت تتمتع بالبدر على السماء وتتذوق خبزة البدر اللذيذة.

传统节日   الفصل العاشر   الأعياد التقليدية

亚西尔：噢，原来如此。在中秋之夜，坐在院子里，欣赏着天上的一轮满月，品尝着中国美味的月饼，真是惬意。

ذكية: أنت على حق. اذ يمثل البدر تجمع أفراد الأسرة، من عادة الصينيين أن يجلسوا مع جميع أفراد الأسرة للتفرج على مناظر البدر الساحرة وأكل الخبزة والفاكهة.

宰凯雅：是啊。圆圆的满月，象征着合家团圆，所以每到中秋，中国人习惯全家人坐在一起，欣赏迷人月色，品尝月饼瓜果。

ياسر: ما أسعد عيد البدر! هل توجد أسطورة جميلة لهذا العيد أيضا؟

亚西尔：中秋节真是一个幸福的节日。关于这个节日是不是也有美丽的传说呢？

ذكية: نعم يا أستاذي. قيل إن في القدم بطل اسمه هويي يتمتع بالقوة العظيمة، وزوجته جميلة فاضلة باسم تشانغ آر. وذات يوم، حصل هويي على حزمة من دواء تطويل الحياة التي سيجعل متناوله إلها في الجنة. ولكنه ما استطاع ترك زوجته الأحب فأعطى الدواء الى زوجته للحفاظ عليه.

宰凯雅：是的，老师。传说古时候有一个英雄叫后羿，力大无穷；他的妻子名叫嫦娥，美丽贤惠。一次，后羿偶然得到了一包不死药，据说吃了就可以升天成仙。但是后羿舍不得爱妻，就把药交给嫦娥保管。

ياسر: يا له من بطل عاطفي! وماذا حدث بعدئذ؟

亚西尔：真是个重感情的英雄啊。后来呢？

ذكية: وفي يوم لاحق، تعرضت تشانغ آر بتحريض الحقير وأصيبت بالطموع وتناولت الدواء بنفسها.

宰凯雅：后来嫦娥受到小人蛊惑，一时起了贪欲，便独自把不死药吃了下去。

ياسر: يا للأسف الشديد. هل أصبحت تشانغ آر إلهة؟

亚西尔：太遗憾了。那嫦娥成仙了吗？

ذكية: يمكن القول. بعد تناول الدواء، ارتفع جسم تشانغ آر من الأرض وخرج من النافذة حتى طار الى القمر.

宰凯雅：就算是吧。嫦娥吞下药，身子立时飘离地面，冲出窗口，飞到月亮上去了。

ياسر: وما أحزن هويي بعد عودته الى البيت وهو لن يرى زوجته أبدا.

亚西尔：唉，那后羿回来后不见妻子，该有多么伤心啊。

ذكية: نعم. فما استطاع هويي الا أن وضع الفواكه والحلويات التي تحبها تشانغ آر تحت أشعة القمر وهو ينظر إلى القمر ويشتاق إلى زوجته.

宰凯雅：是啊。悲痛的后羿只能在月下摆上嫦娥爱吃的水果、糕饼，遥望着月亮，思念成仙的爱妻。

ياسر: يبدو أن لكثير من الأعياد الصينية التقليدية أساطرة محزنة، ولكن مع مرور الأيام، لا تقدم الأعياد الى الناس إلا السعادة والبركة.

亚西尔：好像很多中国的传统节日背后都有个令人伤感的传说，但流传到今天，节日带给人们的更多是欢乐喜庆。

ذكية: كلامك صحيح. يا أستاذ، قد ظهر القمر، لنتمتع بالقمر ونأكل خبزة البدر معا.

宰凯雅：是啊。老师，你看，月亮已经升起来了，咱们一起赏月吃月饼吧。

الكلمات الإضافية: **补充词汇：**

اتجاه تشانغ آر إلى القمر	嫦娥奔月	القمر	皓月
تشانغ آر الأول	嫦娥一号	مالكة السماء	王母娘娘
رجاء بقاء الصديق طويلا للتمتع بالقمر معا مع المسافة البعيدة	但愿人长久，千里共婵娟	زينب السماء	玉兔
		شجرة الغار	桂花树
		سحن الأعشاب الطبية	捣药
		مائدة العبادة	香案

五、开斋节　5- عيد الفطر

رحاب: ما هو عيد الفطر يا أستاذ ياسر؟

里哈卜：什么是开斋节啊，亚西尔老师？

ياسر: عيد الفطر هو عيد مهم من أعياد المسلمين.

亚西尔：开斋节是穆斯林们重要的节日之一。

رحاب: ومتى يقبل عيد الفطر؟

里哈卜：开斋节在什么时候呢？

ياسر: يكون موعد عيد الفطر المبارك بعد خروج الفجر لليوم الجديد بعد انتهاء شهر رمضان الكريم.

亚西尔：开斋节从斋月结束后的第一天黎明开始。

رحاب: وما المعنى لعيد الفطر للمسلمين؟

里哈卜：对于穆斯林来说开斋节的含义是什么呢？

ياسر: إن عيد الفطر المبارك هو أول يوم يفطر فيه المسلمون صباحا بعد رمضان، لأنهم كانوا صائمين في شهر رمضان، ولن يدخلوا الطعام والشراب في فمهم في ذلك الشهر كله إلا بعد إذن المغرب والى قبل إذن الفجر. أما في هذا العيد السعيد، فإنهم يفطرون صباحا، لأنهم قد أتموا فريضتهم المكتوبة عليهم وهي فريضة الصيام.

亚西尔：开斋节是穆斯林们在斋月结束后在白昼进食的第一天。因为他们在斋月把斋，在那一整个月里，他们在白昼不吃不喝，只有在昏礼宣礼后到晨礼前才能进食。在开斋节，他们就在白天进食了，因为他们已经完成了应尽的宗教义务，也就是把斋。

رحاب: وماذا يفعل المسلمون في عيد الفطر؟ نظرا لأنه عيد ديني، فلا بد أن تكون أنشطة دينية.

里哈卜：穆斯林们在开斋节里都做什么呢？既然这是个宗教节日，那一定有一些宗教活动吧。

ياسر: نعم، يذهب المسلمون إلى المساجد يصلون صلاة الفجر مع إمام المسجد، ويذكرون الله تعالى، ويستمعون إلى خطبة العيد التي يلقيها إمام المسجد، ثم يصلون معه صلاة العيد ويلتجؤون إلى الله، ويبارك بعضهم بعضا. وعند انتهاء الصلاة، يوزع المسلمون الأموال على الفقراء وحتى الطعام لكي تعم الفرحة للجميع. ونصالح المتخاصمين ونساعد المحتاجين.

亚西尔：对，穆斯林们去清真寺和伊玛目一起做晨礼，怀念真主，听伊玛目做节日演讲，然后和他一起做节日礼拜，并向真主祈祷并互相祝贺。礼拜结束后，穆斯林们会向穷人布施钱财和食物 ，以期让所有人一起分享欢乐。我们会善待敌仇，也帮助困者。

رحاب: وهل تفرحون في هذا اليوم ؟

里哈卜：你们在这个节日里开心吗？

ياسر: نعم، بكل تأكيد، فإننا نفرح كثيرا في هذا اليوم السعيد ونتزاور الأهالي والأقارب.

亚西尔：当然啦，我们在这幸福的一天里非常开心，我们走亲访友。

رحاب: وهل تعملون الأطعمة الخاصة بأنفسكم في هذا العيد ؟

里哈卜：你们在这个节日里会自制些特别的食物吗？

ياسر: نعم، إننا نعمل أصنافا طيبة جدا من الأطعمة اللذيذة والحلوى المتنوعة والفواكه الطازجة. ونأكل منها ونوزع منها على الفقراء والجيران.

亚西尔：会的，我们会做好多美味的食物，有各式甜点、新鲜水果。我们自己吃，也布施给贫穷的人和邻居。

رحاب: وماذا تعطون للأطفال ؟

里哈卜：你们给孩子什么呢？

ياسر: إن الأطفال يفرحون كثيرا لأننا نعطيهم الأموال ونسميها "العيدية"، ونوزع عليهم أنواعا كثيرة من الحلوى والألعاب.

亚西尔：孩子们在这个节日里也特别开心，因为我们给孩子“压岁钱”，还给他们许多甜点和玩具。

. رحاب: وماذا تلبسون في العيد ؟

里哈卜：在这个节日里你们穿什么呢？

ياسر: إننا نشتري الملابس والأحذية الجديدة قبل قدوم العيد بأيام لنا ولأطفالنا.

亚西尔：节前我们就会给自己和孩子们买新衣服新鞋。

ياسر: عيد الفطر عيد سعيد ومبارك بالنسبة إلى المسلمين، عيدا سعيدا يا أستاذ!

里哈卜：开斋节对于穆斯林来说是个喜庆幸福的节日，老师，节日快乐！

六、宰牲节　6- عيد الأضحى

رحاب: سرعان ما يقبل عيد الأضحى! فماذا ستعرفنا عن عيد الأضحى المبارك يا أستاذ؟

里哈卜：宰牲节这么快就来了！老师，关于宰牲节你要告诉我们什么知识呢？

ياسر: عيد الأضحى يأتي في اليوم العاشر من ذي الحجة بعد نزول المسلمين من جبل عرفة في مكة المكرمة، لأنهم يؤدون فريضة الحج.

亚西尔：宰牲节在伊历十二月十日，穆斯林们在这一天走下麦加的阿拉法特山，因为他们完成了朝觐。

رحاب: فيعتبر عيد الأضحى عيد الحجاج ؟

里哈卜：那么宰牲节是朝觐者的节日啦？

ياسر: لا، عيد الأضحى عيد المسلمين جميعا. ونحن نحتفل في هذا العيد وننتظر رجوع الحجاج إلى بيوتهم لكي تتم الفرحة بيننا. ونسأل عن احتياجات الناس ونساعدهم ونقوم بغيرها من أمور الخير.

亚西尔：不，宰牲节是全体穆斯林的节日。我们在这个节日庆祝，等待朝觐者归来，分享朝觐的喜悦。我们询问人们的需求并帮助他们，多多行善。

رحاب: وهل تعطون للفقراء أيضا ؟

里哈卜：你们也布施给穷人吗？

ياسر: بكل تأكيد. في هذا العيد يضحي المسلمون بذبح الخراف أو البقر أو البعير على الطريقة الإسلامية، ويقسمون اللحوم ويوزعونها. فتكون حصة الفقير كثيرة وبذلك يسعد الجميع بذلك اليوم السعيد.

亚西尔：当然。在这个节日里，穆斯林们以伊斯兰的方式宰羊，宰牛，宰骆驼，然后分肉，给穷人的那份会更多。这样所有人都会因这个节日而快乐。

رحاب: وهل تذهبون مع الأطفال للنزهة؟

里哈卜：你们会带孩子出去玩吗？

ياسر: يا رحاب، كيف لا نذهب معهم فإننا نهتم بالأطفال كثيرا ونحافظ عليهم ونريد سعادتهم. فان الأطفال يحبون اللعب وخاصة في الأعياد، فإننا نذهب معهم إلى مراكز الألعاب المخصصة للأطفال ونشتري لهم الحلوى والأطعمة اللذيذة .

亚西尔：里哈卜，我们怎么能不带他们出去玩呢，我们非常重视爱护孩子，我们希望他们幸福。孩子们都爱玩，特别是在节日里。我们带他们去儿童游乐场，还给他们买好吃的。

رحاب: فما هو المغزى الأهم لعيد الأضحى؟

里哈卜：那么宰牲节最重要的意义是什么呢？

ياسر: أعتقد أنه يشير إلى أنه على كل مسلم أن يساعد الآخرين، ويحترم الكبير ويعطف على الصغير وألا يعتدي على أحد ويكون مسالما مع الجميع سواء أ كان في شهر رمضان أم في الأعياد أم في أي يوم عادي أم في أي وقت أو مكان .

亚西尔：我认为，这个节日告诉人们，每个穆斯林都应该帮助别人，尊老爱幼，不要与人为敌，要与所有人和睦共处，不只是在斋月和节日，而是随时随地。

رحاب: بكل تأكيد وشكرا مرة أخرى على كلماتك الطيبة. لقد تشوقت كثيرا إلى أعياد المسلمين وأشكرك جدا على هذه المعلومات القيمة.

里哈卜：当然了。再次感谢你告诉我这些。我了解了很多关于穆斯林的节日的宝贵知识，非常感谢。

七、伊斯兰教　　7- الدين الإسلام

إسماعيل: يا أستاذ، هل أنتم مسلم؟

易司马仪：老师，您是穆斯林吗？

الأستاذ: نعم، أنا مسلم.

老师：是的，我是穆斯林。

إسماعيل: هل من الممكن أن تعرّفني عن الدين الإسلامي بالتفاصيل؟

易司马仪：你能跟我详细介绍一下伊斯兰教吗？

الأستاذ: طبعا يا ولدي. يعتبر الدين الإسلامي دينا عالميا، وهو من أكبر الأديان الثلاثة السماوية العالمية مع الدين اليهودي والدين المسيحي.

老师：当然可以了，我的孩子。伊斯兰教是一种世界性的宗教，它和犹太教、基督教并称世界三大天启宗教。

إسماعيل: ما المعنى للإسلام؟

易司马仪：那"伊斯兰"是什么意思呢？

الأستاذ: ما يقصد بالإسلام هو الإسلام إلى الله تعالى للحصول على السلام. ومن يسلم على الدين الإسلامي مسلم. يدعو الدين الإسلامي إلى الخير وينهى الشر.

老师："伊斯兰"指的是对于真主安拉的服从，从而求得安宁。信仰伊斯兰教的人就被称为"穆斯林"。伊斯兰教惩恶扬善。

إسماعيل: وما كتابه المقدس؟

易司马仪：那么伊斯兰教的宗教经典是什么？

الأستاذ: كتابه السماوي هو القرآن الكريم.

老师：伊斯兰教的宗教经典是古兰经。

إسماعيل: متى نشأ الدين الإسلامي؟

易司马仪：伊斯兰教是何时产生的呢？

الأستاذ: نزل الدين الإسلامي عام 610 ميلاديا حيث نزل القرآن إلى النبي محمد صلّى الله عليه وسلم وبدأ دعوة الدين الإسلامي. وانتقل محمد مع المهاجرين من بلده مكة إلى المدينة لتطوير الدين في عام 622م حيث يعتبر هذا العام بداية الأعوام الهجرية. وفي عام 631 م، توحّد مسلمو الجزيرة العربية برئاسة محمد وعلى ضوء الإسلام.

老师：伊斯兰教产生于公元610年，当时穆圣接到天启开始传教。公元622年，为了发展伊斯兰教，穆圣与迁士们从故乡麦加迁到麦地那，这一年也被当作是伊历纪年的开始。公元631年，阿拉伯半岛上所有的穆斯林在穆罕默德的领导下在伊斯兰的大旗下实现了统一。

إسماعيل: هل ينقسم الدين الإسلامي إلى مدارس عديدة؟

易司马仪：伊斯兰教也分为不同的教派吗？

الأستاذ: نعم، ينقسم الدين الإسلامي إلى مذاهب عديدة، ومنها أكبر مذهبين، السنة والشيعة. إن السنة عدد مؤمنيها أكثر.

老师：是的。伊斯兰教分为不同的教派。最大的两个派别是逊尼派和什叶派。逊尼派信众最多。

إسماعيل: وما عقائد الدين الإسلامي؟

易司马仪：伊斯兰教的信仰都有哪些呢？

الأستاذ: من عقائد الدين الإسلامي خمسة عقائد رئيسية، وبما فيها الإيمان بالله ورُسُله والملائكة والكتب السماوية واليوم الآخر.

老师：伊斯兰教的信仰包括信真主、信圣人、信天使、信天经和信末日。

إسماعيل: وما هي عبادات الدين الإسلامي؟

易司马仪：伊斯兰教的功课都有什么？

الأستاذ: تتضمن عبادات الدين الإسلامي الأركان الخمسة بصورة أساسية، بما فيها قراءة الشهادة وإقامة الصلاة والصوم وإيتاء الزكاة والحج.

老师：伊斯兰教的功课有五功，其中包括念作证词、礼拜、把斋、天课和朝觐。

إسماعيل: والله لا أفهم كلامكم تماما، هل لكم أن تشرحوها لي؟

易司马仪：天啊，我没有完全理解您的话的意思，您能给我解释一下吗？

الأستاذ: طبعا يا ولدي. إن الشهادة جملة لا بد لمن يريد الإيمان بالإسلام أن يقرأ أمام الشيخ، وبعد قراءتها، يصبح مسلما. ومحتوياتها"أشهد أن لا اله إلا الله، وأشهد أن محمدا رسول الله".

老师：当然可以，我的孩子。念作证词是想要信仰伊斯兰教的人必须在谢赫面前念的一句话，念完之后，这个人就成了穆斯林。作证词的内容是"我证万物非主，唯有真主，穆罕默德是真主的使者"。

إسماعيل: وكم مرة يلتزم المسلم بالصلاة يوميا؟

易司马仪：穆斯林每天要做几次礼拜啊？

الأستاذ: نصلي لخمس مرات كل يوم عموما، في الصُبْح (الفجر) والظُهْر والعَصر والمغرب والعِشاء.

老师：我们基本上每天做五次礼拜，晨礼、晌礼、晡礼、昏礼和霄礼。

إسماعيل: هل تتوضأ قبل القيام بالصلاة؟

易司马仪：做礼拜之前要做小净吗？

الأستاذ: طبعا، تعتبر الصلاة غير صحيحة بلا وُضوء.

老师：当然。没有做小净的礼拜被认为是不正确的。

إسماعيل: متى يصوم المسلم؟ وكم فترة يقوم بالصوم؟ كيف يستطيع أن يتحمل الجوع والعطش؟

易司马仪：穆斯林什么时候把斋？要把多久？怎么能受得了饥渴呢？

الأستاذ: نقوم بالصوم في رمضان، لا نأكل ولا نشرب من طلوع الشمس إلى غروبها. إن الإيمان هو القوة.

老师：我们在斋月把斋，从日出到日落，我们不进水不进食。信仰就是力量。

إسماعيل: وكيف يوتي المسلم الزكاة؟

易司马仪：穆斯林怎样缴纳天课？

الأستاذ: إن المسلم القادر بعد تغذية نفسه وأسرته يوتي الزكاة من إيراداته لسد حاجات المحتاجين والفقراء.

老师：行有余力的人们缴纳收入的一部分作为天课，用来帮助穷人和有需要的人。

إسماعيل: هل حضرتكم حاج؟

易司马仪：您是“哈吉”吗？

الأستاذ: نعم، حججت بيت الحرام في مكة المكرمة مرتين.

老师：是的，我到麦加朝觐过两次天房。

إسماعيل: كم عدد المسلمين في العالم حتى الآن؟

易司马仪：目前世界上有多少穆斯林？

الأستاذ: يبلغ عدد المسلمين أكثر من مليار ومائتي مليون وهم ينتشرون في غربي آسيا ووسطها وجنوب شرقيها وشمالي إفريقيا وبعض الدول الأوربية والأمريكية، قد انتشر الدين الإسلامي إلى كل أنحاء العالم. هل في الصين مسلمون؟

老师：现在穆斯林的人数已经超过 12 亿，多分布于西亚、中亚、东南亚、北非和一些欧美国家，伊斯兰教已经传播到世界各地。中国有穆斯林么？

إسماعيل: نعم، من الشعب الصيني عشر قوميات أقلية صينية تعتنق الدين الإسلامي وتنتشر في أركان الصين ومعظمها في شمال غربي الصين، وعدد المسلمين الصينيين يقترب من عشرين مليون.

易司马仪：是的，中国有十个少数民族信仰伊斯兰教，分布于全国各地，集中于中国西北部，人数接近 2 千万。

الأستاذ: ما شاء الله! ومتى دخل الدين الإسلامي الصين؟

老师：太好啦！伊斯兰教是什么时候传入中国的？

إسماعيل: مضى على دخول الدين الإسلامي في الصين حوالي 1300 سنة، في أواسط القرن السابع الميلادي، في أسرة تانغ الملكية.

易司马仪：早在 1300 多年前伊斯兰教就传入中国了，那是在公元七世纪中期，唐朝的时候。

الأستاذ: في العصر الحديث، ما زال الدين الإسلامي يلعب دورا مهما في حياة المسلمين السياسية والاقتصادية والثقافية وترك تأثيرا كبيرا في أساليب تفكيرهم ووسائل حياتهم ومعاملاتهم الاجتماعية ومبادئهم الخلقية.

老师：在现代，伊斯兰教仍然在穆斯林们的政治、经济和文化生活中起着重要的作用，对他们的思考方式、生活方式、社会交往和道德准则都产生着巨大的影响。

إسماعيل: نعم، تكمن قوة الدين الإسلامي في تطوره المستمر وتحسنه بذاته مع تغيرات العصر والتاريخ.

易司马仪：是啊，伊斯兰教的力量就在于它随着历史时代的变化而不断发展，自我完善。

الكلمات الإضافية: **补充词汇:**

شريعة جـ شرائع	伊斯兰教法
مفتٍ	穆夫提，伊斯兰教法释义者
مَناسِك الحج	朝觐仪式
بيت الله، بيت الحرام	天房
الكعبة	克尔白
الزَيْدية	宰德派
الإسماعيلية	易司马仪派
دُرُوز	德鲁兹派
الحنفية	哈乃斐派
المالكية	马立克派
الشافعية	沙斐仪派
الحنبلية	罕百里派
الوهابية	瓦哈比派
كافر جـ كفّار وكافرون	异教徒，不信伊斯兰教的人
مارق جـ مارقون	不信神者，叛教者
زِنْدِيق جـ زنادق	伪信者
الكتاب المقدّس، الأسفار المُنْزلة	圣经
دين سماوي	天启宗教
الدين اليهودي	犹太教
حرية المعتقدات الدينية	宗教信仰自由
جامع شارع البقر في بكين	北京牛街清真寺
جامع الأزهر في القاهرة	开罗艾资哈尔清真寺
الجامع الأموي في دمشق	大马士革倭马亚清真寺
المسجد الأقصى في القدس	耶路撒冷阿克萨清真寺
المسجد الحَرام في مكة	麦加禁寺
المسجد النبوي في المدينة	麦地那圣寺
الإيمان بوحدانية الله	认主独一
عبادة الأصنام	崇拜偶像
الدنيا والآخر	今生来世
الحديث	圣训
آية جـ آيات	章（《古兰经》的）节或经文

先知，圣人	نبي جـ أنبياء	旧约（犹太教经典）	التَوْراة
复活日，审判日	يوم القيامة	新约（基督教经典）	الإنْجيل
天堂	جَنَّة، فِرْدوْس		
地狱	جهنَّم	基督教	النصرانية، المسيحية
（礼拜的）朝向	قِبْلة	天主教	الكاثُوليِكية
礼拜垫	سجّادة	东正教	الأرْثوذُكْس
大净	الغُسْل	犹太教	اليهودية
鞠躬	الرُكوع	道教	التاوية
跪拜，叩首	السُجود	印度教	الهندوسية
伊玛目，教长	إمام	佛教	البوذية
谢赫	شيخ		

第十一章　贸易谈判
الفصل الحادي عشر　المحادثات التجارية

一、商贸洽谈　1- التفاوض التجاري

علي: السلام عليكم. أنا ممثل شركة محمد وأسرته التجارية المحدودة لدى دبي في الإمارات العربية المتحدة، ها هو كارتي.

阿里：你好。我是阿联酋迪拜穆罕默德家族贸易有限公司的代表，这是我的名片。

مدير وانغ: وعليكم السلام. مرحبا بك في شركتنا. اسم عائلتي وانغ، أنا مدير قسم التجارة الخارجية. هذه بطاقتي. أرجو أن نتطلع إلى التعاون الناجح.

王经理：你好。欢迎你来我们公司，我姓王，是对外贸易部门经理。这是我的名片。希望我们能合作成功。

علي: أنا مسرور بلقائك. ما هي مجالات أعمال شركتكم الرئيسية؟

阿里：幸会。贵公司经营的主要业务范围有哪些？

مدير وانغ: نتاجر في تصدير المنسوجات بصورة أساسية، وتحتوي منتجاتنا على ملابس جاهزة وداخلية للرجال والنساء، بالإضافة إلى أشكال كثيرة من أغطية السرير. ها هي قائمة منتجاتنا، تفضل بالإطلاع عليها حتى تأخذ فكرة عامة عنها.

王经理：我们主要做纺织品的出口贸易，产品包括男女成衣、内衣和床上用品。这是我们的产品目录，你可以大概了解一下。

علي: تظهر أن جودة أقمصتكم جيدة، هل عندكم العينات؟

阿里：你们的衬衫看起来做工不错，有样品吗？

مدير وانغ: طبعا. هذه عينات وكتالوج أقمصة الرجال والنساء الجديدة لعام 2010، أشكالها حديثة وألوانها متنوعة.

王经理：当然。这些是 2010 年新款男女衬衫样品和目录，款式新颖，颜色也比较全。

علي: إن ملمسها رائع. أهي مصنوعة من القطن الخالص؟

阿里：手感不错，是纯棉的吧？

مدير وانغ: أنت رجل البصيرة. صنعت جميع الأقمصة من القطن الخالص يدويا، وتكون رائجة منذ ظهورها في السوق.

王经理：你真有眼光。这些都是纯棉手工制作，自投放市场以来非常畅销。

علي: ما هي أسعار مبدئية لأصناف رقم 1025 ورقم 1323؟

阿里：1025 号和 1323 号这两种款式的参考价是多少？

مدير وانغ: ها هي قائمة الأسعار النهائية الملحقة بالمواصفات. يكون عرضنا ساري المفعول لمدة أسبوع.

王经理：这是我们最新的附有各种规格的价目表，报价一周内有效。

علي: هذه الأسعار لقطعة واحدة أم لدستة واحدة؟

阿里：这是单件价格还是一打的价格？

مدير وانغ: لدستة واحدة.

王经理：一打的价格。

علي: أعتقد أن سعركم مرتفع للغاية، إذا اشترينا به البضائع، فلن نربح منها. إن مستقبل السوق المحلية غير واضح الآن تأثيرا بظلال الأزمة الاقتصادية. هل من الممكن تخفيض السعر؟

阿里：我认为你们的报价太高了。如果按这个价格买进，我们的利润就太低了。由于经济危机的影响，国内市场前景现在也不明朗。能降低价格么？

مدير وانغ: تعتبر الأسعار للمراجعة فقط، تكون خاضعة لتأكيدنا النهائي. إذا طلبتم كمية كبيرة، فسنفكر في تخفيض السعر بالنسبة 5% على أساس السعر المعروض.

王经理：这些都是参考价，需要得到我方确认才有效。如果你们大批量订货，我们可以考虑在报价的基础上下调 5%。

علي: هذه مرة أولى نتعاون فيها، نستحق بسعر أفضل، وإلا فلن نتوصل إلى الاتفاق.

阿里：这是我们第一次合作，应该给我们更优惠的价格，否则我看这生意做不成了。

مدير وانغ: السيد علي، تكون أسعارنا مقبولة. ظل سعر القطن الخام يرتفع في السوق العالمية، بل أسعار منتجاتنا تحافظ على الاستقرار، وتعد أسعارنا منافسة جدا بالمقارنة مع مثيلاتها في السوق.

王经理：阿里先生，我们的价格很实在。世界市场上的棉花价格一直在上涨，但我们的产品价格一直变化不大，与市场上同类产品相比是很有竞争性的。

علي: ليس من المعقول أن يتمسك كل من جانبينا بسعره، وإذا أردنا نجاح هذه الصفقة، يجب على كل أن يتنازل قليلا. فما رأيك في خصم ثمانية بالمائة؟ هذا أعلى سعر يمكننا قبوله ولا نستطيع أن نعمل أكثر من ذلك.

阿里：我们都固执己见是不明智的，要想做成这笔生意，我们都要各让一步。你觉得 8% 的折扣怎么样？这是我们能接受的最高价格了，不能再让步了。

مدير وانغ: طيب، التعاون الأول، لنكون أصدقاء.

王经理：好吧，第一次合作，让我们交个朋友。

علي: كم تعطيني من العمولة؟

阿里：我能拿到多少佣金？

مدير وانغ: من العادة ألا نعطي الزبون العمولة، ولكنكم طلبتم في موسم قلة الطلب، فسنفكر في العمولة لكم من إجمالي قيمة الصفقة. أما حجمها فتعتمد على حجم طلبكم النهائي.

王经理：通常我们不给客户佣金。不过考虑到现在是淡季，我们可以考虑从交易中拿出一部分作为佣金。至于数额就要看你们最后的订单了。

علي: فهمت، سأرفع التقرير إلى مقر الشركة بعد رجوعي، إذ أن الشركة تحتاج إلى وقت معين لدراسة الصفقة الكبيرة كهذه والبحث فيها.

阿里：我明白了，我回去向公司总部报告一下，像这样的大宗交易公司需要一定时间来研究。

مدير وانغ: أرجو منكم أن تقرروا في أسرع وقت ممكن، لأن كمية بضائعنا محدودة، والطلبيات كثيرة.

王经理：希望你们尽快决定，因为我们的订单很多而货源有限。

الكلمات الإضافية: **补充词汇：**

رفع معدلات الفائدة	提高利率
سحب على المكشوف	透支
الميزانية	预算
الناتج المحلي الإجمالي	国内生产总值（GDP）
الناتج القومي الإجمالي	国民生产总值（GNP）
إعطاء الأفضلية التجارية	给予贸易优惠
الإستراتيجية الإعلامية التسويقية	营销战略
الموارد البشرية	人力资源
تجارة ثنائية	双边贸易
تجارة متعددة الأطراف	多边贸易
تجارة عابرة (الترانسيت أو المرور)	过境贸易，转口贸易
تجارة المقايضة	易货贸易
تجارة أجلة	期货交易
تجارة التجزئة	零售
تجارة الجملة	批发
خطاب الاعتماد	信用证
شركة التوصية بالأسهم / الشركة المساهمة	股份公司
الشركة ذات المسؤولية المحدودة	有限责任公司
شخص طبيعي	自然人
شخص اعتباري	法人
سمسار جـ سماسرة	经济人
الأصول المحلية	国内资产
إعفاء الضريبة على الدخل	免收所得税
ضريبة الدفعة، التمغة	印花税
الرسوم (التعريفة) الجمركية	关税
تصويب الهيكل التمويلي	调整融资结构
رصيد المال المستثمر	投资资金储备
الفائض في الميزان التجاري	贸易顺差
العجز في الميزان التجاري	贸易逆差
مكافحة الإغراق	反倾销
الدعم الإغراقي	倾销补贴
نزعة حمائية تجارية	贸易保护主义

二、签订合同   ‎2- التوقيع على العقد

الطرف الصيني: قد اتفقنا على كثير من هذه الصفقة في هذه الأيام، لنتفاوض اليوم بشأن توقيع العقد.

中方：这几天我们已经就这桩生意谈妥了很多内容了，今天来商量一下签合同的事吧。

الطرف العربي: طيب، لنتأكد من كل البنود المتفق عليها من قبل على التوالي. نظرا لإرسال البضائع من خلال الملاحة البحرية، نرجو أن تضعوا البضائع بالحاويات، لأنها تتحمل الضغط الكبير، ولا تتعرض البضائع للرطوبة.

阿方：好的，让我们把之前双方达成一致的条款逐条确认一下。由于是海运，在包装上我们希望用集装箱运送，因为它不但能承受重压，而且不易受潮。

الطرف الصيني: لا مانع. سنغلف البضائع بالكرتون الورقي المقوي خارجيا والأكياس البلاسيكية داخليا. وتوضع كل عشرين كيسا في كرتون، ويكون وزن كل كرتون أربعين كيلوغراما. لا يكون الكيس البلاسيكي شديد الإحكام فحسب، بل مبطنا بطبقة مقاومة للماء. فلن تتعرض البضائع للخسائر أبدا.

中方：没问题。我们外包装将用硬纸箱，内包装用塑料袋。每个纸箱内装 20 袋，重 40 公斤。塑料袋都是密封的，而且设有防水层，产品不会受损。

الطرف العربي: نرجو أن تكون ألوان التغليفات أكثر زهي، وأصغر حجما، وبالإضافة إلى ذلك، يجب أن تناسب التغليفات ذوق العرب.

阿方：我们希望包装的色彩更鲜艳，体积更小一些。另外，色彩还要适合阿拉伯人品味。

الطرف الصيني: صح، يبدو أن التغليف الصغير هو اتجاه سائد في الوقت الحالي. سنعيد تصميم التغليف حسب طلباتكم.

中方：你说得对，目前小包装已经成为一种趋势。我们会按照你们的要求重新设计包装。

الطرف العربي:كما نقترح أن تبدلون الكلمات الانجليزية بالكلمات العربية في العلامة التجارية والكاتالوج، من أجل تسهيل استخدام المستهلكين وتسويق البضاعة.

阿方：我们还建议你们把英文商标和说明书换成阿拉伯文的，以方便消费者使用和市场推销。

الطرف الصيني: سندرس اقتراحكم في أسرع وقت ممكن، ولكن بسبب ضيق الوقت، نستطيع أن نضمن لكم ما اقترحتم عليه للدفعة القادمة لطلباتكم فقط.

中方：我们将尽快研究你们的建议，但由于时间关系，我们只能保证下批货的说明书符合您的要求。

الطرف العربي: نودّ أن نعرف ما هي أنواع التأمين عندكم في المعتاد ضمن إطار "سيف".

阿方：我们想知道你们惯用的 CIF 价（到岸价）所保的是哪些险别。

الطرف الصيني: نؤمن على خطر تشويه الماء بمقدار 115% من قيمة الفاتورة حتى ميناء الوصول. أما بالنسبة إلى الأخطار الخاصة الأخرى، فلا نؤمن عليها حسب أعراف التجارة الدولية، إلا إذا طلب الزبون منا التأمين، ولكن بشرط أن يتحمل الزبون تكاليف الأخطار الخاصة.

中方：我方以发票金额的115%承保至目的港的水渍险。至于其他专项险，按照国际惯例，不在承保范围之列，除非客户要求投保，但保险费由客户承担。

الطرف العربي: نريد أن نؤمن على الأضرار الكاملة حيث سيكون أي تلف أو فقدان في إطار التأمين.

阿方：我们想保全险，这样任何损坏和遗失就都在投保范围之内了。

الطرف الصيني: جيد، نتمنى ألا تحدث مشكلة في شحن البضائع ونقلها ووصولها بسلامة.

中方：好的，我们都希望货物在运输当中不发生任何差错，安全抵达。

الطرف العربي: إذا لم تطابق البضائع المرسلة الجودة المطلوبة أو بنود العقد، فسنطلب منكم التعويض.

阿方：如果发来的货物没有达到我们要求的质量标准，或者与合同条款不符，我们将要求进行索赔。

الطرف الصيني: يحق للمشتري الاعتراض على البائع في غضون عشرين يوما من تاريخ وصول البضائع معتمدا على شهادة التفتيش والاختبار الصادرة من جهاز التفتيش التجاري الخاص.

中方：买方凭商品检验机构出具的检验报告，有权在货物到港后的20天内向卖方提出索赔。

الطرف العربي: نحن أصدقاء قدماء، أثق بأننا سنحل أي منازعة أو تناقض عن طريق المشاورة.

阿方：我们是老朋友了，相信任何纠纷或矛盾都可以通过协商的方式来解决。

الطرف الصيني: طبعا. هذا هو مشروع العقد الذي هيأناه حسب مفاوضات الجانبين. إذا لم يكن لديكم مانع، فلنوقع عليه.

中方：当然了。这是我们根据双方协商草拟的一份合同，如果没有意见，我们现在就签字吧。

الطرف العربي: حسنا. ونرجو أن يكون لهذا العقد ثلاثة أصليات، ولكل أصلية نسختان، وتكتب باللغات العربية والانجليزية والصينية، ويحتفظ كل من طرفينا بنسخة.

阿方：好的。我希望这个合同有三个正本，一式两份，分别用阿、英、中三种文字书写，双方各持一份。

补充词汇： **الكلمات الإضافية:**

الاقتراض / القروض	贷款	استفسار الأسعار	询价
تجميد الأصول	冻结资产	سعر تسليم البضاعة على ظهر الباخرة (فوب)	离岸价（FOB）
المساومة	讨价还价	سعر تسليم البضاعة بعد وصولها إلي الميناء المتفق عليه (سيف)	CIF价格，到岸价
مجال التخفيض	降价余地	تكاليف الإنتاج	生产成本
فقدان السوق	失去市场	سعر آجل	期货价格
تغطية حاجة السوق المحلية	满足国内市场需求		

الطلب المحلي	内需	سعر عاجل	现货价格
مطابق لأسعار السوق	与国际市场	سعر الجملة	批发价格
الدولية	接轨	سعر التجزئة	零售价格
سهل الكسر	易碎	سعر المصنع	出厂价
مكونات، محتويات	成分	سعر معوَّم	浮动价格
مدة الصلاحية	有效期	تاجر الجملة	批发商
مصدر الإنتاج	原产地	التاجر القطاعي	零售商
دعاية البضاعة	商品宣传	تنازل المقاولة	转包
المعادي للصدأ	防锈	التعاقد من الباطن، المقاولة من الباطن	分包
المقاوم للاضطراب	防震	التحكيم لفض المنازعات التجارية	贸易争端仲
اللوازم الملحقة	配件		裁
البند الاحتياطي	预备条款	الغرامات التأخيرية	延期罚款

三、订货发货　3- الطلب والشحن

الطرف العربي: ما هي أقلّ كمية لطلب هذا النوع من المنتجات؟ نريد طلب عشرة آلاف كرتون تجريبيا أولا. وإذا تحقق رواجها في السوق، فسنطلب مزيدا منها فورا.

阿方：你们这款产品的起订量是多少？我们打算先试订一万箱，如果在市场上卖得好，我们会追加订货。

الطرف الصيني: للأسف الشديد، لا نستطيع أن نلبي طلبكم، لأن مخزونات المصنع لهذا النوع قد نفدت في هذه الأيام. أقترح عليكم أن تطلبوا المنتجات الأخرى من مثيل هذا النوع، إنها مرغوب فيها في الأسواق الحالية أيضا.

中方：抱歉，我们目前无法满足你们的订货数目，因为现阶段厂里没有现货。我建议你们改订同类产品，目前在市场上也很畅销。

الطرف العربي: هذا دليل على أن منتجاتكم لهذا النوع تلقى إقبالا كبيرا في الأسواق، ولذلك أتينا إليكم لتثبيت طلب هذا النوع.

阿方：这恰好证明了你们的产品迎合了市场需求。我们就是因为这个才来向你们定这款产品的。

الطرف الصيني: إن طلب هذا النوع حاليا كبير جدا، وإن طلبات هذه السنة قد تم تخصيصها، لكن يمكنكم أن تقدموا طلبا لمنتجات السنة القادمة، ونعمل الآن على توسيع الإنتاج.

中方：目前这款产品的需求量的确很大，今年我们工厂的订单已满，你们可以预订明年的产品，我们正在努力扩大生产规模。

الطرف العربي: إذا طلبنا هذا النوع للسنة القادمة، فضلنا أن يكون موعد الشحن في مارس القادم.

阿方：如果订明年的货，我们希望交货期在3月份。

الطرف الصيني: هذا الموعد لا يناسبنا. سيكون موعد الشحن الأبكر في منتصف مايو القادم إن طلبتم الآن.

中方：这个时间对我们不合适，现在预订的话最早交货时间也要在5月中旬。

الطرف العربي: هل يمكن تسليم البضائع قبل ذلك الوقت؟ إذ نريد أن نطرحها في الأسواق في موسم شرائها، وإلا فسيفوتنا الموسم، والأمر قد يلحق بنا الخسائر.

阿方：能否提前交货？我们想在旺季把商品投入市场，否则错过销售季节会给我们造成重大损失。

الطرف الصيني: عندنا مشكلة في تقديم موعد التسليم مسبقا، لأننا قد تسلمنا طلبات كثيرة في هذا العام، فعلينا أن نشحن كميات كبيرة من المنتجات في غضون الربع الأخير، بينما تكون طاقة الإنتاج في المصنع محدودة.

中方：我们在提前交货时间上确实有困难，今年我们收到了大量订单，第四季度要交很多货，而工厂的生产能力有限。

الطرف العربي: نفهم أن تسليم هذا الطلب الكبير يحتاج إلى وقت وافر، نريد فقط أن نعرف ما هو أقرب وقت ممكن لتسليم الدفعة الأولى من البضائع حتى ولو نصفها.

阿方：我们也理解交货数量这么大需要充足的时间，我们只是想知道能不能再提前一点时间，哪怕是先交一半货。

الطرف الصيني: قصدنا إرضاء جميع طلبات زبائننا إلى حد أقصى. سنحاول بقدر المستطاع تخطيط خطة الإنتاج، بشرط أن تفتحوا خطاب الاعتماد فورا. إذا تأخرتم عنه، فسنضطر إلى تأجيل الإنتاج والشحن.

中方：我们的宗旨也是尽量满足所有客户的要求。我们将尽最大的努力在最短时间为你们安排生产计划，前提是你们也要根据我们的要求尽快开出信用证。如果你们晚开信用证，那我们也不得不推迟生产和发货。

الطرف العربي: إن الدفع عن طريق كتابة خطاب الاعتماد سيزيد تكاليف الواردات، فهل يمكنكم أن تتخذ أساليب الدفع أكثر مرونة ؟

阿方：使用信用证付款会增加我们的进口成本，你们可否采取灵活的付款方式？

الطرف الصيني: نظرا لمستقبل التعاون بين طرفينا، نوافق استثنائيا على أن تدفع 80% من قيمة البضائع بالاعتماد، والقيمة الباقية تدفع نقديا عند تسليم المستندات، لأننا الآن في حاجة ماسة الى الأموال لتوظيفها في الإنتاج.

中方：考虑到双方的合作前景，我们破例同意80%的货款用信用证，其余的用付款交单。因为我们现在急需资金投入生产。

الطرف العربي: أوافق على طلبكم. ولكن أ لا يمكن ترتيب الإنتاج قبل استلام الاعتماد منا حتى نوفر الوقت ؟

阿方：我答应你们的要求，但是不能在收到信用证之前就安排生产么？这样可以节省时间啊。

الطرف الصيني: سنتعرض لأخطار كبيرة إذا غيرتم رأيكم .

中方：一旦你们改变主意，我们的风险就太大了。

الطرف العربي: فهمت. سنفتح خطاب الاعتماد في الموعد، ونرجو منكم أن تشحنوا البضائع خلال مدة صلاحية خطاب الاعتماد حتى لا ندفع المصروفات الزائدة المترتبة عليه.

阿方：明白了。我们将按时开出信用证，希望你们能保证在信用证有效期内发货，以免增加相关费用。

الطرف الصيني: ونريد أن نوضح لكم نقطة أخرى عن موعد الشحن، إن بواخر الخطوط المباشرة من الصين إلى الخليج العربي قليلة، قد تفوتنا فرصة الشحن بعدم استئجار أنابر السفن.

中方：关于交货时间还有一点我们要说明，中国到海湾地区的直达班轮不多，订不到舱位可能就要推迟发货时间。

الطرف العربي: لا نودّ أن نرى التأجيل. بالإضافة إلى إتمام الإجراءات الجمركية المعقدة، علينا أن نقوم بتسويق البضائع إلى تجار التجزئة من خلال قنوات التسويق المختلفة. فلا بد منكم شحن البضائع قبل إبريل القادم لضمان تسويقها في موسم شرائها.

阿方：我们不希望看到推迟。除了办理复杂的海关手续，我们还要通过各个销售渠道将商品分销给零售商，所以要保证商品在旺季上市，你们必须在4月份之前发货。

الطرف الصيني: سنتصل بالمصنع مرة أخرى لنرى ما إذا كانت إمكانية تقديم موعد التسليم المبكر، ونعطيكم جوابا نهائيا غدا.

中方：我们会和工厂再联系一下，看看有无提前交货的可能，明天给你们最后答复。

补充词汇: **الكلمات الإضافية:**

发货	إرسال البضاعة، تنفيذ الطلبات، الشحن	银行保函	خطاب الضمان المصرفي
结算	الحساب	生产流程	عمليات الإنتاج
支票	شيك	授权书	خطاب التفويض
汇票，期票	كمبيالة	清算书	خطاب التسوية
装运单	بوليصة الشحن	支付	السداد، الدفع، التسوية، الوفاء
载重量	حمولة	支付方式	أساليب الدفع
容积	سعة	分期付款	الدفع على الأقساط
打包	تعبئة	货到付款	الدفع عند التسليم
编织袋	كيس شبكي	货物存仓	إيداع السلع
预付保证金	مؤونة نقدية	交货期	موعد التسليم
预付款	سلفة نقدية / دفعة مقدمة	抵达港	ميناء الوصول
银行担保	كفالة مصرفية		

第十二章　中阿关系
الفصل الثاني عشر　العلاقات الصينية العربية

一、民间交往（在出租车上）　1- التبادلات الشعبية (في سيارة الأجرة)

(يوسف طالب متخصص باللغة العربية، تبعثه الحكومة الصينية إلى جامعة القاهرة لمواصلة الدراسة، ها هو يخرج من المطار ويأخذ سيارة أجرة متوجّها إلى الجامعة، فيدور الحوار بينه والسائق في السيارة)

（优素福是一个阿拉伯语专业的学生，由中国政府派遣他到开罗大学继续学习深造。现在他走出机场，拦下一辆出租车前往学校，以下是他与司机之间的对话）

يوسف: السلام عليكم!

优素福：你好！

السائق: وعليكم السلام! إلى أين تريد الذهاب؟

司机：你好！你要去哪儿？

يوسف: أريد الذهاب إلى جامعة القاهرة.

优素福：我要去开罗大学。

السائق: حاضر. تفضل بالركوب!

司机：好的，请上车！

يوسف: متشكر!

优素福：谢谢！

السائق: الأخ من الصين؟

司机：你是从中国来的吧？

يوسف: والله، كيف تعرف ذلك وأنا أتكلم العربية؟

优素福：天哪！你是怎么知道的，我说的可是阿拉伯语啊？

السائق: أخمن فقط، إن الصينيين واليابانيين والكوريين متشابهون في المظهر، ولكن إزداد الزوار والسيّاح الصينيون إلى مصر، خصوصا في هذه السنوات مع تعميق العلاقات الثنائية بين مصر والصين في شتى الميادين.

司机：我只是猜的，中国人、日本人和韩国人长得都差不多，但是随着埃及和中国在各个领域双边关系的深化，这几年来埃及的中国游客越来越多了。

يوسف: يا لك من رجل يتابع الوضع السياسي!

优素福：啊！你真是一个关心政治的人！

السائق: والتعاون بين البلدين الصديقين لم يكن مقتصرا على السياسة فقط، بل يمتد إلى مجالات مختلفة في الحياة الاجتماعية. أنظر يا أخي، إلى هذا المبنى، إنه مقر شركة الاتصالات الصينية لدى القاهرة.

司机：两个友好国家之间的合作不仅仅限于政治领域，而是延伸到了社会生活的各个方面。兄弟，你看这栋楼，这是一个中国通讯公司在开罗的总部。

يوسف: آه، إنها شركة هواوي الصينية، هي مشهورة داخل الصين، هل هي مشهورة في مصر كذلك؟

优素福：啊，这是中国的华为公司，它在中国国内很有名，怎么它在埃及也有名气吗？

السائق: طبعا، فهي لا تقدم لنا خدمات الاتصالات الحديثة فقط، بل تتيح لشبابنا فرص العمل كذلك، وهذه حلقة مهمة لاقتصاد المجتمع.

司机：当然啦！它不仅给我们提供现代的通讯服务，还为我们的青年人创造就业机会，这是社会经济的重要一环啊！

يوسف: شيء جميل!

优素福：是件好事！

السائق: هذا مطعم صيني مشهور، أصبحنا نحن بني النيل نحب الأطعمة الصينية، ذهبت أنا مع أسرتي إليه في الأسبوع الماضي لنذوق الطبقات الصينية ووجدناها لذيذة شهية مثل الطبقات العربية.

司机：这是一家著名的中国餐厅，我们埃及人现在也开始喜欢中国菜了，上个礼拜我和我的家人就去了这里，中国菜真是和我们阿拉伯菜一样美味啊！

يوسف: رائع! إن الأطعمة جزء مهم من ثقافة الأمة، من اللازم أن أجرب الأطعمة المصرية خلال إقامتي هنا.

优素福：真棒！饮食是一个民族文化的重要组成部分，在埃及的这段时间里我一定要尝一尝埃及菜。

السائق: أتمنى أن تعجبك! على فكرة، لماذا تختار جامعة القاهرة كمقصدك الأول دون غيرها من الجامعات في المدن الأخرى التي فيها المناظر المشهورة والآثار القديمة؟

司机：我希望你能喜欢它！对了，你为什么把开罗大学当作你的首选而不是其它城市的大学呢？那里风景美丽，又有名胜古迹。

يوسف: لأنني طالب وافد، أتخصص باللغة العربية وأسافر إلى مصر لاكمال دراستها.

优素福：因为我是一个留学生，我是学阿拉伯语的，我来埃及是为了继续学习的。

السائق: صحيح! إن دراسة اللغة الأجنبية في البلاد الناطقة بها لها فوائد كبيرة، وجامعة القاهرة هي أقدم الجامعات المصرية والعربية، يوفر فيها كبار الأساتذة ومشاهير العلماء! أنظر، ها نحن قد وصلنا إلى أبوابها. يوفقك الله في الدراسة فيها!

司机：你说得对！到语言对象国去学习一门外语是有很多好处的，开罗大学是埃及和阿拉伯国家最古老的大学，学校有很多资深教授和著名学者，你看，我们已经到开罗大学的门口了，祝你学业有成！

يوسف: شكرا! وقد تلقيت درسا مفيدا منك قبل الدراسة في الجامعة يا أخي، إليك الأجرة.

优素福：谢谢！在大学学习之前，我已经从你那儿学到了有益的东西！这是车费。

السائق: إليك الباقي.

司机：这是找零。

يوسف: هذا لك!

优素福：你留着吧。

补充词汇:		الكلمات الإضافية:	
民间外交	الدبلوماسية الشعبية	居住证（居住登记）	الاقامة
公众外交	الدبلوماسية الجماهيرية العامة		
身份证	هوية شخصية\بطاقة شخصية	落户	الاقامة الدائمة
留学生	الطلبة الوافدون	侨民	جاليات(مغتربون)
访问教授	الأستاذ الزائر	（驻外）公民	الرعايا
访问学者	العالم الزائر	国民待遇	معاملة المواطن (معاملة وطنية)
企业家	رجال الأعمال أو مؤسسون	对等原则	مبدأ معاملة المثل بالمثل
护照	جواز السفر	政治避难	اللجوء السياسي
外交护照	جواز السفر الدبلوماسي	恐怖分子	إرهابي ج إرهابيون
公务护照	جواز السفر للمهمة	恐怖主义	إرهابية
因私护照	جواز السفر العادي	极端的，极端分子	متطرف ج متطرفون
旅行证	وثيقة السفر		
过境签证	تأشيرة ترانزيت (ترانسيت)	分离主义分子	انفصاليّ ج انفصاليّون
宗教信仰	الديانة	分离主义	انفصاليّة
婚姻状况	الحالة الاجتماعية		

2. التبادلات السياسية بين الحكومات 二、政府间的政治交往

(عند محاضرة الدكتور حاتم)

（在哈提姆教授的课上）

(إن الدكتور حاتم أستاذ كبير في مجال العلاقات الدولية يعمل في جامعة القاهرة، ها هو اليوم يلقي محاضرة عن العلاقات العربية الصينية للطلبة الوافدين الصينيين)

（哈提姆博士是国际关系领域的一位资深教授，他在开罗大学工作，今天他要给中国留学生们上一节关于阿中关系的课）

حاتم: السلام عليكم ومرحبا بكم إلى حضور المحاضرة عن العلاقات الدولية، إن العلاقات الدولية في العصر المعاصر مهمة معقدة متكونة من مختلف العلاقات الحضارية، ومن المعروف أن حضارة الأمة الصينية وحضارة الأمة العربية من أهم الحضارات التي أثرت في العالم وما زالت تؤثر في عالمنا اليوم، وجذر العلاقات العربية الصينية يضرب في التاريخ الطويل، فالدراسة في هذه العلاقات الثنائية لها دور كبير في دراسة العلاقات الدولية، اليوم سنبحث معا عن هذا الموضوع المهم. أولا وقبل كلّ شيء، ماذا تعرفون عن العلاقات العربية الصينية أو هل لديكم أي أسئلة عنها؟

哈提姆：大家好！欢迎大家来上国际关系这门课，当代的国际关系重要并纷繁复杂，是由的同的文明之间的关系构成的，众所周知，中华民族和阿拉伯民族的文明过去影响着世界，而现在仍然是当今世界的最重要的文明中的两个。阿中关系源远流长，所以研究阿中双边关系对于我们研究国际关系有很大的帮助，今天我们就要共同探讨这个重要的题目。首先，大家对阿中关系了解些什么，或者对于这个课题有没有什么问题要问？

يوسف: يا أستاذ، السلام عليكم! وأنا كذلك أرغب في معرفة العلاقات الصينية العربية كي أساهم فيها، تعرفت على بعض الأحوال عن العلاقات الصينية العربية عن طريق الكتب التاريخية، إن هذه العلاقات الثنائية بدأت منذ أسرة هان الغربية، وفتح طريق الحرير كان يساهم في مواصلة هذه العلاقات وتعزيزها، ودخلت العلاقات الصينية العربية عصرا جديدا بعد تأسيس الصين الجديدة. ولكن مع أن العلاقات الثنائية تتطور بشكل سريع، ما زال يظن كثير من الناس في الصين أن العالم العربي بعيد عنّا، فما رأيكم في هذه المسألة؟

优素福：教授您好！我非常想了解中阿关系并且为它做出贡献，我通过阅读历史书对中阿关系的概况有了一定的了解，从西汉开始，中阿之间的往来就开始了，丝绸之路的开拓为双边关系的持续和加强做出了贡献，在新中国成立之后，中阿关系进入了一个新的时期。但是，虽然中阿关系快速发展，很多中国人还是觉得阿拉伯世界离我们很远，您对这个问题是怎么看的呢？

حاتم: مرحبا بك يا أخ صيني! أحسنت الكلمات والسؤال! إن هذه العلاقات شهدت تقدما سريعا بعد عقد مؤتمر باندونغ عام 1955 حيث تم تأسيس العلاقات الدبلوماسية بين الصين وعدة الدول العربية مثلا مصر واليمن وسوريا وغيرها، وفي نفس الوقت، كثرت التبادلات بين الشعبين كذلك. ومثلا فتحت الآن شركة الطيران

المصري خطا مباشرا من القاهرة إلى بكين، الأمر الذي يجعل التبادلات الشعبية بين البلدين أكثر حيوية، فأثق بأن المسافة بين الجانبين ستكون أقرب فأقرب مع تعميق هذه العلاقات الثنائية والجهود المشتركة.

哈提姆：你好，中国兄弟！你说的很好，问题也很有意义。中阿关系在 1955 年的万隆会议之后飞速发展，中国与埃及、也门、叙利亚等阿拉伯国家建交，同时，双方之间的民间交往也多起来。现在埃及航空公司开通了由开罗直达北京的航线，这就使得两国之间的民间交往更加有活力，我相信，随着阿中双边关系的加深和共同的努力，阿中之间的距离会越来越近的。

زين: أنا أوافق على رأيكم يا أستاذ! أنا شاب من مدينة تيانجين الصينية، وشهدت بلدتي حدثا عظيما عام 2010 ألا وهو المؤتمر الوزاري الرابع لمنتدى التعاون الصيني العربي، أصدر الجانبان ((بيان تيانجين)) بعد المؤتمر، الأمر الذي يرفع العلاقات الصينية العربية إلى مستوى جديد. وهذا الحدث يعتبر من الأحداث الكبرى في تاريخ التبادلات السياسية بين الجانبين، فكيف كانت أحوال التبادلات السياسية الثنائية في السنوات الأخيرة من رأيكم؟

扎因：我同意您的看法。我是中国天津人，2010 年在我的家乡天津发生了一件大事，那就是中阿合作论坛第四届部长级会议在天津召开，双方在会后发表了《天津宣言》，将中阿关系提高到了一个新的水平。这件事堪称中阿交往史上的重要事件之一，那么您觉得近年来双边的政治交往情况如何呢？

حاتم: إن الجانبين العربي والصيني يحفظان الاتصالات على مستوى عال، إن العام الماضي يصادف الذكرى السادسة لتأسيس منتدى التعاون الصيني العربي، وفي هذه السنوات المنصرمة، تم إنشاء بضع عشرة آلية تعاونية تتناول مختلف المجالات، مثلا: السياسة والاقتصاد والطاقة والثقافة وحماية البيئة وغيرها. ومن أهمها التبادلات الثقافية، إن تعميق التبادلات بين الحضارة الصينية والحضارة الإسلامية وتوطيد المعرفة المتبادلة، لهما دور مهم في دفع التعاون الودي بين الجانبين.

哈提姆：阿中之间始终保持着高层联系。去年正好是中阿合作论坛成立六周年，在六年时间里，我们成立了十多个合作机制，涉及政治、经济、文化、能源、环境保护等领域，其中最重要的是文化交流。中华文明与伊斯兰文明交往的加深和巩固，对增进相互了解，促进双边友好合作起到了非常重要的作用。

أمين: يا أستاذ، ، وإننا قد استفدنا من محاضرتك هذه استفادة كبيرة، وكم أتمنى أن أكون قويا في اللغة وسلسا وسليما في تعبيرها وغنيا في المعلومات مثلكم! على فكرة، إن العلاقات الصينية العربية شهدت تقدما عظيما فعلا، وما رأيك في مستقبل العلاقات الصينية العربية ؟

艾敏：教授，我们今天从您的报告中受益匪浅，我真希望能像您一样语言流畅，表达通顺，知识丰富！对了，中阿关系取得了如此巨大的进步，您怎么看待中阿关系的未来呢？

حاتم: شكرا على مجاملتك! أثق بأن الجانبين سيواصلان في اتخاذ سياسات إيجابية وتعزيز العلاقة السياسية على مبدأ الاحترام المتبادل والمنفعة المتبادلة وتعزيز التعاون في القضايا العالمية على أساس حماية سلامة العالم ودفع التنمية المشتركة، ومستقبل هذه العلاقات الثنائية ستكون مشرقة بكل تأكيد! وأنتم شباب العصر،

أتمنى أن تكونوا أكفاء صالحين لبناء جسر الصداقة بين الدول العربية والصين وتساهموا في تنمية هذه العلاقات الثنائية! طيب، اليوم إلى هنا، مع السلامة!

哈提姆：谢谢你的赞美！我相信双方将继续采取积极的政策，在互相尊重和互利的原则下加强政治关系，在维护世界和平、推动共同发展的基础上加强在世界事务上的合作。双边关系的前景一定是光明的！你们是青年人，我相信你们将成为建设阿拉伯国家和中国之间友谊桥梁的人才，为双边关系的发展做出贡献！好了，今天的课就到这里，再见！

补充词汇：　　　　　　　　　　　　　　　　　الكلمات الإضافية:

中东和平进程	عملية السلام في الشرق الأوسط	新闻处	متكب الاعلام
		旅游处	مكتب السياحة
土地换和平原则	مبدأ الأرض مقابل السلام	武官处	مكتب الملحق العسكري
阿拉伯国家联盟	جامعة الدول العربية	大使	سفير ج سفراء
成员国	الدول الأعضاء	特命全权大使	السفير المفوض فوق العادة
大规模杀伤性武器	أسلحة الدمار الشامل	常驻大使	سفير مقيم
和平共处五项原则	المبادئ الخمسة للتعايش السلمي	常驻使节	مبعوث دبلوماسي مقيم
海湾国家	دول الخليج	公参	الوزير المفوض
近东	الشرق الأدنى	参赞	مستشار
中东	الشرق الأوسط	教育参赞	مستشار تربوي (التعليمي)
远东	الشرق الأقصى	商务参赞	مستشار تجاري
中立国	دولة محايدة	文化参赞	مستشار ثقافي
不结盟国家	البلدان غير المنحازة/دول عدم الانحياز	政务参赞	مستشار اداري سياسي
		新闻参赞	مستشار اعلامي
主权国家	دولة ذات سيادة	旅游参赞	مستشار سياحيّ
宗教冲突	النزاع الديني	武官	ملحق عسكري
最高级会议（首脑会议）	مؤتمر القمة	代办	القائم بالأعمال
		一秘	السكرتير الأول
伊斯兰抵抗运动（哈马斯）	حركة المقاومة الإسلامية (حماس)	二秘	السكرتير الثاني
		三秘	السكرتير الثالث
巴勒斯坦民族解放运动（法塔赫）	حركة التحرير الفلسطينية (فتح)	随员	ملحق
		领事	قنصل

不使用武力	دون اللجوء إلى القوة (العنف)	总统特使	المندوب (المبعوث) الشخصي للرئيس
派遣国	البلد الموفد	代表团	وفد ج. وفود
驻在国	البلد المستقبل	外交使团	الهيئة الدبلوماسية / البعثة الدبلوماسية
发展中国家	الدول النامية	外交特权	امتيازات دبلوماسية
发达国家	الدول المتطورة أو المتقدمة	世界多极化	تعدّدية الأقطاب العالمية
欠发达国家	الدول الأقل تطورا	独立自主的和平外交政策	سياسة خارجية سلمية ومستقلة
新兴经济体国家	الدول الناشئة أو الصاعدة		
金砖国家	دول البريك	互信、互利、共赢	الثقة المتبادلة والمنفعة المتبادلة والفوز المشترك
民族自决权	حق تقرير المصير القومي	睦邻友好	حسن الجوار
难民营	مخيم لاجئين	不干涉内政	عدم التدخل في الشئون الداخلية
不战不和的局面	حالة اللا حرب واللا سلم	战略合作关系	علاقة التعاون الاستراتيجي
大使馆	السفارة	战略伙伴关系	علاقة الشراكة الاستراتيجية
公使馆	المفوضية	互相尊重主权和领土完整	الاحترام المتبادل للسيادة ووحدة الأرض
领事馆	القنصلية		
商务处	مكتب التجارة	互不侵犯	عدم الاعتداء
文化处	مكتب الثقافة	大动荡	اضطرابات كبرى
教育处	مكتب التعليم	骚乱，动乱	شغب

3-. التبادلات التجارية والاقتصادية 三、经贸往来

(إن يوم العودة إلى الصين يقترب، ويشتغل يوسف في كتابة أطروحته للبكالوريوس وقد اختار جهة التجارة والاقتصاد كموضوع أطروحته، وأستاذه حاتم يعرفه السيد فهدا المسؤول التجاري الكبير لدى الدائرة الحكومية لتوفير له بعض المساعدات في استعدادها)

(归期将至，优素福正忙着写他的本科毕业论文，他选择了经贸作为论文的研究方向，他的老师哈提姆为他介绍了政府部门的贸易负责人法赫德先生，为他准备论文提供一些帮助。)

فهد: السلام عليكم، مرحبا بك يا صديق صيني!

法赫德：你好，欢迎你，中国朋友！

يوسف: وعليكم السلام يا سيد فهد! أشكركم شكرا جزيلا لتتيح لي هذه الفرصة السانحة لمقابلتكم لكي أستفيد من خبرتكم وأقوم بدراسة العلاقات التجارية والاقتصادية بين الصين والدول العربية تحت مساعدتكم!

优素福：你好，法赫德先生！非常感谢您提供与您见面的机会，我可以向您学习经验，在

您的帮助下研究中阿经贸关系!

فهد: عفوا يا ابني، فلي عاطفة خاصة لبلادك الصين، إنها دولة عظيمة مبدعة مثل مصر، في الحقيقة أسافر إلى الصين دائما للمشاركة في مختلف الندوات والمؤتمرات لتوطيد الرابطة التجارية والاقتصادية بين البلدين. وإني أرغب في أن أتحدث مع الشباب الطلبة الصينيين للبحث في المواضيع المتعلقة بمصير البلدين خاصة أنتم متخصصين باللغة العربية، لأنكم مستقبل العلاقات العربية الصينية، وأنا راغب في أن أوفر لكم أي مساعدات في سعة استطاعتي، فتفضل بالسؤال!

法赫德：不用客气，我的孩子，我对你的国家（中国）有一种特殊的感情，她和埃及一样是一个伟大的富有创造性的国家，事实上，我经常去中国参加一些研讨会和会议，巩固两国之间的经贸关系。我非常想同中国的青年大学生聊一聊，探讨那些与两国命运相关的话题，尤其是像你们这样的阿拉伯语专业的学生，因为你们是阿中关系的未来，我很乐意尽我的可能为你们提供帮助。请提问吧!

يوسف: أشعر بحسن الحظ، فلا شك أنني سأتقدم بشكل ملحوظ تحت رعايتكم وإرشادكم. فأولا، هل من الممكن أن تتحدث عن تاريخ العلاقات التجارية بين الصين ومصر بصورة عامة؟

优素福：我觉得自己很幸运，在您的关心和指导下，我一定会取得显著进步的。首先，能不能请您简单谈一谈中埃贸易关系的历史？

فهد: تعتبر التجارة من العوامل الرئيسية لإقامة العلاقات الدبلوماسية بين الصين والدول العربية، فقبل إقامة العلاقات الدبلوماسية بين الصين ومصر بلغت قيمة واردات الصين من القطن وغزل القطن المصري بين سنتي 1954 و1955 إلى 36.37 مليونا دولار أمريكي و10 ملايين دولار أمريكي من القطن سنة 1956، هذا قد دلّ على أن العلاقات التجارية والاقتصادية بين الصين ومصر لها تاريخ عريق وإنها جزء مهم لتكوين العلاقات الثنائية بين البلدين.

法赫德：贸易是中国与阿拉伯国家建交的重要因素之一，在中国和埃及建立正式外交关系之前，中国对埃及棉花和棉纱的进口额在 1954 年到 1955 年就达到了 3637 万美元，而 1956 年的棉花进口额就达到了 1000 万美元，这个就证明了，中埃的经贸关系有着悠久的历史，它是两国双边关系的重要组成部分。

يوسف: نعم، فلاحظت خلال إقامتي في القاهرة أن في السوق المصرية منتجات كثيرة مصنوعة في الصين مثلا الأجهزة الكهربائية والملابس والحاجات اليومية...الخ، ويمكن القول بأن "صنع في الصين" يلعب دورا مهما في حياة الشعب المصري وحتى شعوب الدول العربية. وما ذكرته ليس إلا جزءا بسيطا من مجالات التعاون التجاري الاقتصادي بين الصين والدول العربية، فما هي الميادين التعاونية الرئيسية؟

优素福：是的，我居住在开罗的这段时间里发现，在埃及市场上有很多中国货，比如电器、服装以及日用品等等，可以说"中国制造"在埃及人民乃至其它阿拉伯国家人民的生活中扮演着重要的角色。而我刚刚提到的，只是中阿经贸合作中的一小部分，那么双方合作的领域主要有哪些呢？

فهد: أحسنت السؤال! في حقيقة الأمر، تتوسع ميادين التعاون التجاري والاقتصادي بين الصين والدول العربية

باستمرار، قد بلغت قيمة الاستثمارات الصينية المباشرة في الدول العربية 3.78 مليارات حتى شهر يونيو عام 2010، وميادين الاستثمارات تتراوح من استكشاف الطاقة والصناعة الخفيفة والمنسوجات إلى صناعة الأجهزة الميكانيكية وتركيب السيارات والبتروكيماويات وغيرها، الأمر الذي يدفع تنمية الصناعات المحلية. كما وصلت قيمة الاستثمارات للدول العربية في الصين إلى 2.15 مليارات، تتناول مجالات البتروكيماويات والأطعمة والصناعة الخفيفة والعقارات...الخ ويكون أداء المشروعات المستثمرة جيدا سليما. وفي السنوات الأخيرة، تظهر مجالات جديدة في التعاون التجاري والاقتصادي بين الجانبين مثلا التمويل والسياحة والملاحة الجوية والطاقة الجديدة، فتتطور العلاقات التجارية والاقتصادية بين الصين والدول العربية بشكل مستقر ومزدهر.

法赫德：问的好！实际上，双方投资合作稳步推进，领域不断拓展。截至 2010 年 6 月，中国在阿拉伯国家直接投资额达 37.8 亿美元，投资领域从资源开发、轻工、纺织服装拓展到机械制造、汽车组装、石化等，从而带动了当地产业发展。阿拉伯国家在华实际投资额为 21.5 亿美元，涉及石化、食品、轻工业、房地产等领域，投资项目运营良好。近年来，金融、旅游、航空、新能源等又成为双方合作的新领域，中国和阿拉伯国家间的经贸关系呈现稳定、繁荣、发展的态势。

يوسف: شيء مشجّع! مع تنمية التعاون وكثرة التبادلات بين الجانبين في مجال التجارة والاقتصاد، هل هناك تنشأ أية آلية التعاون بين الصين والدول العربية في هذا المجال؟ وهل من فضلكم أن تعرفني بأحوالها العامة؟

优素福：真让人感到鼓舞！随着在经贸领域双边合作的发展和往来的密切，中阿之间有没有在这一领域建立一些合作机制呢？您能否向我介绍一下它的大致情况？

فهد: بكل سرور. توجد عديد من الآليات الفعالية للتعاون التجاري والاقتصادي بين الصين والدول العربية، ومن أهمها وأكثرها تأثيرا المنتدى الاقتصادي والتجاري بين الصين والدول العربية. وكنت أشارك فيه عام 2010 وأناقش مع رجال الخبرة ورجال الأعمال المواضيع المتعلقة بالمنفعة المتبادلة والمصالح المشتركة بين الصين والدول العربية. إن المنتدى كان يقام تحت رعاية مشتركة من وزارة التجارة لجمهورية الصين الشعبية واللجنة الصينية لتنمية التجارة الدولية وجمعية صداقة الشعب الصيني مع البلدان الأجنبية والحكومة الشعبية لمنطقة نينغشيا الذاتية الحكم لقومية هوي. وأعتقد أن المنتدى سوف يكون أكثر تعاون دولي رفيع المستوى تأثيرا بين الصين والدول الأعضاء بجامعة الدول العربية.

法赫德：我非常乐意向你介绍。在中阿经贸合作领域有一些非常有效的机制，其中最为重要以及影响最大的就是中阿经贸合作论坛。在 2010 年，我参加了这个论坛，与与会的资深人士和企业家们探讨了有关中阿互利和共同利益的话题。这个论坛是由中华人民共和国商务部、中国国际贸易促进委员会、中国对外友好协会、宁夏回族自治区人民政府共同举办的。我坚信这个论坛将成为中国和阿盟成员国之间最有影响力的高层合作论坛。

يوسف: لا شك أن هذا المنتدى سيخلق مناخا أحسن لكلا المستثمرين الصينيين والعرب. وما رأيكم في مستقبل التعاون التجاري والاقتصادي بين الجانبين؟

优素福：毫无疑问，这个论坛将为中阿投资者创造一个更好的投资环境，您怎么看双边经贸合作的前景呢？

فهد: تمثل الصين والدول العربية سدس مساحة الأراضي العالمية وربع سكان العالم ومن اجل تعزيز التعاون وتحقيق التنمية المشتركة ، سوف تواصل الصين والدول العربية تطوير وتعزيز العلاقات الصينية العربية. وقد قدم طريق الحرير القديم خدمة كبيرة في الارتباط الوثيق بين الصين والدول العربية، ويجب العمل على إيجاد فرصة جديدة لبناء طريق حرير جديد!

法赫德：中国和阿拉伯国家占世界土地的六分之一，世界人口的四分之一。为了加强合作，实现共同发展，中阿将继续发展和加强双边关系。古代的丝绸之路为中阿之间紧密的关系贡献了很多，我们必须寻找机会，建立一条新的丝绸之路！

补充词汇： **الكلمات الإضافية:**

出口货/进口货	واردات\صادرات	经济全球化	العولمة الاقتصادية
进口附加税	ضريبة اضافية على الواردات	承包	المقاولة
本金和利息	أصول وفوائد	投标	العطاء
保护贸易主义国	دول تتبع الحماية الجمركية	开标	فتح المظاريف
单边贸易	تجارة أحادية الجانب	中标	قبول العطاء
断绝贸易关系	قطع العلاقات التجارية	保函	خطاب الضمان
经济集团	كتلة اقتصادية	预付款	الدفعة المقدمة
阿拉伯经济一体化	التكامل الاقتصادي العربي	优惠贸易	التجارة التفضيلية
		最惠国待遇原则	مبدأ الدولة الأكثر رعاية
关税壁垒	حواجز جمركية\ قيود جمركية	互通有无	تبادل الحاجات
经济制裁	عقوبات اقتصادية	一笔交易	صفقة
跨国公司	شركات متعددة الجنسيات	商业注册	السجل التجاري
利润	ربح جـ أرباح	注册商标	العلامة التجارية المسجلة
免税商品	سلع معفاة	加工贸易	تجارة التصنيع
印花税	رسم الدمغة	补偿贸易	تجارة التعويض
国家外汇储备	إحطياطي العملة الصعبة للدولة (رصيد خزانة الدولة من العملة الصعبة)	边境贸易	تجارة الحدود
		邮购贸易	تجارة البيع بالمراسلة
		总公司	شركة عامة
佣金，回扣	عمولة	子公司	شركة تابعة أو فرعية
吸引外资	جذب الرأسمال الأجنبي	控股公司	شركة قابضة

شركة محدودة المسؤولية	责任有限公司	أزمة اقتصادية دورية	周期性经济危机
شركة مساهمة محدودة	股份有限公司	تصدير الرأسمال	资本输出
إتفاقية تجارية	贸易协议	تدفق الرأسمال	资本外流
بروتوكول تجاري	贸易议定书	الاقتصاد الموجه إلى الخارج	外向型经济